社會學理論
主要理論學家及學派

馬立秦（Li-chen Ma）　著

五南圖書出版股份有限公司

自 序

　　光陰似箭，歲月如梭，在美從事社會學的教學，一晃之間，於去年已達四十年之久。在美國大學教書沒有規定的退休年齡，每個人可以自己決定什麼時候退休，如果健康許可及興趣猶在的話，可以教到八、九十歲。但我覺得教書教了四十年，雖然教的都是我喜愛痴迷的社會學課程，畢竟有點太久了，應該有「智慧」的適時喊「停」，離開講堂及網堂（網上教學），在人生最後的階段裡過一個嶄新的、充滿個人自由而無憂無慮的退休生活。我終於決定於去年五月退休，在退休前尋思道，我不能就此無聲無息的拂袖而去，或許應該用中文撰寫一本社會學的書籍，做點對臺灣知識回饋的工作，對自己的教書工作也算做了一項有意義的交代及有紀念性的終結。正巧系中兩位同樣來自臺灣的年輕青同事林政憲博士及張瓊方博士與五南圖書出版公司的陳念祖先生商洽他（她）們所撰寫的方法學的書籍，順便推薦了我，於是我便與陳先生聯絡，雙方同意由我執筆撰寫一本可供大學教學及參考的社會學理論書籍。

　　我在德州拉瑪（州立）大學的四十年教學生涯中教過社會學導論、人口學、都市社會學、醫療社會學、工業社會學、職業社會學、社會組織與科層制度、美國社會、中國社會、社會學方法及社會學理論等課程。在我所教過的課程中，不可諱言的，社會學理論是我的最愛。記得當年在臺大鄉村社會經濟研究所唸書的時候，我同所所有同學的碩士論文都是清一色的選擇臺灣鄉村社會（社區）或農業經濟的問題做經驗性的調查分析研究，而我選的碩士論文題目是〈顧里的社會學理論之研究〉——一個完全屬於理論性的研究，承蒙楊懋春老師的開明及信任，允許我在幾乎沒有任何人指導監督之下，完全自由獨立地從事我的碩士論文研究及寫作。記得楊老師在我寫論文那一年，大部分時間在夏威夷大學當訪問學人，撰寫一部有關臺灣土地改革的社會經濟後果的評估的專著。那時我正在發愁碩士論文研究的資

料來源時，適巧黃大洲學長正在康乃爾大學讀書，承蒙他的熱心幫忙，從康大圖書館借出顧里的三部曲原著——《人性與社會秩序》（*Human Nature and Social Order*）、《社會組織》（*Social Organization*）及《社會過程》（*Social Process*），以航空郵寄給我，讓我有機會閱讀原著。我詳細閱讀咀嚼每一章節文句，幾乎查破了字典，抄下了數百張的閱讀卡片，然後我又找到顧里的另外一部著作《社會學理論及社會研究》（*Sociological Theory and Social Research*），及其他一些人寫的評論他的文章及書籍，在那一年半的時間裡，我幾乎每一天都生活在顧里的鬼魂裡（Cooley's ghost）與他做心智的對話與交流，常常到了夜深人靜才獨自一個人步出臺大的洞洞館（農經農推大樓），回到基隆路的第九宿舍的寢室。這段苦讀社會學理論英文原書的經驗，使我受益匪淺，讓我不僅順利的獲得臺大的碩士學位，而且在以後赴喬治亞大學攻讀社會學博士所修讀的每一門社會學理論的課程如「社會思想史」、「古典社會學理論」、「當代社會學理論」，及「馬克思及韋伯專題討論」等，均能安全過關並取得優異的成績。

社會學理論是所有社會學知識的根與靈魂。沒有社會學理論的根，社會學及其所有的分支就像水上的浮萍，毫無目標的漂流，不知流向何方；沒有社會學理論的靈魂，社會學及其任一分支之內容將是蒼白貧血，空洞無物。為什麼呢？理由很簡單，因為社會學理論所致力探討的問題，是我們研究社會現象及社會行為最為關注而且至為重要的問題，這些問題包括：什麼是社會？什麼是文化？什麼是人格？它們的本質及結構如何？社會、文化及人格之間的關係如何？它們怎麼樣變化？而在變化之中又如何地牽動影響彼此？這些牽涉到社會結構與社會變遷及人在其中所占有的地位及所扮演的角色之重大問題，必須加以嚴肅認真的思考、找出合理的解釋，並給予可能的答案。社會學理論就是針對這些至關重要問題所舉辦的一個跨越世紀的大論壇，讓哲人智者，或說「偉大的心靈」（great minds）碰撞，提出他們嚴肅思考的結果，給予自己的解釋，或相互（有時隔空隔時的）對話辯論，說出自己的答案來。這本書主要即是將一些哲人智者，或者所謂的有「偉大心

靈」的社會學者，在這個超世紀的大論壇上，對社會重大根本性的議題提出
他們思考的結果及他們的說法介紹給讀者。

　　本書是根據作者教授社會學理論多年來的課堂講稿及參考一些理論教
科書編寫而成。因為多年來我一直使用瑞澤（George Ritzer）的不同版本的
《社會學理論》（Sociological Theory）為主要教科書，所以採用了頗多瑞澤
書中的觀點，同時我也採用了一些迪蘭尼（Tim Delaney）的《當代社會學理
論》（Contemporary Social Theory）一書中的看法。除此之外，我也參考了
其他的理論書籍，及我於一九八三年返臺在臺大當客座教授時為國內學刊雜
誌所寫的一些文章。總之，坦白的說，這本書不能說是個人的獨創之作，只
能說是編作吧。

　　很多的社會學理論書籍，寫得艱澀難懂，閱讀起來如讀天書，常常令
人痛苦不堪，搔頭摸耳，不知所云。這一者可能是由於理論中的概念本身就
很抽象難懂，再加上有些社會學理論學者（如派深思、舒茲等）的文字表達
能力不足，寫的東西又常是翻譯（如德文翻成英文或英文翻成中文）而來，
更是雪上加霜，把讀者弄得身陷迷霧，丈二金鋼摸不著頭腦。有鑑於此，作
者自知已經有二十多年未用中文寫作了，所以在寫作時特別警惕自己，要將
寫出的東西力求通俗白話，盡量使用簡單的語言表達，盡力將複雜抽象的理
論概念解說清楚。雖然做了如此自覺性的努力，但我必須承認，自己可能有
時眼高手低，並不一定能完全從心如願，如果讀者閱讀本書仍覺得有困難之
處，我在這裡只有祈求包涵與諒解了。

　　本書計共九篇三十七章。如書名所示，本書著重理論學家其人及其理
論，在介紹每個理論學家的主要理論觀點之前，我先為每位理論學家寫了一
段個人小傳。一則我喜愛讀傳記，覺得這裡的一些社會理論學家的生活經歷
確實精采不凡，得介紹與讀者分享。另我覺得，一個人的家庭、社會及時
代背景，與他的生活經歷跟他的思想形成及對社會的看法是無法分開的，
我很希望能如艾希里（David Ashley）及歐倫斯丁（David M. Orenstein）
在他們合著的《社會學理論：古典的陳述》（Sociological Theory: Classical

Statements）一書中，能將每個古典理論學家的家庭背景、社會環境、思想發展歷程、所受到其他學者的影響，以及以後理論觀念的形成做詳細深入的分析與陳述。但本書由於篇幅所限，我無法如法炮製，無法將每位理論學者的傳記寫得像他們那麼詳細深入，其中原因很簡單：因為他們書中所討論的理論學家只有十二位而已，而本書所討論的理論學家竟達三十八位，超過他們三倍之多。

　　社會學理論的內容博大廣被，浩若煙海，本書掛一漏百之處在所難免，而且在學派分類、理論學家的歸屬及其理論觀點的取捨與解釋，常是見人見智的問題，特別是社會理論本質上就有極大開放的空間及發展的可能性，讓人隨時可以置疑，隨時可以參加論辯，在超世紀的大講壇上發抒自圓其說的一己之見。

馬立秦

序於德州波蒙城

二〇一三年五月

目錄

第一篇
導　言

第一章　社會學理論的基本認識

第一節　什麼是社會思想？

　　自人類有群體生活以來，人們便有一些對人與人之間或對整個群體的觀察、見解與想法。這些觀察、見解與想法都可以稱為社會思想，即使如凡夫俗子的一般老百姓，也或多或少都有一些這種思想。不幸的是，凡夫俗子的社會思想常常沒有登載在史書或正式著作之中，因此常被淹沒不彰，必須等到民俗學家或歷史學家加以探勘發掘之後，才會為人所知。因此翻開史書，我們不難發現，只有名人學者如孔子、老莊、墨子等人的社會思想，才被載錄史籍，得以流傳下來。

　　以下且列示一些具有代表性的社會思想的定義：

　　1. 龍冠海教授認為：「凡是與人類共同生活有關的思想，都可以謂之社會思想。」（社會與人，頁22）

　　2. 張丞漢教授在其所著《中國社會思想史》上冊（1986，頁5） 稱，「社會思想皆包括對社會現象或生活之解釋，以及由此而推衍出來的理想狀態——社會（應該）如何的觀念。」

　　3. 楊懋春教授認為，「社會思想是個人對其所處社會的關懷、同情及思慮。其所思慮者是如何為家人興利除害，建立一個安和樂利的社會。」（中國社會思想史，頁 3-4）

　　4. 施加（Allan Sica）教授認為社會思想沒有精確的定義，「它非完全屬於哲學的範疇，如邏輯、認知論、美學、語言學，或其他的分科，它亦非專注討論人類有重大意涵的社會生活。」（*Social Thought*, 2005. p1）

　　總括而言，社會思想乃是人們對於所處社會人群關係、生活、所遭遇的問題及解決之道的一些見解、觀點及想法。大多時候它們都含有訓示、教誨、勸人向善、社會改革，及興邦立國的一些概念成分。

　　社會思想範圍很廣，它們常沒有系統、沒有整合性，也不一定經常以社會事實為根據。

第二節　什麼是社會哲學？

　　社會哲學是根據社會事實的觀察所得的資料，而對整個社會做出的一般性概括論斷。社會哲學家，如同一般哲學家一樣，一直想尋求終極法則或第一原理。社會哲學家根據他們對社會現象的觀察所得，歸納出一些終極法則或第一原理，便用之來解釋社會整體的本質及運作。

　　與社會思想相較之下，社會哲學是比較系統化及整合化的。它建立在一般社會現象觀察的基礎上，用歸納（Induction）的邏輯提出一套放諸四海而皆準的法則或原理。社會哲學可能來自於社會思想，但卻超越社會思想，進一步的系統化、整合化、邏輯化，而化繁入簡的形成一家之說。

　　社會哲學常與社會學理論相關重疊，經常難以分辨清楚。事實上，社會哲學常是社會學理論的源泉活水，讓社會學理論得到最初的啓發及日後的滋長與發展。但社會哲學畢竟不是社會學理論，它與社會學理論是有所區別的。

第三節　什麼是社會學理論？

在給社會學理論定義之前，讓我們討論一下社會哲學與社會學知識（包括社會學理論）的主要差異。如前所言，社會哲學是根據社會哲學家所做的對社會現象的觀察，以歸納的邏輯所理出及發展出的一套放諸四海而皆準的法則或原理。它常是哲學家的個人一己之見，在有限的生活經驗範圍內所做的觀察，而這種觀察常是主觀認知及理解的，這樣的觀察資料是非科學的。另外，它用的方法是歸納法，而不是推理法（Deduction）或分析法。相反的，社會學的知識雖然也來自於對社會現象所做的觀察，但其觀察的資料卻是用科學的方法（如調查法、實驗法等）取得的。它用推理法將抽象理論分解為工作假設，而對之以實際資料加以驗證。社會學的知識是科學的、重經驗性的；社會哲學則是非科學的、缺乏經驗性的。當然，這樣的區分只是相對的，並非斬釘截鐵的。事實上，很多社會學家的理論中，如果加以仔細觀察，常可發現它們並非真正的理論，而應該歸類為社會哲學才對。孔德、史賓塞及一些早期的社會學先驅，可以說既是社會學家又是社會哲學家，在他們的著作之中，不乏見到社會學理論及社會哲學混雜在一起的地方。

社會學理論沒有統一一致的定義，常常人云亦云，因人而異。不同的社會學家有各自不同的定義，且讓我們瀏覽一些時下的定義：

（一）蒂瑪謝夫及色朵兒生（Timasheff, Nicholas S. and George A. Theodorson, 1976, P.10）

理論在理想的情況下是符合以下條件的一套命題：

1. 命題們必須以準確確定的觀念來表述；

2. 命題們必須相互一致；

3. 這些命題必須能夠讓現存的概括論斷（existing generalizations）可以演繹導出；

4. 這些命題必須是有滋生性的（fruitful），可以創造出進一步的觀察及概括論斷。

（二）金洛克（Kinloch, Graham C., 1977, P.12）

一個理論是一套意欲解釋現象關係的抽象及邏輯的命題。

（三）德蘭尼（Delaney, Tim, 2005, P.2）

理論是意圖解釋相關的觀察現象或一套觀念的陳述。

（四）瑞澤（Ritzer, George, 2000, P.4）

社會學理論乃是經過時間考驗的一些具有廣泛深遠影響力的討論社會生活重要議題的概念體系，在這個定義內含有三個條件或元素：

1. 理論必須涉及討論、解析我們社會生活的重要議題，如社會是如何構成的？社會及社會所構成的部分是如何變化的？人與人之間是按照何種規範或價值文化來經營社會群體生活？什麼是文化？其功能又如何？什麼是人格及自我？它們與社會結構及文化環境（包括語言）有何關係？

2. 這些討論解析社會生活的議題必須有廣泛深遠的意義及影響力。它們與我們的生活息息相關，對了解我們的社會生活至為重要。上述的舉列，顯而易見的，都是我們討論解析社會生活至為重要的議題。

3. 這些議題所討論解析的概念或概念體系必須經過時間的考驗才能站得住腳。

總結而言，社會學理論是一個或一個以上相關的命題，用以解釋社會現象或者兩個以上社會現象之間的關係。

在此我們需要對理論的結構有些基本的認識。如前所言，社會學理論是可以由一個命題或兩個以上相關的命題所組成，但命題（proposition）是什麼呢？命題乃是一種兩個或兩個以上「概念」（concepts）或變項（variables）之間關係的陳述（A statement of the relationship between two or more concepts or variables）。那麼，什麼又是概念與變項呢？

1. 概念：指任何描述一種性質、行為、實物或狀況的文字、辭語或想法。它只是一種命名而已，沒有對任何事物有所解釋。例如書本、鉛筆、陽光、憂鬱、愛情、民主、教育等名詞或形容詞。

2. 變項：指任何被量測過或操作化了的概念（measured or operationalized concept）。它經常是透過分類化或測定後給予一定的價碼，而從概念變成變項的。變項有時被稱之謂「指標」（indicator）。例如「性別」（sex）一詞本身是一概念，然而一旦被研究者操作化後分為「男」與「女」，則「男」「女」之分類則變成了變項。再如年收入（是一名詞，本身亦概念也）被量測為某甲的年收入為三萬美元，某乙的年收入為三萬五千美元，而某丁的年收入為四萬美元等。三萬美元、三萬五千美元與四萬美元等數字均在此變成了變項，而非原來的年收入之概念了。社會學研究者均喜歡將概念變成變項之後，來從事命題或假設的驗證工作。變項是明確具體的、可以操作的；而概念則是抽象模糊的，有相當「可此可彼」的伸縮空間，是不容易操作的。

如前所言，命題乃兩個或兩個以上概念或變項之關係的陳述。根據此一定義，下面即一些順手拈來的命題之例子：

1. 教育（概念）與偏見（概念）有負相關（Education is inversely related to prejudice）。

2. 社會階級（概念）與 青少年非行（概念）有關（Social class is related to juvenile delinquency）。

3. 每年平均遷移一次以上（變項）的家庭比每年平均遷移一次或無遷移（變項）的家庭之離婚率為高（Families that move more than once a year have higher divorce rates than those that move 0-1 time a year）。

第3.中的例子與其他兩個例子不同，它是兩個變項間關係的陳述。它雖然可說是命題，但是一種經驗性的命題（empirical proposition），或者更準確的說，它乃是一種「假設」（hypothesis or working hypothesis）。假設或工作假設是可驗證（testable）其真假性的，而命題如第1.或第2.的例子全是

由概念所構成，它們是理論性命題（theoretical proposition），因其太抽象（abstract）及一般化（general），故是無法驗證其真假性的。在社會學的研究上，我們可以蒐集事實資料驗證假設的真實性，卻無法蒐集事實資料驗證理論命題的真實性。如果我們必須驗證理論命題的真實性，唯一可行之道是將理論命題轉換成假設或經驗性命題。

命題除了可以由概念或變項所構成之外，也可以由定理（axioms）而導出。定理本身不涉及孰真孰偽的問題，它只是被設定為真（assumed to be true in and of themselves）而已。不管是理論的命題為概念、變項或公理所構建而成，它們都必須經過不斷訴諸於經驗資料的「檢驗」，來查證其真實性或正確性，如果有一天該理論已不為研究者所蒐集的經驗資材所支持，則它便可能遭受到質疑，新的代替性或競爭的理論便可能應運而生。原來的理論因此遭受到新的競爭理論的挑戰，在此情況下，社會學研究者會做出更周全、更嚴謹的研究設計，並蒐集更大量的事實資料，對兩個理論加以檢驗查證，來決定哪一個理論（或理論假設）比較能為事實資料所支持，能夠得到事實資料支持者則存活下來，不能得到事實資料支持者則被淘汰。獲得存活的理論只能被認為在目前尚未被社會學研究者所蒐集的事實資料所推翻或排斥而已，並不能保證在以後仍能夠支撐得住繼續存活下去，而不會被新的研究發現所推翻或淘汰。所以說社會學理論像其他物理學或化學等硬性科學的理論一樣，是有時間的局限性的，今日之真，並不能保證明日為真。理論需要不斷的驗證、修正、推翻、再創造……。理論是一種連續進化的過程，而非一個打造定型的結果。理論所代表的只是最近之言（the latest word）而非最後之言（the final word）。

第四節　社會學理論的性質及種類

　　社會學發展出不少的理論，它們對人類社會生活提供不同但相輔相成的見解與想法，並且使我們對於社會生活的了解有相當助益。但我們必須知道，它們之中沒有一個理論能夠提供人類社會生活所有的解答（Wallace & Wolf, 1986），每一個理論只能對人類社會生活提供自己單方面的解說或答案。

　　說白了，社會學理論不過是套用了社會學名詞的一些命題來闡釋社會現象或社會現象之間的關係，它們均建立在一個基本的假設上——社會現象是真實的，有其獨立的實體性。社會現象絕不是虛無飄渺的，或一種幻影或假象，這是與形上學或神學現象迥然不同之處。

　　社會學理論的基礎建立在其底下含蘊的範型（underlying paradigm）之上。所謂範型，乃是對社會現象或社會關係一種特別的闡釋或觀念化的方式。它是一種觀念前瞻的取向或一種觀察及分析世界的參考架構。根據瑞澤（George Ritzer）的看法，我們現今所有的理論可歸納入以下三種理論範型：

　　1. 社會事實的範型：以涂爾幹（Emile Durkheim）為代表人物，包括結構功能主義、社會衝突學派，及系統理論等。

　　2. 社會定義的範型：以韋伯（Max Weber）為代表人物，包括韋伯的行動理論、符號互動理論、現象社會學、俗民社會學、存在主義社會學等。

　　3. 社會行為的範型：以史進勒（B. F. Skinner）為代表人物，包括行為社會學及交換理論等。

　　社會學理論的種類：社會學理論可按不同的標準加以分類。

一、依照理論涵蓋的範圍分

（一）巨觀理論

這種理論著眼於整個社會甚至於整個世界為主體，而當做觀察及分析的對象。當然，它的研究對象也可包括社會中之社會制度、社會組織及社會文化，以及它們之間的關係。

（二）微觀理論

這種理論著眼於相對較小的社會單位，特別是每日人與人之間的互動及交往行為。

相較而言，巨觀理論是從較高的抽象觀念層次著眼，由外而內從事觀察及分析社會現象；微觀理論則是從較低的日常生活層次著眼，由內而外來觀察及分析社會現象。兩者相輔相成，統合對社會的結構及社會的過程來做從裡到外，及從外到裡的全面了解。

二、依照理論的性質分（Ashley, David and David M. Orenstein, 2005, Pp. 30-41; Poloma, Margaret M. 1979, Pp. 5-10）

（一）自然性或實證性的（naturalistic or positivist）

這種理論是以自然科學為理想模式。社會現象，像自然現象一樣，按著一定的法則運作。任何社會現象或社會事件的發生均非偶然性的，都是有因果關係的。因此，社會學家像自然科學家一樣，使用科學的研究方法來找尋並發現社會現象的法則及因果關係。這種理論注重經驗的驗證性。這種自然或實證性的理論對於人的基本假設是，人雖是自私的、有占有欲及侵略性的，但卻是社會秩序及社會化過程的產物，因此其大部分的行為是理性的，會遵照社會的規範行事。

此種理論最好的代表例子為涂爾幹（Emile Durkheim）的社會實體論及其方法論、交換理論的實驗研究，以及一些結構功能學派人士的主張。

（二）人性的或闡釋性的（humanistic or interpretive）

這種理論注重社會行為的主觀解釋。人的關係及行為並非客觀、可以放諸四海而皆準的，每個人對同一行為或事件的認知及感受均不一樣，因之行為的反應也不一樣。在人類的行為中，我們均會加諸一些意義，而後我們則按照自己對此行為所加諸意義的闡釋，做出個別的反應。因此，一個人的蜜糖，到了另外一個人的手裡，則可能被視為毒藥。個人怎麼觀看並詮釋行為的意義，遠比行為的本身來得重要，它常會決定行為反應的結果。這種理論對人的基本假設是，人雖是社會的產物，但人有一定程度的自由及創造性；人可以創造、詮釋及成就他自己的社會世界。

此種理論最好的代表例子為韋伯的心悟法（verstehen）及主觀認知社會學、符號互動論、現象社會學及俗民方法學等。

（三）批判的（critical）

這種理論注重社會批判。這一派的理論學者認為「價值中立」（value neutrality）的社會學簡直是癡人說夢，完全不可能成立。人是不可能對社會現象沒有一些價值判斷的。社會學者應該對社會的種種現象及問題持有價值判斷──孰好孰壞的判斷──而且社會學者應該關心社會、批評社會的缺失及不公平的現象，並提出改進或拯救社會的見解與主張。社會學者應該肩負社會的責任，以他們的專業知識勇於建言，痛陳時弊，改革社會，使人們的日子過得越來越好。

少數的批判理論學者採納自然的取向，從事科學實證性的研究；大多數則採用人性取向，從事主觀詮釋性的論著。儘管研究方法與取向不同，所有的批判理論學者均像宗教的預言家一樣，呼籲社會學家們應該自我省思與反省，重新釐定自己的角色與責任，投入社會，濟世救人，促進社會的福祉。

　　此種理論主張最好的例子是孔德（Auguste Comte）的人性教（Religion of Humanity）、密爾斯（C. Wright Mills）的社會想像力（Sociological Imagination）、達倫道夫（Ralf Dahrendorf）對社會學者所做研究之政治與道德後果的認知之呼籲、馬克思的階級鬥爭理論、新馬克思主義及法蘭克福批判學派的見解。

第五節　社會學理論的功能

社會學理論到底能做什麼？一般而言，社會學理論有以下四種重要的功能：

（一）解釋的功能

社會學理論能解釋社會現象或社會現象之間的關係「為什麼」會變成這個樣子？換言之，社會學理論不僅可以發現或確定社會現象的存在或社會現象的相關性，它還可以進一步追問為何社會現象是如此的存在，或為何社會現象之間的關係會如此這般。社會現象或現象之間的關係是無法自己說清楚的，它們必須借助於社會學者來代為說話而給予解釋。

（二）預測的功能

社會學理論不能預測個人的行為，如張三或李四下一步的行動將會如何；但社會學者根據不斷的客觀研究，可以歸納出一些有規則可循的脈絡蹤跡，確定出現的相關性，因之可以做出集體現象的預測。例如當一個社會處於急速變遷，而行為標準及規範陷於混亂無序（anomie）之時，如涂爾幹所言，我們便可以預測人們在社會中的偏異行為將會顯著地增加。

（三）組織功能

社會學理論可以御繁就簡，將一些雜亂無章、散放處各地的研究資料整理成一個有意義的體系，將之歸納陳述出來。資料本身是無意義的，但如何能將之互相連結起來，透過理論的觀念的概括化，便會變成有意義了。

（四）引航功能

理論因有大處著眼之觀念化的功能，故它常有替研究工作做引航的效用。它可以指導正確的研究方向，提示一些研究題上如何做最有效與最有意

義的進一步的探討及研究。

以上的討論主要是從宏觀著眼，探討社會學理論在人類知識及學術研究上的功能與貢獻。其實，社會學理論，甚至整個社會學，對個人也有一些重要的功能與貢獻，茲略述如下：

1. 社會學理論從許多不同的角度對人們的社會生活提出不同的觀點與解說，可以幫助我們從不同的理論觀點來審視及分析我們自己所處的社會環境與他人的社會互動關係，從而可以更清楚的了解我們自己的角色與處境，因此可以增加我們的自覺性、自我意識、智慧及社會能力。

2. 甚多社會學理論常持完全相反的基本假設及見解，譬如結構功能學說視社會為由各部分互相關聯組成的有秩序且和諧的體系；而社會衝突理論則視社會為充滿了不平等（如性別、種族、社會階級的不平等）所導致各種衝突的場域。還有現代主義與後現代主義相異的觀點，以及派深思與舒茲的人格之文化決定論相對於布魯默的個人之創造詮釋性，凡此種種相反對持的理論，可以使人在學習及認識它們之後，擴大心靈的視野（mental perspectives），擁有比較開放的心胸，能夠換位或換角度思考與判斷個人的遭遇及社會上所發生的問題。

3. 學習及研讀社會學理論可以幫助我們變成一個有深度及廣度的文化人。像馬克思、涂爾幹、韋伯等人及其重要理論觀點，已成為現今修習社會科學甚至人文學科的人必須具備的常識。再如現代主義與後現代主義及環球化的理論，更能使我們進一步了解當今個人的處境，以及跨國文化、經濟及政治的錯綜複雜關係。多讀社會學理論不僅可以讓我們認識在超越古今的大論壇上諸多社會學家對社會、文化及人格重要議題的見解、詮釋與辯論，而且也可以從他（她）們的成長環境、學術生涯及生活經歷中，了解他（她）們的心路歷程。凡此種種皆可豐富我們的知識內涵及人文素養，使我們與時代並駕齊驅，成為環球化之下的文化人。

4. 學習及閱讀各種不同學派的理論，可以培養及提升我們的批判思考能力。任何一個社會問題及政府的公共政策，都可以從不同的社會理論的角

度或面向，如結構功能學派、社會衝突學派、符號互動論、交換理論、現代主義或後現代主義等角度或面向——來加以審視、思考、分析及評估。如此多理論面向的分析與評估常會使社會問題或公共政策的全貌原形完全呈現出來，而一些潛在因素及後遺效應也會被確定指認出來。借用米爾斯（C. wright Mills）的一句名言，即社會學理論會培養我們「社會學的想像力」（Sociological Imagination），可以使我們更能夠認識、了解甚至於批判大社會中所發生的事情。

第二章　社會學理論的成長與發展

第一節　社會學理論在歐洲的發源與成長

　　社會學理論能最早在歐洲大陸誕生並得到早期的滋養與發展，有其社會的、歷史的，及學術背景的原因（Ritzer and Goodman, 2004. Pp 7-13）：

一、社會及歷史的背景

　　1. 法國革命：法國於一七八九年發生的大革命對社會帶來巨大的衝擊。革命後的殘破社會，引起了很多知識分子及有識之士的深思，企圖尋找重建社會秩序的辦法及方案，因此刺激了社會學理論的發展。

　　2. 工業革命：發生於十九世紀的工業革命改變了歐洲社會的經濟結構，將之從農業經濟改變成工業經濟的體系，工廠、財務機構、銀行及各種服務行業逐一誕生興起，造成了人們工作及生活上翻天覆地的變化，因此導致了應當如何適應社會變遷的諸多社會學及社會學理論的探討與解決方案的想法。

　　3. 宗教改革：因政治及工業革命及工業化與都市化所帶來社會經濟之巨大變化，導致了宗教的改革。一些社會學學者乃尋思從宗教及人的信仰方面著手，重建社會及解決社會問題。例如孔德（Auguste Comte）要創建一個人本的宗教來拯救社會；涂爾幹（Emile Durkheim）則深入研究宗教，期以安定社會秩序；而韋伯（Max Weber）則研究比較宗教及新教倫理，意圖了解社會及經濟的變遷。

　　4. 科學研究的滋長與發展：歐洲的大學如雨後春筍般成立，科學教育受到特別的重視，不僅在大學學府，而且在整個社會中，科學變成了最重要的思考方式及研究方法。無怪乎早期的社會學者不遺餘力的極欲將社會學建立為一種類似物理學或生物學的社會科學，這般社會學科學化的努力可以清楚地見於孔德及涂爾幹的著作之中。

二、學術氛圍

（一）啓蒙哲學（Enlightenment Philosophy）的影響

　　在當時的歐洲，很多舊的哲學思想及信念受到挑戰及衝擊之後而遭遺棄了，代之而興起的是所謂的啓蒙哲學，其中最著名的學者包括孟德斯鳩（Charles Montesquieu），狄得羅（Denis Diderot），及盧梭（Jean Jacques Rousseau）等人。他們共通的信念是：自然法則、理性認知，及應用科學來分析社會秩序及變遷。另一位重要的社會啓蒙運動哲學家是康德（Immanuel Kant）。他崇尚理性及自由，並認爲人在追求眞理、自由及個人的發展與社會的公益之時，其中並無矛盾牴觸之處。這些啓蒙運動的哲學家深受歐洲十七世紀哲學家笛卡兒（Rene Descartes）、霍布斯（Thomas Hobbs）及洛克（John Locke）的影響。這些十七世紀的哲學家一方面主張以理性創造一般抽象的概念，同時也提倡牛頓的經驗研究與實地觀察的科學方法。

　　總而言之，啓蒙哲學家們深信人們可以應用理性及經驗研究來了解社會及宇宙。

（二）反啓蒙運動的保守學派

　　在啓蒙運動興起的同時，也有一股反啓蒙運動的思潮。這股思潮來自法國的天主教會，其代表人物爲包那（Louis Bonald）及瑪士德（Joseph de Maistre）。包那認爲重建法國社會之道，應在復古，將法國帶回到中古的安寧和諧狀況。在那種狀況中，神是社會的創造者，人們應該遵行神的旨意，不要動不動要求改變、弄革命，結果是得不償失，社會被破壞得四分五裂，滿目瘡痍，民不聊生。包那是反對並責怪法國大革命及工業革命的。瑪士德則反對任何反傳統的舉措與行爲，任何傷害或有損於傳統制度，如男權、皇權、一夫一妻制或天主教會的權威及傳統均在撻伐之列。

　　早期的社會學，或者更確切的說法國的社會學，即是在這種啓蒙運動哲學及反啓蒙哲學的浪潮交互激盪下萌生的。

（三）早期社會學理論的特徵

1. 大多數的早期理論學者均認為社會是按照一個有序的階段而演進的。在每一個階段裡，各個社會均有其自己的型態及社會組織。

2. 很多的早期社會理論學者認為，所有的社會演化階段是相同一致的，雖然他們承認每個社會在每一階段演進或變化的速度並不盡相同。

3. 他們認為社會的演化是進步的，有目的性的，而且不可避免的，其與有機物體的成長沒有兩樣。

4. 很多早期的社會理論學者犯了歐洲種族中心主義之嫌。他們有意或無意的高估了歐洲社會文明的發展，而貶低了非歐社會文明的發展（Ashley and Orenstein, 2005）。

（四）社會學理論的催生者：孔德（Auguste Comte，一七九八～一八五七）

很多社會學者認為孔德是社會學之父、社會學的創立者，但也有很多社會學者持反對意見，認為孔德只是一位社會哲學家，他的社會哲學論著中雖包含有很多社會學的觀點，但大多數的觀點經不起時間的考驗，已不見於今日的社會學書本中。但無論如何，他對社會學的催生貢獻是不可磨滅的，他不僅為社會學定了名字，而且為社會學勾勒出社會學研究的主題及方向。

在正式討論孔德的學說之前，且讓我們介紹一下對他影響最大且是他的社會學啟蒙老師——聖西蒙（Glaude Henri Saint-Simon）。

聖西蒙曾參加美國的獨立革命戰爭，擔任過美軍軍官及喬治·華盛頓的助手，戰爭結束後，他回到法國，得到了一筆豐厚巨額的遺產，乃使得他可以從事獨立的學術研究工作。孔德為聖西蒙僱為祕書，協助一些文書寫作工作。在耳濡目染之下，孔德在學術思想上受到聖西蒙甚大的影響。

聖西蒙意欲創立一套適合於應用在工業社會的社會改革哲學，但他不同意包那及瑪士德返回中古世紀社會的見解。他是一個實徵主義者，主張以自

然科學的方法研究社會現象，從事激進的社會改革。

　　而孔德是第一使用社會學名詞的人。事實上，他是創立社會學名字的人。他對法國大革命後法國社會受到摧殘破壞的社會現象，及陷入無政府的狀態極為痛心失望，乃把如何重建法國社會當做他終身的職責。他對啓蒙運動的哲學深感不滿，但對反啓蒙運動的天主教保守學者如包那及瑪士德之回歸過去光輝社會的想法，也不能贊同。他認為只有在現有的社會情況中來重建社會秩序，才是可行之道。在這一點上，他與聖西蒙的看法一致，但他認為重建社會秩序是需要一套新的知識體系來做指導進行的，於是他首先想到了「社會物理學」（Social Physics），後來將之改為社會學。社會學，無疑在孔德的構想中，是一種新的、帶有實用性的社會科學，它可以幫助尋找及建立社會真理與法則，並且可以用做指導原則來重建社會秩序與道德。

　　孔德在他的實證哲學著作中，提出了以下社會進化及有關於社會學理論的觀點：

1. 三項社會進化的法則

(1) 神學時期（Theological Stage）

　　在這個時期，人們致力於尋找最後的、終極的、超越的及絕對的真理，這種真理是超自然的真理。人們將一切事件解釋為神、鬼、精靈或超自然力量的決定與旨意。世事一切，無疑的，均訴之於宗教式的認知與理解。此一時期又可劃為三個分期（Ashley & Orenstein, 2005, P. 56）：

　　①拜物的（fetishistic）：人們認為每個東西均有生命，有喜哀怒樂的感情與精神。譬如岩石、樹木、河川、星辰、工具器械等，均被視為具有生命意志、可以發生作用，影響人們的社會生活。

　　②多神的（polytheistic）：孔德又將這個時期進一步的細分為埃及、希臘及羅馬三個階段。這個分期在社會進化史占的時間最長，它的特徵是：教主兼國王於一身的權威制度、經年的戰爭紛爭不已、奴隸制度的出現，以及文學藝術的普受欣賞。

③一神的（monotheistic）：人們將一切事物解釋爲單一全能的神之決定與行動。羅馬天主教應是一個最好的例證。

(2)玄學時期（Metaphysical Stage）

在這個時期，人們致力於追求抽象的原理、理論及法則來解釋宇宙及人間萬象。換言之，世事萬象均訴之於哲學式的探討與理解。孔德認爲，在歐洲史上從宗教改革至法國大革命終結的一段時間，均可視爲玄學時期。玄學時期是從神學時期到實證時期的過渡階段。

(3)實證時期（Positive Stage）

或者可稱之爲科學時期。在這個時期，人們在經驗的基礎上，以科學的觀察與實驗來尋求眞理。眞理或事實的眞相必須是可以透過感官的經驗，由實際觀察或實驗研究所蒐集的資料加以驗證的。孔德認爲社會學的研究應該是實證的。

在孔德的心目中，這三項社會進化的法則是放諸四海而皆準的，它不僅可以應用來解釋人類心靈的成長及歷史文明的發展與演變過程，而且可以應用來解釋我們每一個知識領域（如生物學、社會學、心理學）、個人心智，及每個社會團體組織乃至整個社會的成長與演化過程。

2. 社會學在科學層次中的定位

在孔德的心目中，社會學是一種統合的科學，它的知識是建立在其他科學的基礎上，整合其他科學的知識而建立的。它是諸門科學的統御學科，在諸科學所構成的金字塔圖案上，它站在最頂端。故欲精研社會學，必先精研數學、天文學、機械工程學、物理、生物學等逐級而上，才能奏效。社會學是內容最複雜且包含面最廣的學科，乃所謂的「皇后」之學（The Queen of Sciences）。

表1-2-1　科學金字塔（Pyramid or Hierarchy of Sciences）

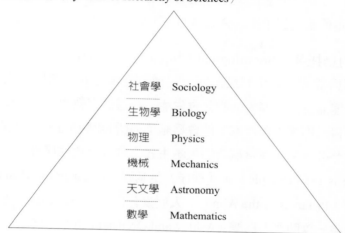

社會學	Sociology
生物學	Biology
物理	Physics
機械	Mechanics
天文學	Astronomy
數學	Mathematics

3. 社會學研究的兩大主題

孔德認為社會學的研究可分為兩大部分：

(1)社會靜態學（Social Statics）

研究整個社會如何依照社會法則，由不同的部分或單位所組成。換言之，它主要研究社會結構或社會秩序。孔德認為社會秩序乃建立在社會成員們的共識上，大家必須有一種「普遍的共識」（Consensus Universal）才能夠將社會的諸多成分貫穿連結起來。普遍的共識乃社會團結及社會分工的基礎。對孔德而言，社會結構或社會秩序有三個面向，即：個人、家庭與社會情況。其中以家庭最為重要，它是社會結構最根本的單位（Ashey and Orenstein, 2005, P.55）。

(2)社會動態學（Social Dynamics）

研究社會變遷或社會進步。孔德對未來社會充滿了樂觀，認為未來的社會會越來越好，故他深信社會進步；社會會按照他所說的三大進化法則逐漸地由神學、玄學而進入實證或科學的時代。

孔德認為研究社會學必須研究社會靜態學及社會動態學。一是研究社會

的結構，另一是研究社會的變遷，兩者相輔相成，缺一不可。在孔德的心目中，社會變遷的研究似乎比社會結構的研究更爲重要。

4. 社會學的烏托邦（Sociological Utopia-Sociocracy）

孔德認爲當社會進化到最後期，一種以實證主義爲基礎之人本主義的宗教將會應運而生，主導人們的社會生活。在這個宗教內，社會學家成爲牧師，而孔德自己則成爲預言家，他會爲諸子弟所包圍追隨，傳道解惑，傳達福音，拯救芸芸眾生。在這個新的人本主義之實證社會秩序裡，「仁愛」是原則（Love is the Principle），「秩序」是基礎（Order is the Basis），「進步」是目的（Progress is the Aim）。人們沒有自私，一切均爲利他著想，大家均熱心公益，以助他人爲樂（Ashley and Orenstein, 2005. P.58）。

（五）社會學的催生者：史賓塞（Herbert Spencer，一八二〇～一九〇三）

史賓塞是社會進化論者。他深受達爾文生物進化論的影響，將其進化的原理與法則應用於社會上。他首創「適者生存」（Survival of the Fittest）一詞。很多人以爲「適者生存」一詞是達爾文首創使用的，其實不然，史賓塞才是首創該詞且爲第一個使用的人。史賓塞是英國哲學家，未受過太多的正規教育，但靠自我努力不懈的閱讀、進修及寫作，終成大家。他的著作等身，論著所涵蓋的學科及論題幾乎無所不包。茲將他對社會學及有關社會學的論點簡單介紹如下：

1. 社會進化論

史氏早年認爲社會進化是不可避免的，但到了晚年稍微修正了自己的看法，認爲社會進化並非必然的，其進展需視情況而定。同時他也承認，進化不一定永遠帶來進步。他的進化觀點與孔德有共通之處，但也有不同之處，譬如他完全不同意孔德的進化三階段論。根據帕林（Robert Perrin, 1976）的解釋，史賓塞的社會進化一詞可能有四種不同的說法：

　　(1) 社會進化意謂著向一理想的社會狀態進行，向一個建立在友愛、利他主義、專業化而著重個人成就的未來社會邁進。

　　(2) 社會進化意謂著諸多社會結構進一步的分化，以履行多種社會功能的需要。

　　(3) 社會進化與社會分工的深化，同出一轍，無所差異。

　　(4) 他的社會進化論出自於生物進化的模式，是以生物進化論的模式為基礎。

　　如前所言，史氏的社會進化論並非意謂社會是朝著單一方向前進。在大體上，史氏認為每個社會都是朝前進步發展的，但由於個別的不同情況與外來社會的接觸影響不一，在不同的時期乃會有不同的反應及高低起伏的變化，但從長期總體方向看來，社會進化總是向前進展的（Ashley and Orenstein, 2005, P.126-130）。

2. 有機類比說

　　史賓塞將社會類比為有機體，他指出兩者有以下的相同處：

　　(1) 社會與有機體在其大部分的存活期間均呈現發展與成長；

　　(2) 除了發展與成長之外，兩者均在結構上做進一步的分化與繁雜化；

　　(3) 在結構進行分化與複雜化之時，社會與有機體也進一步的進行功能分化。功能分化之時，兩者也進一步的進行整合，變得更為相互依賴；

　　(4) 社會與有機體均有一定的生命期，其生命期均較其部分的生命期為長。

　　史賓塞除了指出兩者的相同之處外，也承認兩者有以下的不同之處：

　　(1) 生物有機體有特定可以觀察的外型，而社會卻沒有可以觀察的外型；

　　(2) 生物有機體的各個部分都是具體的相互連結著；而社會則否，很多社會的成員分布各處，互相不通聲息，甚至老死不相往來；

　　(3) 生物有機體有一意識中心，，即腦部；而社會卻無此意識中心，社會

中的每一個個人均有其自己獨立的意識中心。

　　史氏認爲社會與個人的關係是相輔相成的。

3. 結構功能論

　　史賓塞認爲社會經常處於一種功能平衡的狀態。每個部門均各有所職，盡其所應履行的功能，來服務整個社會的需要。假如有任何部門失職，引起失調，社會體系則會有自動調整的功能，將失調的狀態恢復平衡。史賓塞在著作中，曾提起過「負功能」（dysfunction）及「無功能」（nonfunction）的概念。每個社會部門或社會單元並非均執行正面、有益於整個社會秩序及運作功能，有時適得其反，會做出反面、有害於整個社會秩序及運作功能的事。有的時候，一個社會單元（如社會團體或組織）起初供給及執行正面有益的功能，但曠時日久，卻會變質，喪失了原有的功能，變得「無功能」，甚至於做出有害的「負功能」。

4. 社會型態學

　　在演化的過程中，社會會經歷不同的階段。根據在各階段社會組織的複雜性——社會的分化及整合的大小程度——史賓塞將社會分爲以下四類：(1) 單純社會（Simple Society）；(2) 複狀社會（Compound Society）；(3) 雙重複狀社會（Doubly Compound Society）；(4) 三重複狀社會（Trebly Compound Society）。

　　史賓塞又以社會組織的目的爲準，將社會區分爲：軍事社會與工業社會。這兩種社會並無線型進展的必然性，它們只不過代表兩種集權或分權的社會體系。軍事社會是一種集權的社會體系，制約過程（regulatory process）高於存養過程（sustaining process）；而工業社會是一種分權的社會體系，存養機制高於制約機制。在社會進化的歷史過程中，兩種社會交互出現，在某一時期是軍事社會，但到了下面一個時期則變爲工業社會，再到了更下面一個時期又變成了軍事社會……，這種交互出現的歷史現象可說是司空見慣、不足爲奇。

5. **拉馬克原則**（Lamarckianism）（Ashley and Orenstein, 2005, P.131-132）

　　這是史賓塞一項主要的理論觀念。這個觀念包括以下兩個概念：

　　(1) 生物與心理特徵及能力是靠「使用」而發展的，如果不加以使用，這些特徵及能力將會枯萎消失；

　　(2) 一代人透過練習及使用所發展獲得的生物與心理特徵及能力，是可以遺傳給下一代人的。

　　史賓塞認為透過拉馬克原則，個人的生物、心理及社會能力在進化的過程中獲得了適應與發展。

6. **不干涉原則**（Laissez-faire Doctrine）

　　身為一位社會達爾文學者，史氏相信「適者生存」、「自然選擇」及「個人主義」。他反對社會改革、社會福利及任何政府控制或干預的政策。他認為政府越少干預人民老百姓的事務越好，一切讓之自然發展，「自然」會自然的理出一條最好的解決之道。政府越多出爐一些新的政策，干涉人民老百姓的生活越多，則會將社會弄得越糟糕，雞飛狗跳，民怨載道。他認為政府的活動應該加以限制，做的應越少越好。譬如教育制度、貨幣控制改策、郵政服務及社會福利政策及措施，都非政府所應該管的或涉足的。

7. **對女權的觀點**

　　年輕時的史賓塞主張男女平等，但到了老年，史賓塞改變了觀點，認為女人應做男人的隨從角色，不應從事女權運動。

8. **方法學的論點**

　　史賓塞主張使用演繹法（Deduction）及歸納法研究社會現象。他的諸多原則觀點均是從進化論演繹出來的。他蒐集大量的資料，然後經過整理歸納來證明他的社會進化理論。史賓塞經常犯了套套邏輯（Tautology）的錯誤——以部分來詮釋全部，同時又以全部來詮釋部分。

　　史氏承認社會學與物理學、化學或天文學相比，是不準確的科學，但其終極目標卻是相同的──都是欲建立可驗證的因果關係。社會學應該蒐集使用民族學及歷史學的資料來做實證的分析，尋找建立事件或現象間的多因果關聯。他特別提醒學者，應該排除偏見，以文化相對論的視野來從事社會學研究（Ashley and Orenstein, 2005, P.139-141）。

第二節　社會學在美國的成長與發展

　　美國社會學是在歐風西漸的影響下成長發展的。早期的美國社會學深受歐洲社會學理論的影響——特別是史賓塞的個人主義、進化論及不干涉主義的影響。為何美國早期的社會學家特別獨鍾於史氏的理論及見解呢？下面是幾個可能的理由（Ritzer, 1992, P.193-194）：

　　1. 史氏的著作是以英文發表的，而且寫得簡單易懂，容易為美國學者了解與接受；

　　2. 史氏的理論著作有很重的科學味，符合美國人崇尚科學的價值觀，因此容易受到美國人的喜愛；

　　3. 史氏理論廣大包容，海納百川，好像一部百科全書，提供美國人早期拓荒時甚多問題的答案，同時也帶給美國在工業化及成長陣痛期的一些撫慰作用。

　　美國早期除了受到歐洲社會學理論的影響外，在發展過程中亦面臨許多現實的社會狀況及問題，故也受到這些狀況及問題的影響。這些狀況及問題包括美國南北戰爭後急速工業化及都市化、十九世紀末期及二十世紀初期大量移民的湧入、新教及其倫理的日益成長及散布，以及大學教育制度及學術專業化的成長與普及化。

　　另外一個美國早期社會學的特徵是基督教與社會學的掛鉤——甚多早期的美國社會學家也兼做牧師行業。

一、美國初期重要社會學家簡介

（一）孫末楠（William G. Sumner，一八四〇～一九一〇）

　　孫末楠被認為是社會達爾文主義者，但他的學說之影響絕不限於社會達爾文主義。他是一位典型的美國早期社會學家，身兼牧師的社會學教授。他

的著名作品是一九〇六年出版的《民俗論》（*Folkways*）。在該書中，他清楚的陳述了他對社會結構、社會變遷及人類文化的觀點：

1. 關於社會結構：社會乃是由自然律主導的社會勢力所構成的體系。這種主導社會勢力的自然律與主導物理現象的自然律同出一轍，無所差異。孫末楠認為社會的基礎是民俗（Folkways）──人們在社會中無意識的發展出且共同接受的一些做事及行為的方式。民俗是可以以人力做有限量的改變及修正的。隨著時光的流轉，民俗可能失掉它的光彩及能量，下滑而消失，但也可以轉型而重生。但在此，孫末楠卻未探討及說明在何種情況下，民俗開始下滑或轉型重生。孫氏認為民俗可以演化成為習範（Mores），而後又可以從習範演化成為法律。三者均對人們的行為具有約束性，其中以民俗最弱，習範較強，而法律最強。孫氏的另一貢獻是他將社會團體分為兩類：我們團體與他們團體，或內團體（In-group）與外團體（Out-group）。

2. 關於社會變遷：孫末楠是社會進化論者。他深受史賓塞的影響，確認自然進化及適者生存（Survival of the Fittest）乃基本自然法則。他獨鍾於「適者生存」，認為它是人類文明的法則──唯有勤奮及節約之士才是適者，最有生存成功機會。孫氏認為大多用意良善的社會改革計畫與措施均害多於益，協助了懶惰者、不負責任者及邪惡者，而傷害了勤奮努力的工作者及有道德才幹之士。他反對政府的種種規條法令、社會福利計畫，以及大多數的社會運動。

3. 關於人類文化：在這裡，孫末楠的最大貢獻是他提出了「種族中心主義」（Ethnocentrism）。此乃重要社會學名詞及觀念。每個種族或民族均有一種文化的優越感，動輒以為自己種族或民族的文化、傳統、民俗及思想做事的方法，高於其他種族或民族的文化、傳統、民俗及思想做事的方法。

（二）華德（Lester F. Ward，一八四一～一九一三）

有一些社會學家認為，華德為美國社會學之父。時至今日，華德的很多理論和觀點已經不起時間的考驗，站不住腳，失掉了當年的價值及影響力

了。

　　華德認為每一種科學皆是社會勢力之有系統的研究。對華德而言，社
會勢力乃心理的能量，其中以感覺及欲望為主（Timascheff and Theodorson,
1976, P.72-79）。

　　對華德而言，社會學是一種社會成就（Social achievements）的研究，人
類的文明乃人類成就累積的總和。他將社會學分成以下兩種：

　　1. 純質社會學（Pure Sociology）：研究社會結構及社會變遷的基本法
則。在此研究中所提出的主要問題是：是什麼（What）？為什麼（Why）？
及如何（How）？換言之，純質社會學研究社會的真實本質及現象。

　　2. 應用社會學（Applied Sociology）：此乃將社會學從科學研究所獲得
的知識應用於改善社會。其最關注的問題是社會理念（Social ideals）及倫理
考量；其欲達成的目的則是改良社會狀況。

　　華德是溫和的社會達爾文主義者，他主張社會改革，但非激進革命式的
社會改革。他相信社會導進（Social telesis）或者說有目的性的社會進化。社
會導進對華德而言乃是一種人為的進化，一種心理的進化，有意識及有目的
所做出改進社會福祉的努力。他深信社會計畫（Social planning）可以改進社
會，帶領我們進入一種新的、被稱為Sociocracy 的社會──一種有別於資本
主義或社會主義的社會。在 Sociocracy的社會裡，社會福利掛帥，每個人的
機會均等，每個人均享有相同的社會福利。

二、芝加哥學派（Chicago School）

　　芝加哥大學是第一個設有研究生部的社會學系，其社會學系主導美國的
社會學研究及發展長達四十年之久（一八九○年代～一九三○年代）。一般
社會學、社會心理學、區位學、都市社會學、家庭社會學、少數民族研究及
社會變遷等專科及課程，均被公認為是在芝大的社會學系內創建發展出來的

（Johnson, 2010. P.54-65）。

　　芝大的社會學系出了不少著名而深具影響力的社會學學者，茲簡介如下：

（一）史茅爾（Albion Small，一八五四～一九二六）

　　史氏是芝大社會學系的創立人及第一位系主任。他曾經受過神學的訓練，擔任過緬因州一所叫寇畢學院（Colby College）的校長（注：現今該學院仍然存在）。他是一位既具先見遠識且有行政能力推動計畫政策的大有為者。在他主持之下的芝大社會學系，對美國的社會學做了以下幾項顯著的貢獻：

　　1. 他於一八九四年與人合寫了第一本社會學的教科書；

　　2. 他於一八九五年創辦了《美國社會學期刊》（*American Journal of Sociology*）並擔任其主編達十三年之久；

　　3. 他與他人共創了美國社會學學社（American Sociological Society）（後來該學社改名為美國社會學學會，ASA）；

　　4. 他將蕾震豪佛（Gustav Ratzenhofer）的衝突理論及辛末爾（Georg Simmel）的理論介紹給美國社會學界；

　　5. 他最為人津津樂道且為人緬懷的乃是他是一位優秀的老師，影響及鼓勵了不少學生從事社會學的學術研究。

（二）派克（Robert E. Park，一八六四～一九四四）

　　派克是新聞記者出身。他於一九一四年正式到芝大任教，一共教了十九年，最後於一九三三年退休。在任教芝大期間，他創建了人文區位學、都市社會學、集體行為，及種族關係等課程。他對都市社會學做出了巨大的貢獻，並與他的同事布季斯（Ernest W. Burgess）共同創立了中心圓區間理論（Concentric Zone Theory）。他也在研究城市的土地利用時，發展出「自然區域」（Natural Area）的概念。他率領學生對快速成長發展中的芝加哥城做

了不少區位化過程及都市問題的調查研究。另外，他與布季斯共同撰寫了一本具有相當影響力的社會學教科書：《社會科學導論》（*Introduction to The Science of Sociology*）。此書為社會學界廣為流行，被很多大學的社會學系採用為教科書。

派克早年在比（比利時）屬剛果改革協會工作時，結識了黑人教育界領袖布克‧華盛頓（Booker T. Washington），後來曾在華氏所主持的托斯克基大學（Tuskegee University）擔任其秘書。派克一直對改善黑白種族關係及黑人福祉深感興趣，當他從芝大退休後的次年，即一九三四年，他南下阿拉巴馬州的黑人大學費士克大學（Fisk University）任教，一直教到近八十歲才脫離教壇。

（三）布季斯（Ernest W. Burgess，一八八六～一九六六）

布季斯是史茅爾的學生，在史茅爾的指導下寫成他的博士論文。他從一九一六年開始在芝大任教，一直教到一九五一年才退休，共在芝大任教達三十五年之久。

他與派克合作共同寫了一本重要暢銷的社會學導論教科書，並共同創建了都市社會學上最有名的中心圓區間理論。他是一位家庭社會學的專家，曾經出版了幾本家庭及婚姻的教科書。

（四）湯瑪斯（W. I. Thomas，一八六三～一九四七）

湯瑪斯是一位社會心理學家。他在芝大任教不長，但卻在芝大任教期間與芮南尼基（Florian Znaniecki）合作，寫作出版了一部深具影響力的研究著作《在歐洲及美國的波蘭農民》（*The Polish Peasant in Europe and America*）。這本著作主要研究在歐洲及美國的波蘭移民的社會解組（Social disorganization）的情況。最值得注意的是他們提出的研究方法，作者費了八年的時間蒐集了大量難以數計的自傳資料、個人的日記、家人間的通信、政府機關間的檔案資料，及報紙的紀錄資料，加以系統的分析而完成。這種有

效的使用二手資料來分析並歸納出發現與結論的方法雖不算是首創的，但卻是帶有里程碑意義的。由於他們的著作的影響，資料分析法（Documentary Analysis）成為現今社會學方法學中公認的重要研究法之一。

在社會心理學內，湯氏也做了另外一件重要的貢獻，即他所提出的「情境定義」（Definition of the situation）的觀念：「如果人們將所認知的情境認為是真實的，則其所認知的情境會對他們的行為產生真實的後果。」此觀念已被認為是符號互動論派的核心觀念之一，在社會學上變成了一個盡人皆知的辭語。

（五）米德（George H. Mead，一八六三～一九三一）

米德是芝加哥大學哲學系的教授，而非社會學系的教授。他入芝大哲學系任教，主要是由於他的好友，實用主義大師及著名教育學家杜威（John Dewey）的引介。他在哲學系開授了一門社會心理學的課程，吸引了很多社會學研究生到他的班上選課。他講課精闢入裡，活潑生動，很受學生的歡迎。但他惜墨如金，鮮少寫作。在其過世後，他的社會學研究生乃將他的講稿及課堂筆記整理後，以他的名字出版《心靈、自我與社會》（*Mind, Self and Society*）一書。這本書奠定了米德在符號互動論的宗師地位，也同時變成符號互動論的經典之作，成為研讀符號互動論者必讀的書籍。在之後的章節裡，筆者將會花較多的篇幅討論其理論，在此暫時從略。

（六）顧里（Charles H. Cooley，一八六四～一九二九）

顧里之所以被歸為芝加哥學派，乃因為他的理論與米德的符號互動論有很多觀點吻合一致，今日談符號互動論者，論及米德不能不論及顧里，兩人均被公認為符號互動學派的創建人物。

顧里一輩子的學術事業都貢獻在密西根大學（University of Michigan）。他在密大獲得博士學位後，終其一生都在密大執教。他寫過三本書，即所謂他的三部曲：《人性及社會秩序》（*Human Nature and Social*

Order）、《社會組織》（*Social Organization*），及《社會過程》（*Social Process*）。其中以《人性及社會秩序》最為重要，在其中，他提出了他最著名的鏡中自我（Looking-glass Self）的觀念，之後他又提出了基本團體（Primary Group）的概念。以後的章節會花較多篇幅討論其理論，在此暫時從略。

（七）布魯默（Herbert Blumer，一九○○～一九八七）

布魯默是米德的學生。他於大學畢業後曾打過職業足球，後來進入芝大當研究生。他自認是米德的接班弟子，米德學說的正統詮釋者。他也是替符號互動論取名字的人，在此之前，辛末爾、米德，及顧里等雖提出了符號互動的一些理論觀念，但卻無一統稱的名字。布魯默不僅創造了現今大家均公認的符號互動論的名稱，而且提出了他對符號互動觀念及三個基本前提的解釋。因在以後的章節筆者會花更多篇幅討論其理論，在此暫時從略。

（八）奧格本（William F. Ogburn，一八八六～一九五九）

奧格本畢業於哥倫比亞大學，是季丁斯（Franklin Giddings）的學生（Goodwin and Scimecca, 2006, pp.294-295）。他極力提倡科學及計量的社會學，反對將倫理、宗教信仰帶入社會學研究。他從一九二七年至一九五二年在芝大任教達二十五年之久。他最大且為人津津樂道的貢獻是他的名著《社會變遷》（*Social Change*）。在該書中他提出了「文化脫節」（Cultural Lag）的觀念。在物資科技文化及非物資精神文化的變化過程中，前者的變遷及為社會接受的速度常較後者為快，因此使後者產生落後脫節的現象，很多社會問題皆是因此而生。此外，奧氏還做了很多科技發明，如汽車、收音機及飛機等。另外，他對社會趨向的發展極有興趣，曾任胡佛總統社會趨向研究委員會主任，並出版過《社會趨向》一書。

三、哈佛之興起及結構功能學派

（一）索羅金（Pitirim Sorokin，一八八九～一九六八）

　　哈佛之興起始於索羅金的到來。索羅金是由俄國逃亡到美國的移民社會學家，他曾參加反布爾什維克（Bolsheviks）的革命活動，而在列寧當權後被強迫離開俄國。他於一九二三年到達美國，起先在一些美國大學裡應邀講課，最後正式被明尼蘇達大學（University of Minesota）聘請任教；在明大升為正教授後，於一九三〇年轉到哈佛大學，受命創立社會學系並擔任其第一任系主任。索氏學識淵博，學富五車，通曉十餘國文字，其所著《社會移動》（Social Mobility）及《當代社會學理論》（Contemporary Sociologocal Theories）為當時社會學的名作。他著作等身，但可惜的是，著作中的許多見解與觀念禁不起時間的考驗，已被認為過時了。現今留下仍為人常論及的是他所提出的社會變遷的循環論。他認為社會隨著時代的變化有三種心態的轉換，一是感官認知期（senate stage）——真理是由感官經驗的認知而確定；二是信念認知期（Ideational stage）——真理是由神或超自然的啟示、預言或奇蹟而獲得，它是絕對的，非功利的；三是感官及超感官認知的綜合期（Synthesis of sensory and super sensory stage）——真理可由感官的經驗認知取得，也可由超感官的經驗取得，這兩種真理獲得之道均被接受承認。索氏認為信念或超感官認知期只是一個均衡理性及宗教信仰的過渡時期。他的這種社會心態的三分法，可以清楚的看出與孔德的神學的、玄學的及實證的三分法頗有相似之處。

　　索羅金最大的貢獻不僅是他建立了哈大的社會學系，招收了不少優秀的學生，如墨頓（Robert K. Merton）、戴維斯（Kingsey Davis）等，而且聘請了日後成為大師級的學者如派深思（Talcott Parsons）及霍門斯（George C. Humans）等。

（二）派深思（Talcott Parsons，一九○二～一九七九）

派深思是索羅金聘入他所主持的哈佛大學社會學系的年輕講師，但這位年輕的講師辛苦耕耘努力著書論作，多年之後聲名鵲起，光芒超過了索羅金。而後哈大社會學系被擴充改組為社會關係學系，派深思被校方任命為該系的首任系主任。索羅金與派深思在同一系裡，一老一少，一直存在一種相互競爭、不安與緊張的關係。

派深思能成為美國社會學界最重要及最有影響力之一的學者，芮澤認為有三個主要原因（Ritzer, 2000, P.62）：

1. 他將歐洲的社會學理論介紹給美國的讀者；

2. 他發展出了他自己的一套理論；

3. 他教導了一些學生，而這些學生日後成為著名的社會理論學家，如墨頓及戴維斯均於一九三六年獲得博士學位、穆爾（Wilbert Moore）於一九四年獲得博士學位。

派深思於一九三七年出版《社會行動的結構》（*The Structure of Social Action*）一書，在該書中他介紹了涂爾幹、韋伯及帕雷托（Vilfredo Pareto）等歐洲的社會學理論給美國社會學界，同時他將社會學理論的地位在社會學學術研討上予以合法化了；由於他的一些影響，社會學理論成為社會學的重要科目及必習課程。

派深思於一九五一年出版《社會體系》（*Social System*）一書。在這本書內，派深思探討各種社會結構及它們之間的相互關係，而這些社會結構在互輔相助之中達成一種動態的平衡狀態。派深思除了關注社會體系的結構之外，也關注其他的行動體系，例如文化體系及人格體系等。

派深思的盛名與結構功能理論的影響力同步成長。派氏的名望達到最高峰時，也是結構功能論在美國社會學最得勢的時候。這段時間從一九三○年迄一九六○年，約三十年之久。華寇（George Huaco, 1986）曾做了一個很有趣的觀察，他認為結構功能論的興衰與美國在世界舞臺上的地位息息相關。

當美國於一九四五二次世界大戰之後變爲世界超強國之時，結構功能理論在社會學中也變爲最強勢的理論。當一九七〇年以後美國的超強地位逐漸減退之時，結構功能理論的影響也逐漸地消逝了。

（三）霍門斯（George C. Humans，一九一〇～一九八九）

霍門斯是沒有博士學位而憑眞才實學當上哈佛大學正教授的罕見學者。他是派深思的同事，但卻批評派氏的理論不遺餘力。他認爲派氏的理論根本不是理論，充其量不過是一種宏觀式的概念分類系統，然後硬將人們社會生活的各方面套進去他的系統內。他認爲理論應該是貼著地面從下而上建造起來，而不應該像派深思那樣，從空疏龐大的理論觀念由上而下發展延伸出來。

霍氏最大的貢獻乃是受他哈佛大學同事史金納（B. F. Skinner）的心理行爲主義（Psychological Behaviorism）的影響，而發展他有名的交換理論。

四、近年來多元的發展

1. 急進社會學（Radical Sociology）——密爾斯（C. Wright Mills）

由於派深思及其他美國社會學家對馬克思理論的忽視，引起一些年輕社會學家的不滿，特別是密爾斯，這位天才橫溢、帶有叛逆性格、來自德州的年輕學者挺身而出，以犀利之筆橫掃千軍似的痛批派深思及當時社會學大老，獨自撐著馬克思傳統的大旗，闡揚社會衝突理論。

在他短短的四十五年生命中，出版了十本書籍並發表甚多文章。在他所出版的十本書中，有數本成爲美國的暢銷書。他在書中對美國社會及其他的專業社會學大肆批評，建立了批判社會學（Critical Sociology）的傳統。

在他出版的書籍中，《社會學想像力》（*The Sociological Imagination*），恐怕是最具有影響力的一本鉅著。在該書中他譏諷當代大師

派深思的文筆拙劣，像老太太的裹腳布贅句廢詞用得太多，很簡單的概念常被他弄得過分複雜，艱澀難懂。他於是將派氏一本厚厚的大書取其精華要點，以短短二、三十頁改寫而成。現今很多人已不再讀派深思的原書，而是直接讀密爾斯改寫的撮要評文。他不但撻伐派深思，而且他也批評他在哥倫比亞大學的同事——方法學大師拉薩爾斯飛（Paul Lazarsfeld）。無疑的，他將社會學帶到了一個新的應用方向——關心並批判社會及學術界，以期望它們有內省、自我檢討的能力，使社會與學術界有更好、更健康的發展。

2. 創生社會學（Creative Sociology）的發展

創生社會學一詞是由莫瑞斯（Monica Morris）首次使用，主要指三門於一九六○及一九七○年代發展出來的社會學學派：

(1) 現象社會學（Phenomenological Sociology）

現象社會學為舒茲（Alfred Schutze）所創立，其基本概念源於他在一九三二年以德文出版的《社會世界的現象學》（*The Phenomenology of the Social World*）一書。他深受現象學家胡塞爾（Edmund Husserl）的影響，特別著重意識在認知中的角色與功能。他的書雖被譯為英文，但仍是高度抽象、艱澀難懂。幸虧他的學生伯格（Peter Berger）及陸克曼（Thomas Luckman）合著《實體的社會建構》（*The Social Construction of Reality*）一書，將舒茲的現象社會學的概念做了清楚的介紹及應用，使得現象社會學為社會學界所接受，並納入了美國社會學的主流學派之一。

(2) 俗民方法學（Ethnomethodology）

創立人卡爾芬寇（Harold Garfinkel）曾是舒茲在紐約市新社會研究學院（New School for Social Research）的旁聽學生。實際上，他是派深思在哈佛大學的從業學生，但卻在旁聽了舒茲的課而深受其現象社會學的影響，乃綜合了舒茲及派深思的理論想法，創立了俗民方法學。他的基本理論及觀點可見於其一九六七年出版的《民俗方法學的研究》（*Studies in Ethnomethodology*）一書。

　　卡氏從一九五四年起便執教於加大洛杉磯分校（UCLA），他教導過幾位有名的學生，致使美國西海岸變成俗民方法學的研究重鎮。

(3) 存在社會學（Existential Sociology）

　　這門社會學分支顯然是受到存在主義哲學的影響而發展成的。它著重於個人生活的複雜性以及個人如何面對這種生活複雜性的挑戰。存在社會學特別關注個人的感受、情緒及自我。

第二篇
古典社會學理論

第一章　馬克思（Karl Marx，
　　　　　一八一八至一八八三）

第一節　引言

　　馬克思於一八八三年三月三日過世，他的葬禮只有寥寥十一人參加，但在他逝世百年之後，世界上卻有一半以上的人口在他所鼓吹的馬克思主義的政府統治下生活。馬克思的知名度，沒有任何一個社會科學家可以相比。他的影響力不只達及社會學、經濟學及哲學等學術領域，而且達及人類歷史的進展及人類實際的生活。

　　馬克思不僅是個社會科學家，而且是個革命行動者，集理論與行動於一身。他不是社會學家，事實他也從未自稱是社會學家，但是他的著作中卻在在皆是社會學，到處充滿了社會學的觀點。

　　馬克思的理論在美國學術界一直未受重視或青睞，一直到了一九六○年代美國國內發生了民權運動、女權運動及反越戰示威遊行等，才引起人們對社會衝突現象的重視，也才重新發現了馬克思及他的衝突理論。瑞澤（Ritzer, 2000, P.41）舉出了兩個為何馬克思理論在美國受到忽視的理由：

　　1. 馬克思的理論太過意識形態化，充滿了意識形態的偏見，牴觸了美國所偏重的科學的求真價值。

　　2. 馬克思是一個狂熱的、充滿血腥的革命者。

　　其實這兩個理由均有疑問。馬克思的理論固然有其意識形態的基礎，但反觀其他學者如孔德、史賓塞、涂爾幹、韋伯等人的理論，哪一個在其背後沒有意識形態的基礎？馬克思反對資本主義對勞動階級的壓榨及剝削，出自於人道主義的立場，主張以革命的方式來推翻資本主義的社會，建立共產主義社會，但革命並不是必然要血腥殺人的。

第二節　小傳

　　馬克思於一八一八年五月五日出生於德國接近法國邊境的翠爾（Trier）城。他的父親是位律師，擁有一些葡萄園，屬中產階級的知識分子；他因為是猶太人，不能擔任公職，又不願意被歧視為二等公民，乃改名為海因里希‧馬克思（Heinrich Marx），並改皈依路德教會（Lutheranism）；他是一位保守、膽小、安分守法的市民。馬克思的母親則是個缺乏教育但全心貫注給家庭兒女的婦女。孩提時的馬克思即表現出與他父親性格上極大的差異，他喜歡挑戰權威，對時事常有一己之見，叛道離經，對父親及家庭疏離且不滿。當他的父親五十七歲那年（一八三八年）過世時，他竟未參加葬禮。

　　馬克思十七歲時就讀邦恩大學（University of Bonn），唸了一年之後，轉學入讀柏林大學（University of Berlin），在柏大唸了三年。他不是一個循規蹈矩的學生，經常逃課，經常錢不夠用而為債務所煩惱。但在這段時間他接觸到黑格爾的哲學及一些新黑格爾年青學者，在思想上受到了相當的啟發及影響。他於一八四一年完成了博士論文，在等待答辯期間，他將博士論文寄給了堅那大學（University of Jena），九天之後，馬克思被堅那大學頒授了博士學位。

　　馬克思於一八四三年四月與出身於普魯斯封建家庭的年輕戀人珍妮‧韋士芳林（Jenny Von Westphalen）女士結褵，雖然家庭背景相異，但兩人互相扶持度過貧苦病患的艱困歲月，一路走來相愛幸福。很多傳記學者都認為珍妮是支持馬克思的終身伴侶，無怨無悔的犧牲一切來幫助他完成他的事業理想。珍妮於一八八一年十二月過世，馬克思的一個女兒於一八八三年一月過世，而馬克思本人則於兩個月後撒手人寰。

　　馬克思在邦恩大學及柏林大學就讀期間，黑格爾已經過世，但他所遺留下來的精神仍然強勢地籠罩著大學校園，一群新的、年輕的黑格爾學者仍喋喋不休地評議黑格爾的形上學及辯證論。馬克思深受其影響。他服膺辯證的

思考方式，將其應用到物質世界，日後發展成著名的唯物辯證法。

　　馬克思獲得博士學位後跑到科隆（Cologne）一家激進的報社工作，在工作了短短的十個月之後即被升爲主編。但由於他論點偏激，對時事多所批評，他所主編的報紙最後遭到政府的停刊。由於對自身的安全考慮，他乃離開德國而逃到自由主義氣氛濃厚的巴黎。在巴黎時，馬克思又接觸到新黑格爾的一些學者，對黑格爾的哲學有了更進一步的了解，同時他也閱讀了聖西門（Saint-Simon）、亞當・史密斯（Adam Smith）、李嘉圖（David Ricardo）等人的著作。最重要的是，馬克思在短短的兩年客居巴黎期間遇到了恩格斯（Friedrich Engels），由此開始了他們終身事業及學術上的合作。恩格斯乃英國一位紡織業主之子，富有多金，但他對工廠工人所遭遇的悲慘工作情況相當同情。因受恩格斯的影響，馬克思很快地變成爲關心勞苦工人大眾的社會主義者。他吸取了一部分的黑格爾哲學、法國的社會主義及英國的社會經濟理論，在思想上得到了更深一層的成熟與提升。在恩格斯發表了《英國勞工階級的情況》（*The Condition of the Working Class in England*）一書不久，在很短的時間內，馬克思與恩格斯合著並發表了《德國意識型態》（*The German Ideology*, 1845-46），及《神聖家庭》（*The Holy Family*, 1844）等書。馬克思自己也寫了一本極爲重要的書籍，即《經濟與哲學手稿》（*The Economic and Philosophical Manuscript*）。由於書中甚多觀點被法國政府認爲過分偏激，乃將馬克思驅逐出境。於是馬克思便舉家搬到布魯塞爾（Brussels）。在布城時，他接觸了一個以倫敦爲基地的共產主義聯盟組織，該組織委託他代寫一項重要文件，於是在他與恩格斯的合作努力下，終於撰成一八四八年的「共產主義宣言」（The Communist Manifesto）。在宣言第一行上所寫的句子是：「人類社會迄今的歷史乃階級鬥爭史。」這句話應該是最能表達馬克思理論的基本立場。

　　在寫了共產主義宣言五年之後，即一八四九年，馬克思舉家搬到了倫敦。在倫敦期間，他爲賺點外快以貼補家用，曾擔任過《紐約每日論壇》的歐洲通訊員。他於一八五二年獲得英國博物館閱讀室的許可證後，每日從上

午十點到下午七點都待在館中，閱讀有關資本主義制度下的不平等狀況的文獻。這樣的苦讀鑽研終於完成了三卷《資本論》（*Das Kapital*）鉅著。第一卷發表於一八六七年，其餘兩卷是由考斯基（Karl Kautsky）與恩格斯在馬克思過世後整理發表的。

法國與英國工人於一八六三年成立了「第一國際」（First International）組織，其目的為推翻資本主義，建立共產制度。馬克思於一八六四年在該組織於倫敦召開的第一次年會發表演說，他不只參加了該組織，而且當了其精神領袖並指導組織的活動。後來組織內派系爭鬥，將組織遷往美國費城（Pholadelphia），從此力量大為削弱，最後第一國際組織於一八七六年宣告解散。後來陸續還有一些革命運動的失敗，給馬克思的晚年帶來了相當大的失望與打擊。

馬克思在倫敦的日子過得甚為艱苦。他除了微薄的稿費收入及恩格斯給他的一些接濟之外，常常捉襟見肘。但無論如何，他與珍妮及子女的關係親密和睦，雖然老年命運不濟，妻子、女兒及他陸續在兩年之內謝世，但總體而言，除了有一次婚外情之外，他一生大部分可以說是生活在一個幸福家庭之中（Ashley and Orenstein, 2005. P.185-189）。而他與恩格斯相知深厚的如父子一般的感情與友誼彌足珍貴。恩格斯不但在經濟上持續的接濟馬克思，甚至在其過世後撫養他的私生子（Martindale, 1981）。恩格斯除了與馬克思合著三大鉅作之外，並在其過世後獨力支持與宣傳馬克思的學說，再加上後來考斯基（Karl Kautsky）的加入，如虎添翼，終於使馬克思的理論立足於西方世界，而馬克思學派（Maxism）於焉成矣。考斯基不僅創辦了一份專門發揚評論馬克思學說的雜誌，他與恩格斯也合作發表許多文章，並於一八八七年出版了《馬克思的經濟學說》（*Economic Doctrines of Karl Marx*, 1887）一書（Martindale, 1981）。考斯基與恩格斯雙雙於一八九一年以馬克思理論家的身分出席「第二國際」組織，同時為德國社會民主黨起草而成功的將馬克思主義立法成為其黨綱。

第三節　主要理論要點

一、社會歷史變遷的法則——唯物辯證法

　　馬克思採用了黑格爾的辯證邏輯，應用到物質世界而發展成他的唯物辯證論。黑格爾是哲學的理念主義者，認為真理存在於理念的領域內；馬克思則反其道而行，認為真理存在於物質世界的領域內，物質先於理念。他的辯證論包括下列特徵：

　　1. 在社會世界的諸部分事象之間，沒有一個簡單、單向的因果關係。所有的關係均是相互對換的。換言之，一個事件可以是另一事件的因，也可以是另一事件的果。

　　2. 社會價值與社會事實無法分開。兩者經常糾纏在一起，難以切斷割離。故研究社會現象時，不可能不摻合社會價值在內，「價值中立」是難以做到的。

　　3. 辯證論注重社會世界的關係——內在事務或外在事務相互之間的關係。

　　4. 辯證論者不僅關心現今社會事象之間的關係，而且關心現今社會事象與過去及未來社會事象之間的關係。辯證論重視歷史的關聯性及因果關係。

　　5. 辯證學者對社會結構及個人之間的互動關係深感興趣。馬克思曾說：「環境造就個人，而個人創造環境。」這與我們經常提到的「時勢造英雄，英雄造時勢」同出一轍。馬克思注重人與社會結構，特別是人們與其所創造出來的社會結構的關係。過去的、現今的，以及未來的宏觀的社會結構及其中的個人或行動者有著歷史的辯證的因果影響關係（見下表）（Ritzer and Goodman, 2004, P.45）：

表2-1-1　過去、現代及未來社會結構與個人的歷史辯證影響

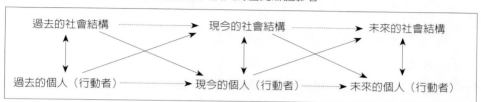

　　先讓我們來看一下馬克思如何將唯物辯證法應用於歷史發展的解釋上。換言之，他的唯物史觀當如何解說？

　　馬克思認為歷史是有階段性的。每個歷史所經歷的階段都是建立在某種科技水準及所生產以配合其科技水準的經濟生產組織。對前者所謂的科技水準，他稱之為「生產勢力」，後者所謂的生產組織，他稱之為「生產關係」。根據生產勢力與生產關係，他將西方的歷史大約分為以下四個階段：1.原始的共產主義社會；2.古代的奴隸勞動社會；3.奴隸制度下的封建社會；4.工資勞力制度下的資本主義社會。

　　馬克思認為除了原始的共產主義社會之外，其他的每個社會均有兩個階級：剝削階級及被剝削階級。剝削階級控制了生產工具或手段，他們的權勢地位乃在於他們掌控了在當時科技水準下所產生的經濟生產組織。但是，馬克思認為科技是日新月異經常變化的，假以時日，經濟生產組織趕不上新科技的進展，而在權力階級賴以掌控的、在其特定的科技水準下的經濟生產組織便失控了。當這種生產勢力與生產關係發生矛盾與失調時，革命便應運而生，被剝削階級便會揭竿而起，推翻剝削階級所控制的政權而將歷史帶進了一個新的階段。馬克思從「正、反、合」的辯證過程，以唯物（即科技）當動因來解說歷史的世代交替及演變。他相信勞動階級的革命必將成功，最後建立一個無產的共產主義社會是必然的。同時他預言，當一個無私產擁有、無剝削者及被剝削者存在，且各盡所能及各取所需的社會或共產主義社會建立起來的話，歷史的辯證過程便會結束停止。

二、人獸之別

　　馬克思最根本的關注是人們的潛力及如何使之得到充分的實現。人之力量並非現今所有的情況，而是曾經在歷史上有過的及未來可能達成的情況。馬克思將自然力量與需求（natural powers and needs）及物種力量與需求（species powers and needs）加以區分。他認為自然力量與需求乃是與其他動物所共同享有或擁有的；而物種力量與需求則是人類所獨有的，完全是屬於人類的。

　　人與其他動物最大的區別，乃在於人之有意識且有能力將意識與行動連結在一起。人類可以做有意識控導下的行為。依照馬克思的見解，人類與自然界的關係中存有三種元素：

　　1. 知覺（Perception）：人們透過感官與自然的即刻接觸。

　　2. 取向（Orientation）：人們將所得的各種知覺（形象）予以組織化、型模化、架構化的過程。

　　3. 撥歸化（Appropriation）：一旦知覺的形象收到了，被組織化了、型模化了或歸類化了，行動者則必須分配他的資源與能力，以因應輕重緩急之所需。

三、馬克思對社會結構的理論觀點

（一）社會結構的定義

　　社會結構是無數目的持續運作的社會關係所組成。這些社會關係的特徵是，它們存在於個人之外，但卻從外來制約個人的行為。社會結構並非固定不變的；它是可以改變再造的。馬克思認為資本主義下的社會結構是可以將之推翻而改造為共產主義社會結構的。

（二）拜物主義及物化（Fetishism of Commodities and Reification）

馬克思認為，在資本主義的社會結構內，我們可以見到兩個重要的過程不斷的進行著。這兩個過程為：「拜物主義」與「物化」。

1. 拜物主義：勞動者忘記了是由於他們的勞力而創造了物品價值的過程。勞動者才是貨品價值的真正創造者，可是他們卻忘了這一點，誤以為貨品的價值乃存於貨品之內，是由非人化的市場操作所決定的。

2. 物化：此乃拜物主義的延伸與擴張。人們進而相信一切社會結構及制度是自然創造的（其實是他們自己所創造的），是通行四海而無礙的，是絕對不可動搖的。因此人們像相信命運一樣，接受現存的社會結構，不敢動任何異念而將之改變。這無異的是完成了「自己預言的實現」（Self-fulfilling prophecy）。簡言之，拜物主義僅應用於經濟現象；而物化則引申擴大應用於所有的社會現象（包括經濟現象）。人們不但物化了經濟事象，而且物化了宗教、政治、教育、文化及所有的社會事象。

馬克思認為貨品在市場上的流動有助於資本主義經濟的異化過程。在資本主義的市場下，錢幣—貨品—錢幣（M-C-M or Money-Commodities-Money）的運作方式無異加強了交易過程的抽象化。用錢幣買了商品，再將商品加價賣出，然後帶回了更多的錢幣。如此買進賣出，所見的都是錢幣或鈔票——多麼抽象而沒有實體的東西！真正實體的貨品卻逐漸隱而不見了。整個市場變為抽象錢幣的流轉場，異化的過程在日益加速的資本化之市場經濟制度下加深擴大。

（三）分工，社會階級及資本主義社會的文化現象。

馬克思對分工、社會階級及文化現象的觀點簡述如下：

1. 分工（Division of Labor）

馬克思對資本主義社會的分工制度極為不滿，不遺餘力的大肆批評。分工將社會分離成兩個階級：資本家階級與勞工階級，因此：

(1) 分工強制性地將人與他所歸屬的社區隔離。

(2) 分工將整個生產過程打破爲碎段，使得整個過程分解支離，功能及意義喪失。

(3) 在分工的過程中，勞動者個人被改變爲工具。他的勞動力隨時可以爲工具、器械所取代，因此在工具化的過程中，個人失掉了價值及尊嚴。

(4) 在分工的過程中，每個人的工作被減縮爲極爲狹隘的專門領域，其所做的工作，對整個產品的完成及整個生產過程所做的貢獻，被削減得微不足道。

總而言之，馬克思認爲分工制度扼殺人性，阻撓個人最大潛能的發展。

2. 社會階級

馬克思認爲社會階級乃一種外在於個人而約制個人的社會結構。它是一種異化了的社會關係。這種關係是由於生產過程中擁有或未擁有生產手段（Means of Production）所有權所造成，它也是經過異化才名正言順的被建立起來。一旦建立起來，它有了自己的生命而駕馭、限制個人的發展。

3. 文化

馬克思視文化爲社會及經濟建構的最上層，稱它爲「表現象」或「副現象」（epiphenomenon）。它是被社會經濟結構所決定的。

4. 階級意識及僞意識（Class Consciousness and False Consciousness）

階級意識乃人們認識了解自己在社會體系內的所在位置、角色及其利得興趣。很不幸的是，很多人們卻沒有正確的認知，因而有了「僞階級意識」的產生。僞階級意識乃人們對其在社會體系的所在位置、角色及利得興趣有不正確的認知及考量。工人階級及資本家階級人士均會有僞意識。但是馬克思認爲在歷史推進的過程中有一種存在的可能性：工人階級的人們會跳出僞意識的迷霧，發現他們所處的眞正情況，而找到他們眞正的階級意識。因此他們會有機會團結起來，最後訴諸改革命手段，推翻資本主義社會。但馬克

思頗武斷的認爲，資本家階級的人們卻無此可能恢復他們的眞正階級意識，而不幸的永遠活在僞意識之中。

5. 意識形態（Ideology）

馬克思及恩格斯在他們的著作《德國的意識形態》（*The German Ideology*）提出意識形態之討論，乃是對黑格爾及其弟子之唯心論的不滿及反駁（Morrison, 2005. PP. 61-68）。

意識形態是文化的一個層面，它是外在於人們但卻制約人們的理念之整合體。它雖然有如階級意識或僞意識一樣，經常反映基層的物質結構，但它的基本來源是物資的，它有自己獨立旳存在。馬克思認爲意識形態包含三個相互相關的理念：

(1) 意識形態經常代表統治階級的利益；

(2) 意識形態構成一個顚倒的、斬斷的、殘而不全的社會實體；

(3) 意識形態有獨立的存在性，而且常會扼殺壓制人們的。

意識形態常會改變影響被壓迫階級的態度、想法及行爲，因此它常被資本家階級用以做爲控制、剝削勞動階級的工具。

（四）經濟決定論

馬克思認爲經濟結構或經濟生產的關係構成整個社會的基礎，其他所有的社會制度皆建立於此基礎之上。換言之，經濟結構乃社會的底層結構，它不僅限制而且決定其他如政治、法律、宗教、哲學、藝術、文學、科學、軍事等上層結構；而所有的非經濟結構均順應經濟結構的制限與需要而行動。舉例言之，在資本主義經濟的社會裡，一切的立法甚至於學校教育制度均爲適應所設定的經濟生產關係而行使，爲其經濟生產關係下所造成的社會階級──即資本家階級而服務。

馬克思認爲經濟結構對非經濟制度的影響力是無所不在、處處可見的。它不僅影響人群關係、社會文化，而且影響人們的社會態度及階級意識。雖

然如此，但稱馬克思是絕對的經濟決定論者並非完全正確。馬克思曾修正他的觀點，承認其他非經濟制度也能取得有限度的自主性，對經濟制度造成一定限度的影響（Johnson, 1981, P.133）。經濟與非經濟制度間的關係是相當複雜的，並不是單方面的。

（五）疏離理論

馬克思的疏離理論深受費爾巴哈（Ludwig Feuerbach）所著的《基督教的本質》（*Essence of Christianity*）一書所影響。費氏批評黑格爾的唯心哲學及宗教，他認為宗教乃人性本質投入超自然存在之反映，但是在這投入反映過程中，人性的本質卻被淘空失去了，因此費氏的結論是，宗教代表了人與其本質的隔離（Johnson, 1981, P.135）。馬克思雖然批評費爾巴哈的物質決定論及人之缺乏自我獨立性的觀點，但他卻採用了費氏關於人與宗教隔離的觀念，，而應用到資本主義社會的勞工的工作情況。從宗教的疏離轉移到工作的疏離，馬克思將焦點對準了資本主義社會勞工所處的物質情況，從而尋找其疏離的緣由。馬克思認為在資本主義社會裡，工人處於四種疏離的情況：

1. 工人跟他們的生產活動疏離：由於生產活動完全被資本家所操控，工人沒有自由，完全聽命服從而幹活。工人因此經常感到枯燥無味，疲憊不堪，壓抑窒息，簡直變成了工作的奴隸。

2. 工人跟他們的生產物疏離：工人對他們所生產的東西沒有任何的控制及決定權，他們甚至於對自己所生產的部分沒有足夠的認識。因為高度分工及專業化的關係，每個工人所做的只是產物的一小部分或一個過程的小環節，因此他無法了解他在整個生產過程所扮演的角色，無法體會到他的工作對整個完成了的產物所做的貢獻。

3. 工人與他們的同工疏離：在工廠生產的過程中，工人們被隔離了、被孤立了，甚至於造成他們互相競爭對立的情況。為了爭取加薪、紅利獎金及升級，工人們常被捲入相互衝突之中。

4. 工人與他們的人性潛力相疏離：在資本主義社會的生產制度下，工人被奴役變成了工奴、動物或非人化的機器。他們的基本人性需要被扼殺了，他們可以發揮表現的內在潛能被扼制了。

簡言之，資本主義社會生產制度造成的疏離狀況壓制人性，使得工人無法施展發揮他們的潛在能力。在馬克思的心目中，唯一的出路是徹底改變資本主義的經濟制度，將資本主義社會推翻，建立共產主義社會；而在共產主義的生產制度下，人性可以得到解放，人們的潛能可以得到充分的發揮。

（六）馬克思的經濟學

馬克思首先將價值區分爲使用價值及交換價值。使用價值是生產東西以滿足人們需要，它是質量界定的。交換價值是生產東西以交換其他有用的價值，它是量化來界定的。對馬克思而言，價值源自於勞動：在正常的生產情況下，以一般平均的技術及時間來製造一項產品所需要投入的勞動量。

勞動爲價值的源頭活水，此乃資本主義的極大祕密，資本家用以壓榨剝削工人階級的武器。資本家付給工人的工資遠低於工人生產物品的價值，而將剩餘價值據爲己有。在這個過程中，工人並不知道自己被剝削，而資本家很多時候也不明白自己在剝削工人。資本家常認爲他們獲利乃是由於他們精明的投資與經營，及熟悉與應付市場的需要所致，他們的獲利是他們應該得到的報酬。

馬克思的經濟學建立在剩餘價值（Surplus Value）的觀念上。剩餘價值乃生產貨品的價值與所有投入生產元素造成了最終貨品的價值之間的差異。馬克思認爲剩餘價值的眞正來源是工人的勞動。但是工人的勞動價值卻不幸的被壓抑了，變得蔽而不彰。因此，馬克思認爲剩餘價值的比例可以當做資本家剝削勞動階級程度的指標。資本家利用剩餘價值再做投資生產，創造了更多的剩餘價值，接著又將之投資擴大生產，帶來了更多的剩餘價值，如此像雪球一般的滾下去，資本主義繼續成長擴大，即馬克思所謂的「資本家累積的一般法則」（General Law of Capitalist Accumulation）。在此法則運作

下，資本家繼續不斷的壓榨剝削工人，繼續不斷的累積剩餘價值，繼續不斷的投資生產，資本家的財富日益創造擴大，而階級間的差距日漸拉大，兩極化的情勢終於在所難免，最後乃導致共產主義革命之到來。

第四節　評估

（一）批評

　　1. 馬克思所預測的——共產主義革命會在工業化的國家發生，成功的推翻資本主義政權——並未如其所願。共產主義革命在俄國與中國獲得成功，但俄國與中國在當時並非工業化的國家，事實上它們均是農業國家。

　　2. 馬克思從未預料到日後資本主義社會之工會的發展與勞動立法的通過和實施。工人的工作權益得到了基本的保障，例如最低工資、健康保險及退休制度，均一一付諸實現。勞資的對立兩極化並未發生。

　　3. 馬克思的經濟決定論是值得商榷的。經濟結構為整個社會結構的基礎而可以有主宰性的影響其他結構，這個命題頗值得存疑。根據日後韋伯的資本主義的興起與新教倫理的研究（weber, 1905），我們了解宗教因素也可以影響經濟的發展。同樣的，在相同的資本主義經濟體系下可以有不同的政治制度（Timasheff & Theodorson, 1976, P.62），其經濟結構之影響力是各有不同的。

　　4. 另一批評是，馬克思的辯證法是否適用於歷史的分析與詮釋。辯證法最早見於柏拉圖的著作，而後黑格爾應用於理念領域的解釋，再後來馬克思應用於真實的歷史事象的解釋。有的學者認為歷史事象並非雙元的，「正、反、合」的應用解說是有疑問的（Timasheff & Theodorson, 1976, P.63）。

（二）貢獻

　　1. 馬克思的階級意識、偽意識及意識形態的分析與觀點，有助於知識社會學的發展。

　　2. 馬克思對疏離的分析與觀點雖受到黑格爾的影響，但他從資本主義生產制度下工人的工作處境著眼，慧眼獨具的梳理出他們疏離的來源及後果。馬克思的疏離分析帶動了以後數以千計的疏離量度的發展與各行業場域的實

徵性研究，對疏離研究的推廣與大眾化有不可磨滅的功勞（馬立秦，1984，208：60-64；1984，209：60-64）。

3. 馬克思的經濟決定論讓我們認識經濟因素在人們社會生活的重要性。今日很多學者──甚至於包括馬克思主義的學者──已無法完全同意馬克思的經濟決定論，但不可否認的，他們均承認經濟結構為整體社會結構極其重要而不可忽視的一環。

4. 馬克思的社會學及經濟論啟發帶動了日後很多社會學者對社會結構及變遷甚至於未來理想社會的思考。涂爾幹、辛末爾、韋伯，以及後來的新馬克思主義學者（Neo-Marxists），都可以說是在馬克思的影響及刺激下，對馬克思、對社會結構和變遷，以及對未來社會的走向等命題，提出思考結果及解決方案的（Timasheff & Theodorson, 1976, pp. 63-64）。

第二章 涂爾幹（Emile Durkheim，一八五八至一九一七）

第一節　小傳

涂爾幹是一八五八年四月十五日出生在法國伊平娜（Epinal）城的猶太人，他的父親是牧師，因此他從小即被期望日後也能成爲牧師，但他對之卻興趣缺缺。他對宗教的學術方面的興趣，遠大於對神學方面的興趣。縱然如此，他的猶太教背景卻無法與他日後的遭遇及經驗脫離關係。第一次是一八七〇年法國參與了法普戰爭（Franco-Prussian War），當時掀起了一股反猶（Anti-Semitism）運動，後來法國戰敗，法人將過錯歸罪於猶太人，涂爾幹在十二、三歲時即首度體會到猶太人受歧

視的經驗。後來他又捲入了崔飛斯事件（L'Affaire Drefus）——羅織一位猶太裔軍官叛國罪名的誣告事件。崔飛斯是涂爾幹妻子的兄弟，但令涂爾幹最氣憤不過的並非因爲崔飛斯是他的親戚，也並非因爲崔飛斯是猶太人，而是他深痛的感受到社會道德的淪喪敗壞，致使這種可恥的誣陷事件發生。（Goodwin & Scimecca, 2006, pp.114-115）。做爲一位社會學家，他眞正關心擔憂的是整個法國社會道德的敗壞與社會失序。

涂爾幹在他的故鄉小鎭唸中小學時，一直是聰明用功、成績優異的學生，後來他轉學到巴黎極負盛名的路易斯（Louis-Le-Grand）的大學預校（Lycee），準備功課以期考入法國以培養一流學術人才著名的頂尖大學——高級師範大學（Ecole Normale Superieure）就讀；經歷兩次失敗後，第三次終於考進，如願以償。在高師就讀期間，涂爾幹並不是很快樂的。他公然的質疑學習希臘及拉丁語言課程的價值，並且經常埋怨在校科學訓練課程

之不足；他認為很多文學、哲學及歷史課程的教授教課教得膚淺而無內涵；很多的討論課使他覺得難以參與，頗有曲高和寡、寂寞孤獨之感。他的埋怨引起一些教他的教授之不滿，使他於一八八二年以殿後成績畢業。另外在高師發生的另外一件事情，即他的好友霍麥（Victor Hommay）自殺身亡，也使涂爾幹傷心難過。這個事件極可能是涂爾幹日後致力於研究社會失序（Anomie）及自殺的一大原因吧。在高師就讀期間，涂爾幹遇到了日後獲得諾貝爾文學哲學獎的同學，他的名字叫柏格森（Henri Bergson）。可惜涂爾幹認為柏格森只會耍嘴皮子，言辭美麗，辯才無礙，但膚淺無知、缺乏科學哲學的論證思維。同樣地，柏格森及他的朋友們則認為涂爾幹過度嚴肅認真，枯燥無味，是一個令人生厭的傢伙（Pamper, 2000, P.47-48）。

涂爾幹於一八八二年自高師畢業後，即致力於創造新的社會學研究方法及學術體系，以協助第三共和尋求一個確定的方向及整合。當時並沒有社會學這門學科，大學中也無社會學的課程。涂爾幹開始教書時是教一些哲學課程。從一八八二年至一八八七年，除了中間一年在巴黎及到德國進修外，涂爾幹均在一些巴黎周邊的大學預校執教。在德國進修期間，他深受德國心理學家汪德（Wihelm Wundt）科學心理學研究的影響，回法國後他發表了不少文章，而這些著作讓他贏得了波都大學（University of Bordeaux）的教職。一八八七年是涂爾幹人生里程碑上最重要的一年，他不僅在這一年正式的踏入了大學教學之路，而且也是在這一年與籙伊斯・崔飛斯（Louise Dreyfus）結褵。兩人婚姻幸福，邇後生有兩個子女（Goodwin & Scimecca, 2006, P.114）。

涂爾幹於一八九三年成功的辯護並出版了他的博士論文《社會的分工》（*The Division of Labor in Society*）一書，獲得了博士學位。他於一八九五年出版了《社會學方法的規則》（*The Rules of Sociological Method*），並於一八九七年出版了他的名著《自殺》（*Suicide*）一書。他教學認真，是一位優良的課堂教師，而且他的學術研究成績卓越，於一八九六在波大服務九年後，被提升為「社會科學教授」（Professor of Social Science）。兩年之後他

創辦了《社會學年刊》（*L'Annee Sociologique*），這份學刊成為法國社會科學研究最具權威性的刊物，對社會學的發揚與推廣有相當大的功勞。他在波大教授過倫理學、教育、宗教、哲學、實用主義等課程。

　　涂爾幹在波大教學與研究工作的卓越表現，使得他的聲譽蒸蒸日上，引起索爾本尼（Sorbonne），即巴黎大學的注意力與興趣。巴大起先於一九〇二年約聘他為副教授，然後於一九〇六年將他升為教育科學的講座教授。巴黎大學於一九一三年將涂爾幹的講座改名為教育科學及社會學講座。涂爾幹在巴大創作不輟，除了繼續主編《社會學年刊》之外，他於一九一二年出版了他最後的鉅著《宗教生活的基本形式》（*The Elementary Forms of Religious Life*）。兩年之後，第一次世界大戰爆發，一直以來頗有繼承父志而欲獻身社會科學研究之路的愛子安卓（Andre）在戰爭中傷重身亡，帶給涂爾幹慘痛的打擊。喪子之痛，使他沮喪抑鬱，意志消沉，不久之後中風，乃於一九一七年十一月五日謝世，年僅五十九歲。

第二節　主要理論要點

一、社會實體說──社會事實（Social Fact）

　　涂爾幹深受汪德的心理學的科學方法及孔德的實證經驗主義的影響，極力強調社會結構之決定人們行為的重要性，因此他的觀點常被稱為「社會實體主義」或「社會學實體主義」（Sociological Realism）。他認為社會並非只是抽象概念，其本身具有真實性，是真實存在的。社會是具有自成一格的特徵之實體（sui generis reality）；它是不能用其他更簡單的實體來詮釋的（Ashley, P.87）；涂爾幹認為社會團體有自己的想法、意志及行為，它是無法從其組成的個體成員的屬性來推論預測的。

　　涂爾幹的理論中，一個核心的觀念是「社會事實」。對涂爾幹而言，社會學即是社會事實的研究。那麼什麼是社會事實呢？涂爾幹認為社會事實乃外在於行動者卻對行動者有約制力量的社會結構、文化規範或社會價值。社會事實如同物理或自然事實一樣，是實質存在的，應該被視為「事物」（Things），應被當做如物理或自然事物一般，使用科學經驗的方法加以研究。

　　社會事實大體上可分為兩種：物質及非物質事實。物質性的社會事實（material social facts）包括社會制度、組織及社會上的人口及區位結構的形態和特徵。非物質性的社會事實（nonmaterial social facts）則包括一個社會的道德、集體良心（Collective Conscience）、集體表徵（Collective Representation）及社會潮流（Social Current）等無形的東西。在因果關係的程序上，物質性的社會事實可能居先，但非物質性的社會事實卻是涂爾幹研究社會學的重點關注所在。涂爾幹承認非物質性的社會事實之研究的難度，在於它們不易做直接的觀察，它們的研究必須仰賴於物質性的社會事實的研究，因為只有從物質性的社會事實研究中，我們才能發現及確認非物質社會事實的性質及變化。

二、分工理論──機械連結及有機連結

　　《社會的分工》（*The Division of Labor in Society*）是涂爾幹的博士論文，後來發表成書，是他最早期的社會學論著。他認為分工是一種物質性的社會事實，其中包括工作性質及職業專業化的程度。人們在古老社會內，大多數人什麼事都得做，均是通才（Jack-of-all-trades）。相反的，在現代的社會內，大多數人們的工作比較專業，只做範圍狹隘且限定的活動。因為分工性質的不同，人們如何被連結成社會一體的方式也迥然相異。涂爾幹認為古代或初民的社會是建立在「機械連結」（Mechanical Solidarity）的基礎上；而先進或現代社會是建立在「有機連結」（Organic Solidarity）的基礎上。機械連結的特徵是，人們均是通才、做同樣的工作與事情而被連結在一起。除了職業或工作活動相同之外，人們的生活、態度、想法及行為也有極大的相似性。相對的，有機連結之社會的特徵則是人們巨大的相異性──人們從事各種不同專門的職業與工作，他們的生活、態度、想法及價值觀念也不一樣，但這種多元化的差異卻是相互有機性的被連結在一起。它是一種相互依賴的差異（Interdependent Difference）的狀況。無異的，涂爾幹這種類比頗似史賓塞從同質社會進化到異質社會的觀點。

　　涂爾幹對機械及有機連結的社會做了一番相當系統化的比較。見下表。

表2-2-1　兩種連結的社會分工之比較

機械連結	有機連結
初民社會	現代社會
相同性	互賴差異性
人們皆通才	人們皆專才
強制性法律	償還性法律
集體良心：	集體良心：
程度：強	程度：弱
涵蓋域：所有的人。	涵蓋域：有限的少數人
強度：高。	強度：低。
嚴格性：清楚界定。	嚴格性：不清楚界定。
內容：宗教狂熱性	內容：道德的個人主義
失序（Anomle）：低。	失序：高
自殺：多利他性自殺。	多為我或失序性自殺。

隨著歷史的推進，越來越多機械連結的社會逐漸轉變為有機連結的社會。這種轉變的原因或動力是來自涂爾幹所稱的「動態密度」（Dynamic Density）。那麼，什麼是動態密度？依據涂爾幹的解釋，它乃指社會中人口的數目以及他們互動的頻率。日益增加的社會人口以及伴隨而增多的人們之互動頻率，共同導致了從機械連結的社會到有機連結的社會之轉移。社會中的人口增多引起了更多社會中稀少資源競爭的加劇，使適者生存更為凸顯，造成更多的社會分工及職業角色與工作的專業化，於是有機連結的社會便水到渠成了。

涂爾幹特別提到了機械及有機連結社會中法律的差異。在機械連結的社會裡，大多數的法律均是壓制性的（repressive）。因為人們堅信他們的共通道德或集體良心（Collective Conscience），對任何冒犯者難以容忍接受，故常繩之以嚴法。譬如偷豬賊被抓到後會將其雙手斬斷；口瀆神明者會將其舌頭剪去。在有機連結的社會裡，多數法律是償還性的（destitute）。換言之，人們期以遵行法律，一旦犯法則必須量刑賠償受害者的傷害及損失。壓制性法律之判決及執行常訴諸於憤怒的群眾；而償還性法律之判決及執行常由專屬的機構（如法院、監獄）擔任。另外，集體良心或集體意識也有所不同，在機械連結的社會裡，集體良心強烈的深植在每個人的心中，大家均共同持有一樣的道德及信念，一絲一毫皆堅信不移。這種信奉的程度幾乎帶有宗教的狂熱勁。相對的，在有機連結的社會裡，集體良心或意識是微弱的，只有有限的少數人信奉遵行，而且由於集體良心的定義混淆不清，每個人的看法與解釋不一，每個人均發展出個人主義的道德觀。其次，涂爾幹也提到一個重要的社會學概念，即失序（Anomie）。失序乃是公共道德的減弱與消逝，人們失去了孰是孰非的道德判斷能力。一般而言，在機械連結的社會，失序率比較低；而在有機連結的社會，失序率則較高。隨之相關的是自殺率，在機械連結的社會裡，利他性（即為他人、為團體或為社會國家）自殺率較高；在有機連結的社會，利己性或失序性的自殺率較高。因此社會連結型態的改變也會導致自殺形式的改變。

　　除了集體良心或集體意識之外，涂爾幹提出另外兩個相關的名詞。一個是集體表徵（Collective Representation），它是集體良心的一種特定狀態或局部現象（Ritzer, 2000, P.83）。集體表徵是一個社會單元（如家庭、職業團體、社區或教育、宗教制度等）的規範及價值。如果用現代社會學上的觀念來對比了解的話，集體良心代表的是一個整體社會的文化，而集體表徵代表的則是社會中一個社會單位的副文化（Subculture）。另一個相關的名詞是社會趨向（Social Current）。它是一種非物質性的社會事實──外在於個人但對個人有制約作用的社會勢力。社會趨向代表社會中群眾對一件社會事物的熱情、憤怒或同情等，所持的共通心理狀態。這種群眾的心理狀態是見不到的，但卻存在無疑的影響人們的行為，特別彰顯在人們的自殺行為上。

三、自殺論

　　一個很重要的理由驅使涂爾幹研究自殺現象是，他要證明自殺並非一種個人私自的行為，而是一種社會現象。一種可以從社會學的觀點及方法加以研究的社會現象。涂爾幹首先聲明，他並不關注個人自殺的理由，那是心理學家發掘探討的課題；他所關注的是社會群體之間自殺率的差異。到底是什麼理由使得一個社會群體的自殺率比另外一個社會群體的自殺率為高？自古以來，這種社會群體間相異的自殺率便一直存在著，它是否與社會因素或社會趨向有關？涂爾幹逐一檢驗並排除了諸種不同的社會因素，如種族、模仿（Imitation）、地理條件等。最後他的結論是：社會良心的變化導致了社會表徵的變化，而社會表徵的變化導致了社會趨向的變化，最後社會趨向的變化導致了自殺率的差異。這種連鎖的因導關係可簡表如下：

表2-2-2　自殺率的前導因素

| 社會良心 ──────► | 社會表徵 ──────► | 社會趨向 ──────► | 自殺率 |

涂爾幹特別強調社會趨向對自殺率的直接影響。

涂爾幹將自殺分爲四種類型：自我型的自殺（egoistic suicide）、利他性的自殺（altruistic suicide）、失序性的自殺（anomic suicide），及宿命性的自殺（fatalistic suicide）。這四種類型的自殺均與社會的整合度及制約性有關。

社會整合度是社會價值及道德規範內化於個人的程度。自我型的自殺緣於社會的整合度不夠或太低所造成。在一個低度整合性的社會，社會趨向低落，個人常會覺得在社會中生活得沒有意義、沒有目的，而在追求自我利益或興趣不遂之時，常訴之於自殺一途以爲解脫。相反的，在一個高度整合性的社會，集體良知強勢的涵蓋每一個人，每一個人均有強烈的社會意識，願意爲國家或他屬的團體犧牲小我而完成大我。這種例子在戰場上俯拾皆是。日本在二次世界大戰的自殺飛機的航空員、九一一事件的回教恐怖分子，都是爲他們的國家或宗教做出利他性的自殺行爲。

社會制約性則是外在加諸於個人的壓力或能量。失序性的自殺與低度的社會制約性有關；宿命性的自殺則與高度的社會制約性有關。在一個失序的社會，舊的道德、價值及規範被破壞了，而新的道德、價值及規範尚未建立起來，因此指導人們行爲的法則及標準陷入了中空狀態，人們無所適從，對很多事情不滿卻無可奈何，因此社會中的自殺率陡然升高。相反的，在一個有高度制約性的社會，人們被控制壓迫得幾乎喘不過氣來，因此而導致了很多宿命性的自殺事件。例如在封建奴隸的社會中，一些農奴被壓制迫害得喘不過氣來，感覺到人生無望而走上自殺之路。龐浦（Whitney Pope）綜合上述社會整合度及約制性與四種自殺類型的關係，做出以下的簡表（Ritzer, 2000, P.86）：

表2-2-3　社會整合度及社會制約性與四種自殺類型

	低	高
社會整合度	自我型自殺	利他性自殺
社會制約性	失序性自殺	宿命性自殺

四、宗教的定義及其社會來源

　　涂爾幹於一九一二年出版了他最後的鉅著《宗教生活的基本形式》（*The Elementary Forms of Religious Life*）。這本著作是根據澳洲阿倫達（Arunta）一個土著民族的人類學調查資料分析寫成。他之所以選擇土著社會，據他的解釋是，在土著社會中比在先進社會較易發現宗教的本質，研究者在土著社會中可以見到宗教信仰赤裸裸的呈現在你面前。同時，在土著初民社會裡，其宗教的意識體系尚未得到充分的發展，比較沒有被模糊化及被掩蓋隱藏起來。

　　涂爾幹在《宗教生活的基本形式》一書中，提出以下重要的觀點：

1. 在初民或土著社會中，宗教相等於集體良知

　　宗教是一種無所不包的社區共同道德體，即群眾共同持有的道德信仰及規範。但隨著社會的發展及進化，宗教逐漸地進入特定領域，專門化了而變成了一項集體表徵、一種副文化。

2. 社會乃宗教的起源

　　所有的宗教均來自於社會本身。社會創造了宗教，因為是宗教人士將一些事象定為「神聖的」（sacred），而將另外一些事象定為「凡俗的」（profane）。一棵樹、一塊岩石、月亮或一個十字架，可以被一派宗教信仰的老百姓視為神聖的，卻也可以被另一派宗教信仰的老百姓視為凡俗的。什麼事象應被視為神聖的或凡俗的，完全取決於社區中一群信仰者，端視他們如何加以定義。

　　將事象區分為神聖的或凡俗的，是宗教發展的必備條件但非充分條件。涂爾幹認為除了神聖與凡俗的界定之外，還需有其他三個條件才能使宗教發展成立。這三個條件是：

　　(1) 必須有一套宗教信仰（religious beliefs），代表並宣達一些神聖事象的本質及其間關係與凡俗事象關係的信仰；

　　(2) 必須有一套禮儀（rites）來對待對神聖事象的崇拜；

　　(3) 必須有教堂（church）。

　　結合以上條件的考慮，涂爾幹對宗教做出了以下的定義：「宗教是一套信仰及運作體系，將之結合入單一道德社區，稱之為教會的組織，而人員均遵行無誤。」（Ritzer, 2000. P.91）

3. 圖騰（Totemism）

　　涂爾幹對原始社會的圖騰崇拜也有他的一番見解。他認為圖騰是一種最簡單而且最原始形式的宗教。他認為圖騰特別與氏族有關；其實，氏族乃圖騰的始源。一些事象如動物及植物常被視為是神聖的而加以神化了，乃逐漸的變成了一個氏族的象徵。可以這麼說：圖騰是集體良知的符號象徵，而集體良知又源自社會。因此，社會是集體良知、宗教，甚至於對神的觀念之母。我們可以將其間關係表示如下：

表2-2-4　神的觀念之來源

社會 ────▶ 集體良知 ────▶ 宗教 ────▶ 神的觀念

4. 集體激盪（Collective Effervescence）

　　讓我們權且同意涂爾幹的命題：氏族乃圖騰的始源；社會乃宗教的始源。但是氏族是如何創造了圖騰，而社會又是如何創造了宗教的呢？在此，涂爾幹引進了「集體激盪」一詞。坦白說，涂氏本人並未給予這個名詞明確的定義，這個名詞只能從其著作對其涵義引釋而來。根據芮澤的闡述，集體

激盪乃一個社會集團達成一個新的高度啟蒙熱潮而導致社會結構變化的歷史時刻（George Rizer, 2000, P.92）。譬如宗教改革及文藝復興運動，均是此種有里程意義的歷史時刻。集體激盪造成了社會上巨大深廣的影響。涂爾幹認為宗教就是在集體激盪下的歷史時刻產生的。

五、社會學研究方法

涂爾幹認為社會學乃研究社會事實的科學。社會事實與自然或物理事實沒有差異，應該被視為事物，當以事物對待而研究之。對涂爾幹而言，研究社會事實與研究物理事實都是用同樣的科學方法。涂爾幹在社會學研究法上特別主張使用實證、數學、統計及計量的方法。他也推薦使用社會指標來量測一些社會現象。他在自己的研究中使用過三種比較分析法：統計比較、歷史比較，及民族學比較法。

六、其他的觀點

1. 關於社會改革

涂爾幹採取中庸之道，是一位溫和的改革者。他既反對包那（Louis de Bonald）及馬士德（Joseph de Maistre）的回歸老社會秩序的極端傳統保守主義，也反對如馬克思激烈的徹底社會革命主張。他認為社會的最大弊病是社會失序，只有在社會分工上做些結構性的改變及提高社會道德的水準，逐步的改革，才是良策。

2. 關於個人崇拜（Cult of the individual）

涂爾幹認為當代的社會最重要的問題是道德問題，也就是如何加強大家共通的道德。現今已不是機械連結性的社會了，無法再有強有力而無所不包

的共同良知來統御人們的行為。故為今之道乃是個人如何認識共同良知而將
之應用於其行為上，以體現個人的公德心、自律性及自尊心。

3. 關於個人人格

　　涂爾幹對人性及人格持有雙面觀，他認為人格具有社會性及個人性。社
會性是利他的；而個人性是自我中心的。在初民或機械連結的社會裡，社會
性是強勢壓倒個人性的；而在現代的或有機連結的社會裡，恰恰相反，社會
性常被個人性（自私心）所主宰控制（Ashley and Orenstein, 2005, P.90）。

4. 關於道德

　　涂爾幹對社會的道德異常關注。他認為道德行動皆是為達成社會目的而
為，而非為個人的利益而為。一個健康的社會必須重視社會化以發展一個人
的社會性（或道德）。道德是有益及有利社會的，必須提倡闡揚。涂爾幹承
認道德的相對性，在不同的時代及不同的社會，道德是會不同而有差異的。

5. 關於知識社會學

　　知識社會學乃研究社會或社會環境如何影響人們對世界的認識、了解、
觀念，甚至於理論的發展及形成。涂爾幹認為我們對於世界的認識、了解及
分類觀念的形成，根植於我們早期的社會生活。我們對世界的認識及了解乃
社會生活的直接產物。當社會變化了，我們的認知也隨之變化得更為複雜
了。

第三節　評估

　　涂爾幹最大的貢獻應該是他將社會學合法化，將社會學建立爲一公認的社會科學。他很明確的將社會學定義爲一種研究社會事實的科學，而社會事實是眞實的，有其自己的生命與特質。研究社會事實與研究自然或物理事實沒有兩樣，都需要用科學方法。他強調因果關係，認爲社會事實的因必須從先前的社會事實中尋找，而不能從個人事實或意識中尋找。除了因果探討之外，涂爾幹也提出社會現象功能研究的重要性。他也是結構功能學派的創始者之一。他對社會功能的見解深深的影響派深思對社會制度的社會功能的整合理論，及墨頓的失序及偏異行爲的理論，甚至於英國的社會人類學家雷德克里夫布朗（A. R. Radcliffe-Brown）的初民社會的結構功能研究也深受涂爾幹的影響。無疑的，涂爾幹在社會學研究方法學上做出了相當重要的貢獻。

　　涂爾幹最感憂心的是世風日下、道德淪喪。他最初對社會學的想法乃是期望社會學爲一道德學科，將如何振興道德、增進人們的自由及尊嚴視爲當務之急。他雖然力主價值中性化及科學研究社會現象，但他也是一個衛道者，一個道德的哲學家。他贊同必要的社會變遷，認爲社會學家有改進社會的責任（Goodwin and Scimecca, 2006, P.136）。所以有些人認爲，涂爾幹做爲一個社會學者有其激進的一面，但當他的激進面與馬克思相比，那就變成小巫見大巫了。

第三章　韋伯（Max Weber，一八六四至一九二〇）

第一節　小傳

　　馬克士・韋伯於一八六四年四
月二十一日生於德國愛弗城（Erfurt,
Germany），是家中七個孩子裡的老大。
他在兩歲的時候得了腦膜炎，使他母親長
年為他操慮擔心。他媽媽的操慮擔心並非
杞人憂天，因為韋伯的兩個妹妹均在年輕
時就過世了（Goodwin and Scimecca, 2006,
pp.165-68）。

　　韋伯的父母，性格截然不同。他的父
親是上層階級的政治官員，當過柏林市的
市府議員及德國布魯斯的下議院議員。因
為身分的關係，老韋伯家中經常有高層的
政治及學界人士來訪，使得韋伯小時候即對政治及學術產生了相當程度的興
趣；由於受到父親的影響，他也同情及支持俾斯麥首相反社會黨及天主教會
的主張。韋伯的母親則迴然不同，她有堅定不移的宗教信念，一種喀爾文新
教的責任感，使她認為教會應該致力於反貧窮及支持社會福利運動。韋伯從
孩童時代即對父親的權威及武斷深感不滿，但對母親的宗教入世的道德感也
不敢苟同。年歲日長，韋伯與其父親的看法越來越相異，衝突也越來越大，
而與他母親的見解卻越來越接近。但不可諱言的，父母的信念與價值觀的不
一致及衝突，對韋伯造成了巨大的影響。

　　韋伯於一八八二年十八 歲時高中畢業。當時他已讀畢歌德的四十九卷
著作、莎士比亞的劇作及哲學家史賓諾莎、叔本華及康德的一些書籍。他於
高中畢業後即進入海德堡大學（University of Heidelberg）修讀法律，一年
之後，他輟學入伍，參加一年規定必要的軍事服務。一八八四年軍事服務期

滿，他進入柏林大學就讀，並於一八八九年獲得博士學位。

韋伯於一八八三年與施耐得格（Marianne Schnitger）小姐結婚。兩人的婚姻是相當良好的合夥關係，互惠互助彼此的事業發展（施耐得格小姐亦是一位頗有分量的學者，曾當選過公職）。韋伯曾經參加過一些實際的政治活動，譬如他於一八九○年曾被政府任命去調查農民工作的情況；他於一八九三年加入泛德協會，做過一些對波蘭問題的演講。

韋伯在實務政治上表現平平，但在學術上則成績斐然。他於一八九三年開始擔任佛雷波格大學（Unibersity of Freiburg）教授，三年後轉至聲譽卓著的海德堡大學（University of Heidelberg）任教。從任教伊始，韋伯即表現不俗，漸露光芒。他喜歡與同事學者討論辯論，在聽取各方的意見論點後，常做出自己的結論而堅持不放。有時在觀點爭執不下時，他會像火山爆發一樣發出烈火般的脾氣。他特別無法忍受不誠實、武斷、自欺欺人的論斷。他執著於道德的完整性，不懈不怠的追求真理與準確性。在同事的心目中，他是一個隨時會爆發的火山。

韋伯於一八九七年任教海德堡大學一年之後，回到家中與他的父親發生了一次激烈的爭論。在這次爭論一個月之後，他的父親過世了，給韋伯帶來無限的悲痛與悔恨，使得韋伯遭遇到心理上深重的打擊。他緊張、焦慮、經常徹夜失眠。他於一八九八至九九學年向海大請假，並曾進入精神療養院治療了數個星期。他的心理失控狀態延續達四年之久，直到一九○三年，重生的機會終於到來，哈佛大學來函邀他於次年前往講學。他答應了，並於一九○四年八月登上美洲大陸，做了三個月的訪問講學。除了在哈佛大學演講外，他也到聖路易的博覽會給予開幕致辭，還遊歷了美國很多地方，如尼加拉瓜瀑布、紐爾良市、紐約市、芝加哥、北卡州及奧克拉荷馬州。這趟美國之行最大的收穫，應該是他目睹了美國各大公司企業的興起與其組織的不斷擴大，而在返德之後整理筆記及觀察所得，發展出他的「科層的理念型」（Ideal Type of Bureaucracy）。

韋伯對權力與權威有深入的研究，但他痛恨權威。他是一個愛國者，當

第一次世界大戰於一九一四年爆發時，韋伯曾要求從軍，但因有精神疾病前科，他無法服役正式常規軍職，乃被派擔任軍事醫院預備人員的訓練官。他擔任訓練官只有一年。一九一九年，第一次世界大戰結束、德國戰敗後，韋伯曾被任命為德國的代表團觀察員，出席凡爾賽和平商談會議，但他對政治已無興趣，因此拒絕了這項任命。而在此時，他接受了慕尼黑大學的教職，不幸的是，次年四月他的妹妹麗麗（Lili）自殺，帶給韋伯沉痛的打擊。兩個月後，韋伯病倒了，起初以為是感冒，後來被診斷為肺炎，但為時已晚。韋伯於一九二○年六月十四日謝世，享年五十六歲。

第二節　主要理論要點

　　韋伯是學術界的巨人，被很多學者認為是二十世紀最偉大的社會學家。

　　在很多方面，我們可以說韋伯是在馬克思理論的框框裡做出了突破與創新。他不同意馬克思的經濟決定論。馬克思認為物質興趣決定思想型態，而觀念不過是經濟地位的表徵。韋伯則不以為然，他認為思想觀念照樣可以影響經濟及物質。他所做的新教倫理及西方資本主義之興起的研究與著作（Weber, 1905），就是針對馬克思經濟決定論提出的一個反證。究實而言，韋伯並非完全駁斥馬克思的理論，他不過是要證明思想觀念照樣可以影響物質或經濟結構。他這雙向的因果觀無疑比馬克思的單向因果觀來得比較帶有均衡性。馬克思為我們提供了一套資本主義的理論，韋伯則為我們提供了一套理性化的理論。

一、社會學與歷史學的關係

　　韋伯是名副其實的歷史社會學家。在他早期的學術生涯中，比較喜愛歷史的研究，後來則傾向於社會學的研究。可以這麼說，韋伯所有社會學研究及著作均是由歷史取材的，也就是根據所蒐集的歷史材料來分析驗證。他深信兩門學科的相關相補性，但也指出兩門學科的差異性。他認為社會學是從發生的種種事件中尋求並歸納類型觀念或經驗過程中的一致性；歷史學則是傾向於個人行為、結構，及帶有重要文化意義的個體人格的因果分析及詮釋（Ritzer, 2000, P.108）。在韋伯的心目中，歷史是由林林總總的個別經驗事件所構成，去研究這些不勝計數的個別經驗事件，必須要借助於很多類型的觀念（type concepts）。社會學家則可供應這些所需的類型的觀念，將個別的經驗事件歸納化、概括化發展，造成了各種類型觀念。這些類型的觀念雖無法真實捕捉個別經驗事件的全貌，卻提供了啟發式的工具，幫助增進人們

對事件眞相的了解。社會學所發展出來的類型觀念與理論，對於歷史學家的研究大有助益。

二、社會學方法

（一）了悟法（Verstehen）

　　韋伯所倡導的了悟法頗受當時歷史學者所謂的「釋經學」（Hermenutics）的影響。釋經學是對已發表的著作及文件所做的一種特殊的理解與詮釋方法。它主要是試著了解當時在提筆爲文的情況下，作者的想法。

　　韋伯認爲社會學研究他人取向的行動（the action oriented to the behavior of others）。研究自然或物理現象，所需要的只是外在的觀察與分析，但研究社會現象則需要不僅外在的也需要內在的觀察與分析。內在的觀察與分析必須建立在同情與了解的基礎上。在研究任何一個社會團體時，研究者除了必須分析及證明功能關係及一致性之外，還需要進一步了解個人在主觀意念導引下所做出的行動。了解人們的社會行動是至關重要的。了解什麼呢？這裡牽涉到兩個層面的了解：

　　1. 意義層面的了解——對行動者主觀意義的一種直接觀察的了解。

　　2. 動機層面的了解——我們設身處地爲行動者想像其行動的目的及理由。假如行動者的行動是非理性的，我們則藉由同情參與法來了解行動發生下的情緒糾結。

　　對韋伯而言，了悟法並非直覺的認知或頓悟，它是有系統的、理性而嚴謹的研究方法。了悟法有其科學的客觀性而來做主觀的解釋。一個研究者不能隨意或任意的將自己主觀的意願解說加諸在行動者的行動上。一個研究者的意義解說是會被其他熟知同樣文化及歷史情境的研究者覆核驗證的。

　　韋伯的了悟法包括微觀的及宏觀的。它可以應用在個人的及文化層面來

從事研究與分析。

（二）因果關係

　　韋伯認為研究社會現象的原因，應屬於歷史學的範疇，而非社會學的範疇。當然在韋伯的心目中，社會學與歷史學是緊密不可分的。

　　韋伯對因果的定義是：一個事件伴隨著另一個事件的發生機率。在社會科學因果關係研究上，我們最可能做到的只是一種機遇率的表述。譬如：如果X發生了，到底Y發生的機遇率或或然率有多少？

　　韋伯認為研究歷史變遷者必須尋求變遷的理由及意義。韋伯主張多因論，換言之，他認為每個事件的發生並非由單一的因素所導致，而是由多個因素所造成。他的多因論與當代社會科學的主流看法頗相吻合。

（三）理念型（Ideal Type）

　　在討論社會學與歷史學的關係時，韋伯特別指出社會學對歷史學研究最大可能的貢獻是：社會學會提供一些類型的觀念，這些類型的觀念正式的說即是理念型。什麼是理念型呢？理念型乃社會科學家根據他（她）的興趣及理論取向，用以捕捉一些社會現象的重要特徵所建構的觀念（Ritzer, 2000, P.115）。在韋伯的心目中，理念型是從真實的社會世界中引導歸納出來的觀念。它既不是統計的平均值，也不是真實世界的鏡子。它是個將一些特徵極端化、故意單向誇張化，而形成的同質度高的心理形象。此一形象帶給我們一些觀念上的清晰性，以利我們對現今複雜世界的分析。韋伯認為：

　　1. 理念型既不應過分的一般化，也不應過分的特殊化；

　　2. 理念型可以是靜態的，也可以是動態的；

　　3. 理念型應該使我們能自圓其說，也應該能將真實的世界解說明白；

　　4. 理念型是啟發式的教育研究工具，可以幫助我們量測並認清世界。

　　韋伯在他自己的研究裡大量的使用理念型來分析，而且使用得很成功，下面即是他科層及合法權威的理念型分析的例子。

1. 科層的理念型

對韋伯而言，科層是一種正式、有層級、有規則、有程序、功能分工清楚、有多數文字交通和上下命令傳達的有序的組織。科層是一種理性化組織，在現代的社會扮演著越來越重要的角色。韋伯的科層理念型具有以下的特徵：

(1) 專業化（specialization）

(2) 級級層層上下權職有別的辦公室（hierarchy of offices）

(3) 規定與法則（rules and regulations）

(4) 公正無私性（impartiality）

(5) 技術才能表現為本位（technically competent functionaries）

(6) 提供事業進取發展的機會（career provision）

2. 合法權威的理念型（Ideal Types of Legimate Authority）

由於韋伯關注實務政治，他不可避免的對權威的結構產生了很大的興趣。他從小就對父親的權威式教育有所不滿，後來又對俾斯麥首相的鐵腕作風難以認同。他雖然對以多數決定領袖的民主制度有保留的意見，但在基本上，他是支持民主而反對權威制度的。

他認為權威結構存在於所有的政治制度之中，包含合法的及不合法的。在合法的權威中，韋伯將之分類為三種理念型：理性的、傳統的及魅力領導的。茲簡介如下：

(1) 理性權威：這種權威是建立在理性合法的基礎上，人民遵行領袖的命令及社會的法律規章而行事：

(2) 傳統性權威：這種權威是建立在傳統的信仰基礎上，人民遵行在位者所建立的皇權及統治下的老規則與法令而行事。在位者——皇帝或國王——最重視的是官員或部屬們的忠誠性，而非他們的能力及作為。

(3) 魅力領導型的權威：這種權威是建立在領導者個人人格的魅力上。領導者並不一定真正具有超人的能力，只要他的追隨者認為他具有超人的能

力即可。在追隨者的眼裡，他的超人形象及異於常人的特質及能力乃是最重要的。追隨者將他幾乎視之為神，無條件的願意為他付出所有的一切，甚至於捨他們的性命也在所不惜。韋伯指出，這樣的領袖常出現在巨大社會變動之時，而成為革命或改革的動力。魅力領袖的興起常帶來社會上、思想上、制度上及行為上相當程度的改變。它是一種極不穩定的權威型態，很快的就會在社會安定之後被理性或傳統性的權威型態所取代。

（四）價值（Value）在社會學研究中的角色

韋伯對價值的角色之觀點是有些模稜兩可的。他在論價值的時候，真正令他憂心的是，當時學校的教師及大學的教授常將他們個人的價值觀點帶進課堂，韋伯覺得這樣對學生是不公平的。學生來課堂上課是學習課程上的知識，而非被逼迫聽取老師或教授自己個人的政治或宗教價值觀。老師或教授在課堂上應該講解課程內容「事實」的東西，而非他（她）們自己的價值觀。

韋伯承認價值在研究中的諸多功能，譬如價值可以幫助研究課題的選擇、可以幫助對所蒐集的研究資料，提供有效及有意義的解釋，並且可以幫助對未來研究的方向及問題有所建議。無疑的，價值在整個研究的過程中，從開始到中途及完成，甚至於完成以後的每個階段均扮演極為重要的角色。但是韋伯也特別提醒社會研究者：一旦研究的題目被選定之後，研究者就應在調查、蒐集資料及分析的過程中謹守「價值中立」（Value-free or neutral）的原則來做研究。

韋伯也特別提到，做為一個社會研究者與做為社會公民的不同角色。做為一個研究者，必須表明他自己的價值立場，真實的陳述報告他的研究發現及結論，然後一切均讓聽眾或讀者去做判斷。而當做為公民時，則必須表明他是一個社會公民或社會居民的立場，來講述或討論一個社會議題。

韋伯呼籲，價值應該與事實分割清楚，但他也承認兩者分割的難度，要使社會研究完全價值中立，幾乎是不可能的。事實上，在他的研究著作中，在在均可發現他個人的價值判斷在內。

三、社會學及社會行動

（一）社會學的定義

韋伯認爲社會學是對社會行動所做的一種詮釋性的理解，並給予行動的過程及後果所做的因果解釋的一種科學（Ritzer, 2000, P.121）。在這個定義中，有三點值得注意：

1. 社會學應該是一種科學。
2. 社會學應該著重因果關係。
3. 社會學應該使用詮釋性的理解（即了悟法）。

（二）什麼是社會行動？

在韋伯的心目中，社會行動乃與他人發生的行動。這種行動之所以發生，乃因爲其含有主觀的意義。韋伯將社會行動分爲四類：

1. 工具性的理性行動（Zweckrational or instrumentally rational action）：這是一種從方法到目的，完全一以貫之的理性行爲。目的是經過理性選擇的，同時怎樣達成目的的方法也是理性計算選擇的。

2. 價值與理性並行的行動（Wertrational or value-rational action）：這包括目的之選擇是受價值系統的觀念事先決定的，而如何達成所選定出目的之方法，卻是理性計算決定的。

3. 感性的行動（Affectual action）：一個人的行動完全由他當時的情緒狀態所決定。

4. 傳統性的行動（Traditional action）：一個人的行動爲他個人的習慣性所主宰。

在此必須提醒的是，這四類社會行動均是理念型的分類。韋伯認爲，任何的社會行動均包含多少不一的這四種理念型的成分在內。

韋伯特別強調前兩類的社會行動的重要性。他認爲它們在現代的社會中越來越取得強勢，成爲理性化運動的大動力。理性化不僅推動著西方世界的

現代化，而且導致整個人類世界現代化。韋伯的理論是建立在理性化的基礎上。

四、四種類型的理性與理性化運動

理性化是理性的價值與規範逐漸在社會中抬頭而取得強勢的過程。前面所說的四種行動中的前兩種，即工具性的理性行動及價值與理性並行的行動，一般應用於個人的層次，但韋伯對於該理性行動如何應用於制度的、社會的及文明的宏觀層次更感興趣。他又將之分為四個類型：

1. 實用理性（practical rationality）：每一行動皆取決於個人現實及自我利益的考量。人們是在其所面臨的實際狀況下，相當理智化的做出最有利及實效的決定。韋伯認為實用理性是超時空的、超歷史文明的，它存在於每個社會之中。

2. 理論性理性（theoretical prationality）：這是一種從各式各樣的行為中所做的抽象概念化之認知的努力。其中包括推論、歸納及構建因果關係等過程。它超越了日常繁瑣的俗務，而從抽象概念化的層次來了解世界。這種理性也是超越時空及歷史文明的，亦可見於任一社會之中。

3. 實質的理性（substantive rationality）：這種理性接近實用理性，但與理論性的理性不同。它是在一套一致的價值系統下，所做出達成目的的方法之選擇。這種理性存在於有相同的價值系統的歷史社會之中。在某些意義來說，它也是超越時空而存在的。

4. 形式理性（formal rationality）：這是一種方法達成目的的算計。它與實用理性有些相似之處，但也有不同之處。形式理性的算計並非見於個人自我實際利害的斤斤計較，而是見於一些普遍通用的理性規範與法律的建立及其使用。當西方社會工業化及現代化到來的時候，這種普行的理性規範及法律也隨著興起發展。現今形式理性的身影可明顯的見於西方社會的經濟、法

律、科技研究等各種制度之中。

韋伯特別指出，資本主義及科層制度是形式理性壯大成長影響下最好的例證。

韋伯指出形式理性有下列基本特徵：

1. 效率：尋求從一點到達另一點最直接及最快速的途徑。

2. 計算性：將各種事件及行動量化，俾以計算及測量。

3. 預測性：將各種事件造成可以預測、可以估測未來發生的可能性。

4. 可代替性：使得每個人或事件可以取代，不因人的去留而廢事。自動化、電腦化及科技的應用均可提高可代替性。

5. 控制：使得人事及各種操作均在控制掌握之中，不允許未知不定或失誤的事件發生。

6. 非理性的後果：以上五種形式理性的特徵是相關密切而常互為表裡，同時發生的。它們的使用常帶來意想不到、非人性化的後果。形式理性有很多好處，常帶來很多正面的功能，但也有附帶而來的壞處，它會帶來破壞人性價值的負面功能。

五、社會階層

韋伯認為社會階層是三個面向的現象。它包括（Ashley and Orenstein, 2005, pp.234-235）：

1. 階級（class）——一群在經濟條件上相同的人。這是經濟面的量測。

2. 地位（status）——一群在生活方式上相同的人。這是社會面的量測，它與階級不同的是，地位比較涉及個人的消費方式，在生活上購物花錢的方式。階級的概念則與生產有關，比較涉及怎樣獲得財富與金錢。

3. 黨派（party）——一群在權力能量上相同的人。這是政治面的量測。參加政黨或其他社會組織常會帶給人權力及影響力，每個人在此有不同的政

治及社會參與，因而擁有權力能量的程度也大有不同。

　　韋伯認為一個人在社會階層中的位置必須從這三個面向來考量決定，不能單從經濟面向來考量決定。很顯然，他是不同意馬克思的經濟決定論的。

六、新教倫理與資本主義之興起——對馬克思經濟決定論的挑戰

　　韋伯在考察及分析世界的宗教與經濟之時，將宗教分為以下幾類：

　　1. 節欲主義（Asceticism）：一種排斥世界上享樂想法及行為取向的宗教信念。其中又可分為兩類：

　　（1）他世的禁欲主義（Otherworldly asceticism）：這是一套要求信仰者不需在現今塵世追求而拒斥誘惑的規範與價值。

　　（2）內在世界的禁欲主義（Innerworldly asceticism）：這種宗教要求信仰者並非拒斥現今的世界，而是嚴格的愼言謹行，努力工作以期未來的超渡解救。

　　2. 神祕主義（Mysticism）：其特徵是冥想、情緒化及無為。韋伯又將之分為兩類：

　　（1）棄世的神祕主義（World-rejecting mysticism）：這是一種完全逃離現世的宗教。

　　（2）內在世界的神祕主義（Innerworldly mysticism）：這是一種對了解世界的目的及意義做了各種苦思冥想的努力，但最後卻徒勞無功的宗教。

　　韋伯認為以上兩種神祕主義及他世的禁慾主義均限制資本主義及理性的養成與發展，只有內在世界的禁欲主義才有利於資本主義及理性的滋生與成長。

　　韋伯對於大多數工商界的領袖均為新基督教徒感到興趣，為何會有這種現象呢？韋伯認為其理由是，新教主義能夠將追求利潤的動機成功的轉換為

一種道德動因。在新教的倫理教導下，追求利潤的活動並非壞事，並未違悖道德倫理，因此商業謀利活動為新教主義所允許，甚至為新教主義所鼓勵推動。

　　韋伯開宗明義的聲稱他研究新教倫理與資本主義之興起，乃是在探討兩種思想體系的關係，即新教倫理與資本主義精神（並非資本主義）的關係。他認為新教倫理只是導致資本主義發展的因素之一，他並不排除尚有其他因素有助於資本主義精神的發展，另外，他又認為資本主義精神的發展也只是導致資本主義經濟的興起之因素，他也不排除還有其他（如政治的、環境的、社會或人文思想的）的因素，協助推動了資本主義經濟的興起。換言之，在韋伯的心目中，新教倫理只是資本主義精神發展的必要條件之一，而非其充分條件；同樣的，資本主義精神也只是資本主義經濟興起的必要條件之一，而非其充分條件。韋伯絕未把新教倫理當做資本主義發展或資本主義經濟興起的唯一的決定因素（見下表）。

表2-3-1　新教倫理與資本主義精神及資本主義的興起之關係

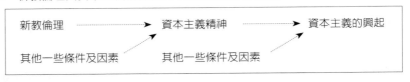

　　資本主義精神是一套理性及有系統的追求利潤的態度與價值。一些名言如「時間即金錢」、「勤奮」、「節儉」、「守時」、「賺錢本身是合法的，無可厚非的」均是代表這種精神的例子。

　　韋伯認為新教倫理，特別是喀爾文主義（Calvinism）發展的新教倫理是資本主義精神的興起一個（並非唯一一個）極為重要的因素。新教倫理強調自律、勤奮及節儉等美德，是與喀爾文教義推崇的追求世俗的成功非常掛鉤的。在韋伯的眼裡，資本主義的發生是新教倫理未曾預期的一項結果。喀爾文教的信徒們並沒有存心要創建一個資本主義的經濟制度，他們只是相信宿

命論（predestination）。在他們的宿命論裡，他們認為人們無法知道自己是否可以得救，唯一可行之道則是尋找得救的信號。喀爾文教鼓勵人們勤儉努力，在工作事業上創造財富、求取成功，以證明自己在上帝面前的價值，如此便可以揭開信號、得到啓示，而預測自己得到拯救的可能性。喀爾文教徒們所發展的新教工作倫理（Protestant Work Ethic），對財富追求予以正面價值之肯定，無疑的有助於西歐難以計數的企業家及資本家的產生與出現。

七、比較宗教的研究

　　韋伯做了一項前無古人、很有創意的類似或模擬的社會實驗設計（Quasi-Social Experimentation），來探討為何資本主義經濟在歷史上僅發生在西歐而未曾發生在中國或印度。他把西歐當做模擬實驗組（quasi-experimental group），把中國及印度分別當做第一與第二模擬控制團體（quasi-control group），而將新教倫理當做獨立變項（independent variable）或刺激因素（stimulus factor）。其模擬實驗設計可見下表：

表2-3-2　新教倫理與資本主義經濟的產生之模擬實驗設計

	新教倫理	工業革命	資本主義經濟
模擬實驗組（西歐）	有	發生	產生
模擬控制組1（中國）	無	未發生	未產生
模擬控制組2（印度）	無	未發生	未產生

　　現在讓我們來看看韋伯對中國與印度無法產生資本主義經濟的分析及理由。

（一）中國的宗教與經濟

　　在韋伯的眼裡，中國在古代即具有如下發展資本主義制度的有利條件：

  1. 強勁的攫取欲望及競爭傳統

  2. 巨大的工業及企業能量

  3. 強大而有力的同業公會組織

  4. 快速成長的人口

  5. 穩定成長的稀有金屬

  6. 金錢貸款機制的存在

  既然有這麼多有利於資本主義的先存條件，中國為何無法產生資本主義？韋伯指出了阻礙中國資本主義發展的一些社會、宗教及文化因素。

1. 社會結構的障礙

  (1) 以血親家族為基礎的社區組織：中國的社區組織是由一個個嚴密、有血緣關係的氏族家庭所組成，其中行為互動皆嚴守傳統律法，長幼有序，老人具有無上權威，發號施令，人人不可違背。每個氏族家庭是完全自我獨立為營的，鮮少與社區中其他的氏族家庭發生關係。而且大多數的家庭皆為農戶家庭，只在很小的土地上耕耘為生，因之鮮有新的發展機會。絕大多數人民是活在天高皇帝遠、自我封閉的小社會裡。

  (2) 非理性的政府組織結構：中國傳統社會的政府是世襲的，世代相傳的。它是靠傳統、特權及施惠來維持，政府的行政機構及其措施是人治的、非理性的。商業行為沒有制定足夠的法律加以約制與保障，人民一般的糾紛及衝突案件也沒有中央法院及一系列的司法機構來裁決處理。非理性的、不合理的政府機構及行政組織阻礙了理性的資本主義之發展。

  (3) 中國語文的性質：中國語言是形象的及描述性的，阻撓抽象及邏輯思考能力的發展，因此無法促成科學思想及邏輯心態的成長。

2. 儒家思想所造成的障礙

  孔子的儒家思想著重文藝教育。一個人要想晉身宦途，必須要熟讀四書五經及一些古典書籍，並擅長詩詞書法及繪畫。歷朝各代的科舉考試，一切以經書的知識及文學才能來取士。韋伯認為在儒家傳統下所鼓勵提倡的教

育，是一種高度迂腐、書呆子的文學教育。這種「萬般皆下品，唯有讀書高」的制式教育下勝選出來的儒家學者及官員，對理性的經濟體系及政策的擬定、科技發展及人民實際的生活，自然沒有興趣，並且也沒有能力去管理了。

儒學之中還有很多地方是反資本主義的。究實而言，儒學是一種與世界秩序及關係相調適的倫理系統。它所主張的是順應天道、接受現狀及事實，其中沒有喀爾文主義求財致富以期可能得到拯救的想法。更有甚者，汲汲於追求功利、忙於積財致富，是為儒家倫理所不齒的。在韋伯眼裡，儒家是道道地地的傳統擁護者及捍衛者。

韋伯也提到道家。他認為道家是一種神祕而致力於修練心靈的宗教。它主張自然無為，反對任何的改革、創新或變化。道家是絕對無利於資本主義之發展的。

（二）印度的宗教與資本主義

如同中國一樣，印度也有阻撓資本主義發展的社會結構與宗教的因素：

1. 社會結構上的障礙——種姓制度（Caste system）

印度嚴密的種姓階級系統阻擋了社會流動，控制了人們生活上每一個方位及細節活動。種姓制度中最高地位的婆羅門階級，像中國的儒家一樣，也是著重高度的文藝教育，輕視科學技術及職業教育活動。

2. 宗教的障礙——印度教（Hindu religion）

印度教信仰「再生」（Reincarnation），即人死之後會轉世投胎再回到世間。在韋伯的眼裡，印度教是一種非理性及傳統性的宗教。信印度教的人絕大多數生活在種姓的階級制度下，他們認為要有好的「再生」，一個人必須在今世嚴守遵行種姓的律法及規範。因此，任何的改革、創新及變動均為印度教所強烈反對。

第三節　評估

　　韋伯可能是一位對社會學多方面領域最有影響力的理論學家。他觸及現代社會的各方面，發抒了他的錯綜複雜的理論觀點，將歷史學研究與社會學理論思考巧妙的揉合在一起，而創出纍纍果實（Ritzer, 2000, P.149）。

　　他對馬克思的經濟決定論提出質疑，在其新教倫理與資本主義的著作中，他有力的證明思想照樣可以反過來影響物質或經濟。因而他證明了物質與思想是雙向的關係，他的社會階層的理論再次駁斥馬克思的經濟決定論。他認為社會階層的概念除了經濟面向的考慮之外，應該包括地位與權力（社會及政治）這兩個面向。顯然的，他對社會階層的概念想得比馬克思來得周全。現今多數的社會學家已認同韋伯的社會階層觀點。毋庸置疑的，韋伯深受馬克思的影響，但我們也應該知道，除了馬克思之外，韋伯也受到哲學家康德（Immanuel Kant）及尼采（Friederich Nietzsche）的影響。相對於馬克思提出的資本主義的理論，韋伯提出他的理性化的理論。在他的心目中，理性化是一種有效率的達成目標的過程，它注重效益、計算性、操控及預期性等特質。在理性化的過程中，它消除了神祕或神聖化的功能，但韋伯也指出它有意想不到的非人性化的後果。一個理性化產物最好的例子是在西方世界所發展出來的科層組織，它的運作重視效益、計算性、操控及預期性等特質，但也失掉人情關懷，創造出一個缺乏人性的工作環境。韋伯對理性化在西方、中國、印度及世界其他各地的發展做了一番歷史考察，探討其中有利及無利的理性化的因素。他特別指出，西方社會的一些因素有利於理性化的成長，而且它成長得既快且廣，現已延伸到政治、宗教、法律，甚至人們生活的每個領域。在現今社會各處，我們均可以見到理性化的影子及影響力。因為深知理性化是像洪水猛獸般不可阻擋的大潮流，韋伯對未來是悲觀的。他認為我們在理性化繼續不斷的衝擊下，會被關進「理性」的大牢籠裡，而無法遁脫。馬克思在他的疏離理論中，認為工人的疏離感是由於資本主義下

的工作環境所造成。在此，我們發現韋伯的理性化理論則認為人們的非人性化（或者說疏離）的不幸遭遇，乃由於過度的理性化所造成。馬克思對未來是樂觀的，因為他認為資本主義終將被推翻，一旦共產主義社會成立，工人的疏離將一掃而空。但韋伯則認為理性化的巨流是無法阻攔的，人們非人性化的困境將無法改變。韋伯的理性化理論與馬克思的疏離理論，對現代人所處的困境有異曲同工、相輔相成的解說。

韋伯的理論逐漸地被越來越多社會學家所接受，特別是在美國，自從他的理論被派深思在其著作中介紹以來，深受美國的社會學家歡迎，甚至形成了一股所謂的「韋伯」風潮。韋伯的理論在美國社會學界之所以吃香，有下列幾點主要原因：

1. 美國在六○年代前，大多數學者不喜歡馬克思的反資本主義並帶有血腥的社會衝突理論，他們在韋伯的理論中得到紓解及安定感。

2. 韋伯倡導價值中立、多面因果解釋以及科學研究的態度，深受一些美國學者的認可。

3. 韋伯對社會現象提供了平衡及周全的理論解說，比起馬克思的單向的經濟決定論、因果論或其他學者偏執狹隘的理論解說，更容易為人取納接受。

第四章　辛末爾（Georg Simmel，一八五八至一九一八）

第一節　小傳

　　辛末爾於一八五八年出生在德國一個
中產階級猶太人家庭。他是家中七個孩子
中最年幼的。他的父親是一個成功有錢的
猶太商人，但不幸的是，他在辛末爾嬰兒
時期即過世了。隨後辛末爾被一個開音樂
出版社的家庭朋友指定爲被監護人，而他
與他母親的關係一直很疏離。年輕的辛末
爾從小就有一種欠缺安全感及邊緣性的意
識。

　　辛末爾於一八七六年高中畢業後即
進入柏林大學就讀。他受教於一些後來也

教過韋伯的名師。一八八一年他寫了一篇關於康德的自然哲學論文而獲得
博士學位。後來他又寫了一篇有關康德哲學的論文，使得他獲得在大學任
教的資格。辛末爾於一八八五年受聘爲柏林大學的講師，很快的，他成爲
極成功且大受歡迎的教師；他花費很多時間、很用心的準備教材和講稿，
講課方式則生動風趣，別出心裁，常有創意，使得他的聽課人數直線的增
加。經過兩次的申請，辛末爾於一九○一年終於被校方任命爲「非常教授」
（ausserordentlicher Professor）一職（Watier, 1998, P.71）。「非常教授」是
一個榮譽職位，無正式薪俸，其收入是來自聽講者的小費捐贈。他有一次被
推薦至海德堡大學任教，但由於柏林大學謝佛兒（Dietrich Schaefer）教授
的不良評鑑而遭到拒絕。一方面可能是由於當時德國社會的反猶運動之影
響，另外一個主要的原因則是他的著作內容太過雜亂無序，學術的與通俗的
文章交相並列，被認爲沒有學術的嚴肅性。譬如他發表過論美學、論藝術、
論愛情、論稱呼的禮節、論嗅覺、論守密、論時尚，以及論桌椅的社會學意

義等雜文雜書，雖然他與韋伯及童尼斯（Ferdinand Tonnies）是德國社會學學會共同的創立人之一，而且他的著作等身，出版過三十一本書及發表過兩百五十六篇文章（Ashley and Orenstein, 2005, P.261），但卻被當時的德國學術界歧視，認為他弄的雜篇太多，不務正業，一直將他排拒在正統的學術界之外，使他難以獲得正式的大學教職。

辛末爾幾乎一輩子都在柏林度過，他與同樣身為哲學家的妻子住在一間舒適的公寓裡。雖然辛苦多年仍無法尋找到正式的大學教職，但他的好運終於降臨，他於一九一四年獲得了省立史特拉斯堡大學（Provincial University of Strastbourg）的正教授聘書；但是他才到德法邊界的史大上任不久，便爆發了第一次世界大戰，很多學生都被徵召服軍役去了，甚至連教室和演講廳也都改造為軍事醫院，宿舍則被改造為防禦工事。他等了一輩子的正式教書之夢，最後還是變成了泡影。

辛末爾一生抑鬱不得志，最後於一九一八年因肝癌過世，享年僅六十歲。

第二節　主要理論要點

　　辛末爾深受康德、黑格爾、馬克思,及尼采哲學思想的影響,自己發展出一套所謂的「形式」社會學(Formal Sociology)理論。他的理論思想對日後社會小團體的研究、符號互動學派及交換理論有著重要的貢獻。

　　他與韋伯是屬於同一個時代的德國社會學家,但他是一個特殊的、自成一格的社會學家。他的理論著作深為司莫爾(Albion Small)及派克(Robert Park)所欣賞,經過他們的大力介紹與傳譯,對芝加哥的符號互動學派、都市社會學及都市問題的研究有相當程度的影響。

　　與馬克思及韋伯(均注重宏觀的研究)不同的是,辛末爾對微觀的現象及人們日常的互動行為特別感興趣,而且做了深刻的觀察與研究。他強調互動的形式或類型(而非內容)對人們互動行為的了解之重要性。他認為只有掌握了互動的形式,我們才能夠了解人們在不同的場域下的互動行為。

一、辯證思考、社會互動及社會幾何學

(一) 辯證思考

　　辛末爾是辯證論者,他相信多向因果關係、事實與價值的非分割性、諸社會現象的關連性、歷史現象相關影響的連續性,以及衝突與矛盾的重要性。在此,他與馬克思的思考是相同的。但他也有與馬克思不同的看法。馬克思對未來共產主義革命之成功帶有信心與渴望,對未來世界是充滿樂觀的。但辛末爾則比較接近於韋伯的看法,他認為我們被日益壯大、不可阻擋的客觀文化所吞噬,像掉入一個牢籠之中無法逃脫,他對人們的未來是悲觀的。

（二）社會互動

辛末爾認為研究社會互動行為，最重要的是研究其形式而非其內容。互動行為之內容五花八門，千變萬化，難以捕捉確定。而互動行為之形式則是穩定的、成形的、有常規的。按辛末爾的想法，社會學者應該先從包羅萬象的各個具體的互動行為中，根據觀察，從中歸納抽取一些共通的形式，然後將這些形式加諸在社會的實際現象及行為予以分析研究。這些共通的形式包括領導、從屬、交換、衝突、社會性等關係。除此之外，辛末爾認為探討這些歸納抽離出來的互動形式之來源及結構的影響也是重要的。

（三）社會幾何學

辛末爾發展出一套社會關係的幾何學。在其幾何學中有兩個重要指標係數：數目與距離。

1. 數目

人們認為數目的多少對互動的質量有顯著的影響。一般而言，當人數增多時，分化將加劇，人們之間的互動將鬆弛，因此造成更多非人性化及片面支解的關係。其次，當一個團體的人數增多而使得整個團體變大時，不可諱言的，每個個人得到了更多的自由，但同時每個個人的個體性卻遭受到了威脅，每個人變成了非人情化的大社會中的小螺絲釘。更有進者，當社會團體增大時，人們開始劃分界限，開始畫小圈圈，區分哪些是自己的朋友，哪些不是自己的朋友，因而造成了擴內（inclusion）及排外（exclusion）的關係與行為（Perdure, 1986, P.186, P.192）。

2. 距離

有意義或有價值與否，乃由一個人與其他個人或事情之間的相對距離來決定。辛末爾在其名著《金錢哲學》（*Philosophy of Money*, 1907/1978）一書中指出，事物的價值為一個人與該事物之間的距離所取決。一件事物如果距離太近或太容易取得，或一件事務如果距離太遠或幾乎絕對無法取得，對

一個人而言，是無價值或價值很低的。對於人們而言，只有當事務是需要花費很大的努力，而且有指望可以取得達成的狀況，才是最有價值的。

（二）最小的社會團體：雙人行（dyad）及三人組合（triad）

雙人行及三人組合之間有著巨大的差異。從兩個人多加了一個人而變成三人組合時，團體的結構會產生顯著的變化。雙人行可以說根本沒有獨立的社會結構，它不過是兩個單獨的個人加在一起而已，每一個個人保持相當高度的個體性。但是到了三人組合的時候，情況就不一樣了，新加入的第三者可以扮演以下的角色：

1. 他可以扮演仲裁或和解者的角色；

2. 他可以利用其他兩個人的衝突不和，從中取利；

3. 他可以使自己成為其他兩人競相爭取的對象；

4. 他可以鼓動激起三人組合的一些麻煩及問題；

5. 他可以與其中一人結盟而壓迫另外一人，因而可以導致階層及權威結構的形成。

辛末爾認為一個社會團體由於人數的增加，會使得其關係結構變得更為複雜。在大的團體的關係結構下，每個個人將會變得日益孤獨、寂寞與隔離。

在此，我們順便一提辛末爾對「社會」一詞的定義。他認為社會是很多被互動連成的個人。他是一個社會真實論者，在他的認知中，社會是有真實的互動關係結構的。有的人批評他忽視了個人意識，但也有人為他辯護道：他雖是一個社會真實論者（像涂爾幹一樣），但他確信人們具有創造性意識，有能力創造社會結構及文化。

二、個人（或主觀）文化及客觀文化

1. 個人或主觀文化（Individual or Subjective Culture）

辛末爾的定義是：行動者能夠製造、汲取及控制客觀文化部分的能力。

2. 客觀文化（Objective Culture）

辛末爾的定義是：人們所創造出來的東西，如藝術、科技、哲學、宗教、語言等。

辛末爾認為個人文化改變及影響客觀文化，但個人文化也為客觀文化所改變及影響。目前的問題是客觀文化，雖為人們所創造，卻成長獲取了自己的生命，日益壯大進而控制始作俑者——創造它們的主人。

馬克思使用貨物崇拜及物化等觀念來解說人們與他們所創造的東西之間的隔離，而且這種隔離在資本主義的社會達到頂峰。但對辛末爾而言，這種隔離卻是根植於「多向生活」（More life）及「超多向生活」（More than life）的矛盾之中。

什麼是「多向生活」呢？辛末爾解釋道，人們在他們的思想及行動中創造了社會生活，而在創造社會生活的過程中，人們也不可避免的創造了一套物件（即超多向生活），而這些物件又成長發展出自己的生命。辛末爾擔心這些人們所創造出來的「超多向生活」會日益茁壯強大，進而奴役了我們——它們的創造者。辛末爾如同韋伯一樣，對人類的未來是悲觀的，他認為我們逐漸的將自己關入我們所創造的客觀文化或超多向生活的牢籠之中而無所逃脫。

三、金錢哲學（The Philosophy of Money）（Ritzer, 2000, pp.166-174）

《金錢哲學》可能是辛末爾的最佳著作。在書中他對價值（特別是金錢）對我們現今生活的影響做了深具洞察力及透徹明晰的分析。他的著眼點

是金錢價值的廣泛影響，包括對人們的態度及內心世界的影響。

在辛末爾的眼裡，金錢是一種純粹的交換方式。這種交易方式不但創造了一個物化的社會世界，而且增強了社會世界理性化的程度。錢幣經濟促成了重量而不重質的心態，人們在社會裡將金錢本身當成目的，產生了以下對個人的一些負面影響：

1. 犬儒主義及厭倦態度（cynicism and blase attitude）

在犬儒主義之下，最高等及最低等的社會生活均待價而沽，每一件東西均被簡化為一個共分母可量度的東西──金錢。我們可以用錢購買美貌；我們也可以用錢購買智慧。有錢萬事通，有了它，我們可以買一切。除此之外，貨幣經濟也有助於養成一種厭倦、對什麼都不感興趣、對什麼都不在乎的態度。

2. 增強非人性化的關係

貨幣經濟促使我們將別人當做一個號碼、一個數字，或一個職業角色（如郵差、警察、教師、清潔工等），不再是張三、李四或王五等個別的個人。

3. 增加個人的自由度但也增加了個人的被奴役性

貨幣經濟使得個人從其所屬的團體機構或社區解放出來，獲得更多的自由，有鈔票在身可以各處行走，但是在同時，他這個個人卻失去了歸屬性，變得更加孤獨疏離。一個人在現今的世界裡衝破了眼前所屬團體的綑綁及控制，但也越來越變成群眾客觀文化的奴隸了。

4. 人性價值的商業化

最好的例子是保險業務員經常問的一句話，「你值多少錢？」每個人似乎均可以被放在天秤上量出測定他（她）的金錢價值。

5. 對個人人格的影響

錢幣經濟促進個人斤兩計較及數量化的性格之養成。

6. 相對化的思考習慣

錢幣經濟促成相對性的思考習慣，使我們對一切事務做相對而非絕對的比較與判斷。

辛末爾對客觀文化日益壯大而逐漸吞噬個人文化感到相當憂慮。他意識到這兩種文化的差距日益增大，人們的疏離感越來越多。金錢雖是一種純粹的交換形式，但無疑的對現今人們生活在物化世界之疏離與無力感有相當的推波助瀾之嫌。

第三節　評估

辛末爾最關注的是社會互動的基本形式,而非其林林總總複雜多變的內容。在諸多的社會互動活動中,可以歸納抽象化出基本的相似樣式。譬如衝突(當做一種社會互動的形式)可發生在個人與個人之間,也可發生在國家與國家之間,在這兩個不同層次的衝突中,它們必定有一些共同相似之點,辛末爾認為此乃社會學研究的焦點。無可諱言的,辛末爾的形式社會學獨樹一幟,頗有創意。但形式與內容常密不可分,常互為表裡,而在從內容到形式及從形式再回到內容之間使用的邏輯思考到底是歸納或推理的?辛末爾卻沒有做過清楚的說明。

辛末爾的另一個重要關注是在社會互動中所參與不同類型的人。他在其著作中分析過「陌生人」、「守財奴」、「揮霍者」、「賣俏男女」等。他對現代的差異行為、小團體行為、角色理論、都市社會學及職業社會學等研究,做出了相當的貢獻。

辛末爾的錢幣哲學對現代人及後現代人的處境及心態有著透徹深度的分析。他特別關切在錢幣經濟及客觀文化的不斷擴大強勢壓境之下,人們的自由問題。他一方面承認錢幣的交換功能與客觀文化的成長,使得很多人超越團體及地方社區的束縛,獲取了更多的自由,但另一方面也憂慮在錢幣經濟及客觀文化的強勢影響下,人們失去了自己,變得更孤獨無助,而失去了更多的自由。在此,辛末爾的見解成熟,能夠洞察正負兩面的影響。他在世最後一年曾撰寫一本完整的討論自由一書,可惜未能完成即謝世了(Goodwin and Scimecca, 2006, P.161)。

如果說韋伯是歷史社會學家,辛末爾則是哲學社會學家。他的博士論文寫的不但是有關康德的哲學,而且他的幾乎所有研究都是用哲學思考、觀察及分析來完成的。他認為哲學與經驗性的探討是相輔相成的,哲學的探討常會導致產生經驗性知識(Ashley and Orenstein, 2005, pp.276-277)。他的這

般推崇哲學社會學的主張，是爲當今注重經驗科學研究的社會學者難以完全認同的。

辛末爾最爲人所詬病的是他的方法學，以及他的研究著作林總雜亂，缺乏一套完整的理論系統。但無可諱言的，他的著作中到處充滿了眞知灼見，道出了現代及後現代社會人的困境及問題。辛末爾的社會學觀點透過司莫爾、派克的推介，對芝加哥學派的小團體、符號互動論及都市社會學研究有顯著的貢獻，他的理論觀點對日後霍門斯（George Homans）及布勞（Peter Blau）的交換理論也有相當的影響。

第三篇
結構功能學派

第一章　引言

第一節 結構功能學派的起源、分類及共通特徵

一、歷史起源

結構功能學派可以追溯到孔德、史賓塞及涂爾幹著作中的一些理論觀點：

1. 孔德：他強調社會內部各部分的相關平衡。在他眼裡，社會體系是一個有機體，與生物體系類同。

2. 史賓塞：他的社會有機觀及社會進化理論均是建立在生物系統的基礎上而予以類比推論的。他甚至將社會有機體與個人生物有機體之各個主要部分與功能做相對性的類比與分析。

3. 涂爾幹：他著重諸社會事實之間的關係，以及社會事實對整個社會需要所做出的功能。不但如此，他還特別指出了社會功能及社會原因的區別。

二、分類

依照阿伯罕生（Mark Abrahamson, 1978）的說法，結構功能學派有以下三種：

1. 個人的功能主義：以個人的需要為著眼點，檢視社會發展出哪些大型的社會結構及組織來滿足此需要。

2. 個人相互之間的功能主義：著眼於社會關係，探討社會中有哪些發展出的結構與機制來調解與舒緩關係中的緊張與衝突。

3. 社會的功能主義：著眼於社會中諸大宏觀結構及制度之間的相互關係。這是最流行在世的功能主義。我們所說的一般論結構功能主義，大多指此宏觀性的功能主義。

三、共同特徵

1. 結構功能主義著重整個社會以及諸構成部分對其之影響；

2. 結構功能主義視每個構成部分均對整體社會的運作做出正面的貢獻；

3. 結構功能主義重視社會體系中部分與部分之間的相互關係，認為諸部分與整個社會體系處在一種平衡的狀態。因之任何一部分的變化均會引起其他部分的變化與調整。

第二節　戴維斯（Kingsly Davis）及穆爾（Wilbert E. Moore）的社會階層功能論

　　戴維斯與穆爾於一九四五年在《美國社會學期刊》共同發表了一篇文章，〈社會階層的一些原則〉（Davis and Moore, 1945）。在該文中，他們認為社會階層存在於所有的人類社會之中，它是任何社會不可缺少的制度，並且具有社會存活的功能必需性（functional necessity）。換言之，社會階層有其必要的社會功能，沒有它，社會將無法存在及運行。他們認為社會階層的主要功能乃鼓動人們去爭取，並安排他們在社會中適當的職位去善盡其才。在此，出現了兩個問題需要解答：(1) 一個社會如何灌輸導引一些個人有意願的來尋求社會職位？(2) 一個社會如何灌輸引導一些已在位者有意願的來善盡其職責？

　　無疑的，在一個社會中，有些職位是比較愉悅的（譬如白領階級者的工作環境好，在辦公大樓工作，有豪華舒適的辦公室，有冷暖氣設備；而有的建築工人則常在冰冷或烈陽的惡劣氣候條件下賣命，辛苦地工作），有些職位是比較有重要性的（譬如總統、大公司總裁、醫生、教師等職務），而有些職位是比較不重要的，譬如有些工作，一般人不需要多大的才能或經過任何教育訓練均可勝任。總而言之，社會上的職位，本質上就是不平等的，故相應的給予它們的報酬也就不能平等了。社會為了鼓勵並保證有才能、受過專業訓練之士能夠追求社會上較重要的職位，並有意願為之服務，就不得不給予優渥的報酬，如高薪、高社會地位、優厚的度假條件等。對戴維斯及穆爾而言，「社會階層是在無意識下的演化而形成的工具，它對在社會中的職位做了一項公正及必要的安排」（Davis and Moore, 1945）。這頗似亞當‧史密斯（Adam Smith）所謂的一個看不見的手而在冥冥之中做出的一項自然適當的安排。擔任重要職位者，因對社會做出的貢獻較多，故應該給予較高報酬；擔任不重要（如社會上可有可無、不足影響社會的正常運作）的職位者，因對社會的貢獻較少，故應該給予較低的報酬，這是社會中公平的安

排。

戴維斯與穆爾的理論遭受到不少其他社會學家的質疑與批評。特別是穆爾在普林斯頓大學的同事涂明（Tumin, 1953），對他們的理論做出了以下嚴峻的批駁：

1. 戴穆的理論支持現存的社會狀況，替現有的有權勢、有地位及有錢者撐腰辯護。他們之所以現今有權有地位及有錢，是因為他們對社會做出了大貢獻，無可厚非也。這個假設是頗值得懷疑的。

2. 社會中職位的相對功能的重要性之估量，是極為困難的。例如護士的工作之對社會所做的功能（或貢獻）比電影明星之對社會所做的功能（或貢獻）為小嗎？一個現代的社會不能沒有護士，但一個現代的社會既使沒有電影明星照樣可以存在運作。論及對社會的功能之重要性，護士遠比電影明星大得多了，如照戴穆的理論邏輯，護士職位的報酬應該比電影明星多出甚多倍才對，但觀諸社會上的真實情況卻正好相反，像是電影明星的報酬比護士的報酬多出十倍、百倍，甚至千倍。

3. 能擔大任的人才之稀有性的假設是頗有疑問的。很多人因為沒有機會受到高等教育及專業的訓練，以致無法施展他們的才能，因而被埋沒了。社會上不是沒有人才，只是很多人被家庭生活環境所困，根本沒有機會發展其才能而得以發揮出來。

4. 並非所有追求高位的人均為金錢或物資性的報酬所驅使。社會上有些人是為了救人、助人，為求精神上的滿足而為社會服務的，根本不計較金錢及物質上的報酬。戴穆的基本假設是不周全的。

1

古典的結構功能理論

第二章　派深思（Talcott Parsons，一九○二至一九七九）的抽象分析功能主義

第一節　小傳

　　派深思於一九〇二年出生於科羅拉多州科羅拉多溫泉市（Colorado Spring）。他生於一個相當良好的家庭，父親是牧師、教授，並曾擔任過一所小學院的校長。他大學時就讀於麻州相當有名的阿姆荷斯特學院（Amherst College），主修生物學。他於一九二四年畢業後，先到英國倫敦的經濟學院（London School of Economy）唸了一年書，後來轉學到德國海德堡大學當研究生。他去海大的時候，韋伯已過世五年，但海大校園仍籠罩在韋伯理論影響的氛圍裡，而且韋伯的夫人經常在家中開講，討論韋伯的學說，派深思也曾參加親聆過韋伯夫人的演說。派深思受韋伯的影響很大，他在海大寫的博士論文也是與韋伯的理論有所相關的。

　　派深思回美後，於一九二七年到哈佛大學擔任講師。他在前段執教期間，升遷很慢，一直到出版了《社會行動的結構》（*The Structure of Social Action*, 1937）兩年之後，即一九三九年，才獲得終身職（tenure）。自此以後，他的學術事業就一帆風順了。一九四四年他當上了哈大社會學系主任；兩年之後，社會學系改組擴大爲社會關係學系，他被任命爲第一任的系主任。一九四九年他當選爲美國社會學學會的會長，不久之後，他又發表了另一鉅著《社會體系》（*The Social System*, 1951），聲名大噪，儼然變成了美國社會學界的領軍人物。一九五〇及六〇年代是美國國勢最興旺的時候，派深思及其所代表的結構功能學派可以說是如日中天。

　　在他的理論受到讚譽之際，誹謗亦隨之而來。六〇年代後期，派深思的理論開始被一些激進派的社會學者所批評。批評者認爲派深思的理論太過於保守，他的整個宏大理論只不過是經過細心堆砌起來的一大堆概念解釋架構而已，沒有理論的實質性，甚至根本算不上理論。

　　派深思的貢獻在於他能承先啓後，將十九世紀社會學的中心議題整合在他的宏觀抽象的理論架構下，而提供了一些解說與答案；在提供解說與答案

的同時，他並將十九世紀歐洲重要的社會學學說介紹給美國乃至於世界的社
會學界。派深思於一九七九年過世後，他的諸多出名的社會學家弟子對他頗
多緬懷與悼念。他最有名的弟子墨頓（Robert K. Merton）坦言道，當年他像
其他的年輕人一樣，進入哈佛是仰慕索羅金之大名而來，但在就讀期間卻跟
隨了當時籍籍無名的年輕講師派深思上課學習，受到其理論課相當大的啓發
及影響。

第二節　主要理論要點

　　派深思的理論核心是他的概念化體系。他用體系的概念來分析其結構及功能，每個體系都有一些基本的需要必須得到滿足，如果不滿足的話，則體系就不能存活與運作。換言之，每個體系必須能履行一些必需的或先行的功能，才能繼續運行下去。這些必需或先行的功能包括一套有「目的性」以滿足基本需要的活動。派深思在此提出，任何體系必須具有的四種必須的或先行的功能（functional imperatives or prerequisites）：

　　1. 適應力（Adaptation）：任何一個體系必須能適應其環境，並使環境能物為己用，來滿足適應體系的功能需要。

　　2. 目的之達成（Goal Attainment）：一個體系必須能界定自己的目的，並能達成自己的重要目標。

　　3. 整合力（Integration）：一個體系必須能協調及規範其成員部分相互之間的關係，並且能處理與其他三個必需的或先行的功能間之關係。

　　4. 隱形性（Latency）或形式維持力（Pattern Maintenance）：一個體系必須在個人的層面上提供、維持並更新他們的行為動機及願望，同時也必須在社會層面上維護及傳承其文化形式。

　　以上就是派深思著名的AGIL（adaptation, goal attainment, integration, latency）。以他所見，這四種先需功能存在於每一個不同層面的行動體系（action system）之中。他將宇宙間所有的行動體系歸納為六大類，這六大類雖位於不同的理論層面，但它們卻互相關連。每下一層面的體系供給上一層體系的能源及條件；每上一層面的體系操控下一層體系的行動。這六類行動體系按層面的先後列示如下：

　　1. 行動的環境：終極實體（Ultimate reality）

　　2. 文化體系（Cultural system）

　　3. 社會體系（Social system）

4. 人格體系（Personality system）

5. 行為有機體（Behavioral organism）

6. 行動的環境：物理及有機（或生物）環境（physical-organic environment）

派深思對最低層的物理和有機環境，以及最高層的終極實體列示出來，以求他的整個行動體系的完備性。最低層的物理及有機環境乃我們身處的外在時空的物質生態世界，一個應歸屬於物理學及生物學研究的範疇；而最高層的終極實體乃屬於不可知的超自然的精神世界——屬於神學及宗教研究的範疇。派深思對此二者並未予以太多討論。他所著重的是介於兩者之間的四個行動體系（見下表，Ritzer and Goodman, 2004, P.232）。

表3-2-1 一般行動體系的結構

L.   I.

文化體系	社會體系
行為有機體	人格體系

A.   G.

（一）行為有機體

其實行為有機體也是一筆帶過，鮮少討論。派深思之所以將它列為四大行動體系之內，乃因他認為它是供給其他三大體系能量的來源，沒有它，別的體系則無法運作。無疑的，派深思的行為有機體之提出有助於日後社會生物學（Sociobiology）的發展。

（二）人格體系

人格為個人行為動機及取向的有組織的體系。它的基本單元是「需要－性向」（need-disposition）。派深思認為「需要－性向」與生物性的驅策力有別，它是一種被社會化的驅策力，「需要－性向」不但含有生物成分，而

且含有社會成分。派深思進一步又將「需要－性向」區分為以下三種：

1. 迫使個人追求愛情、他人的讚許，及其他可以從社會關係中得到的東西。

2. 迫使個人遵行社會法律及文化標準已經內化（或社會化）了的價值。

3. 角色期望——驅使一個人去適當的扮演他（她）的社會角色。

派深思顯然建構了一個被動的個人人格形象。人格體系在在受到社會及文化體系的影響，頗似社會及文化的附屬品，缺乏自己的獨立性、自主性及創造力。

（三）社會體系

派深思的社會體系的定義冗長難譯，故在此從略（有興趣者可閱：Parsons, 1951, pp.5-6）。其主要的意思是：一群在一定環境下互動的個人，他們循用共通的語言互相交往，以尋得個人最適意的滿足。

派深思認為社會體系的基本單元是「地位－角色」的綜合體（status-role complex）。「地位」乃一個人在社會體系內所據有的結構性的位置；「角色」乃一個人在其「地位」上的作為。地位是結構性的，靜態的；而角色是行動性的，動態的。除了小社會體系（或團體）內的地位－角色之外，他對大社會體系（如社會組織及制度的結構及功能）也相當關注。為此，他指出一個社會體系如要生存運作，必須具備以下的先行功能條件（functional prerequisites）：

1. 社會體系必須建構成可以與其他的社會體系相適應配合。

2. 社會體系必須能夠得到其他社會體系的必要支持。

3. 社會體系必須能夠滿足其大多數人口的需要。

4. 社會體系必須能夠帶動足夠數目的成員之參與。

5. 社會體系必須對可能有破壞性的行為做最起碼程度的控制。

6. 社會體系必須有能力對相當嚴重的衝突破壞行為予以遏制。

7. 社會體系必須具有共通的語言。

　　派深思討論個人行動者與社會體系的關係時，特別強調內化及社會化過程。他認為透過社會化的過程，社會規範及價值乃被內化傳遞給個人。如果社會化做得相當成功的話，則社會規範及價值就會內化成個人「良心」的一部分，因此可以從內在來控制影響個人的外在行為，一個人在追求個人的利益時，也同時無意識的為社會體系爭取了利益。

　　由於強調社會規範及價值的內化功能，派深思毫不遲疑的將個人在社會化過程中放在一個被動的接受者的位置，社會化強有力的壓迫個人毫無自我的選擇來履行社會所期望的事務與行為。更有甚者，他認為當社會化的力量達到最大程度時，社會控制就變成次要了。一個良好的社會秩序應多依賴社會化的功能，而少依賴社會控制來維持。社會控制是取自外來的力量，應在不得已的情況下，越少使用越好。社會化及社會控制是兩個控制機制，共同的維護保持社會體系的均衡性及安定性。

　　派深思承認，一個社會體系內不可避免的會有一些偏異行為，而社會體系也必須能夠允許並容忍這一些脫軌、偏差的行為。

　　社會體系中特別重要的一環是所謂的「社會」（society）。社會是自足的社會集體，其中所有的成員均能滿足他們個人的和集體的需要。派深思認為每個社會均有四個分支系統（subsystems），分別是托育系統（Fiduciary System）、經濟（Economy）、政體（Polity）及社會性的社區（Societal Community）（見下表，Ritzer and Goodman, 2004, P.237）。

表3-2-2　社會、其分支體系及功能的必須滿足性

	L.		I.
	托育體系		社會性社區
	經濟		政體
	A.		G.

　　從上表中可以看出，這四個分支系統滿足了AGIL的需要。經濟主要滿足了A（Adaptation）的需要，透過勞動、生產及分配，使得社會能夠適應環境的需求；政體主要的滿足了G（Goal Attainment）的需要，它動員了人力與資源達成社會的目的；托育體系如學校及家庭，主要的滿足了L（Latency）的需要，默默的、不動聲息的將文化傳遞給社會成員，使之內化或社會化，以履行其社會的角色與責任；社會性的社區主要滿足 I（Integration）的需要，透過法律、規模及制度，將社會的各成分及部門聯繫整合起來。

（四）文化體系

　　文化體系居間調解及整合個人的人格體系及社會體系間的互動，它偏布於社會體系之中（如社會規範及價值），也（透過社會化）深植於人格體系之中。文化體系雖處處可見於其他體系之中，但它也有自己獨立的存在。它包括人們所創造的及共同享有的知識、符號、思想，及一切制度化的形式。派深思特別著重文化的符號性、主觀性及傳遞性。在他的心目中，文化體系最為重要；因為如此重視文化的見解，他常被人認為是一位文化決定論者。

（五）派深思的進化論

　　因為經常遭到批評其過分著重靜態的社會結構而鮮少注重動態的社會變遷，派深思終於按捺不住了，乃於一九六六年發表了《一個進化變遷的典範》（*A paradigm of evolutionary change*），闡釋了他對社會變遷的看法。基本上來說，他是從生物演化的模式出發的（作者註：請不要忘記派深思在大學主修生物學），他認為「分化」（differentiation）是社會進化的首要步驟。社會是由很多不同的部分或者說不同的分支體系所組成，而這些分支體系無論在結構上或功能上均大為迥異。當社會的大體系演化時，其中分支的體系也開始分化；分化帶來了更多的專業化，因此需要比以前有更大的適應力，以適應分化後的其他分支體系及整個新的社會體系。派深思

稱此爲「適應升級」（adaptive upgrading）。分化的結果是造成了新的「整合」（integration），也就是所有分化後的社會體系及分支體系需要經過重新調整與協調後，再整合起來。在再整合的過程中，最緊要的是「價值」（value）的調整與整合。分化後的分支體系更專門化了，而整體社會體系也變成更多元化了，以往的價值觀已不適用，必須重新調整，提高到能適用更大的涵蓋及層面才行。唯有如此，才能使得多種新生多元的體系及衆多分支體系安得其所，獲得其存在的合法性。

　　派深思承認，當價值的調整提升至更大的涵蓋及層面時，會經常遭遇到很多的困難。

　　派深思認爲社會的進化是依照一定的階段進行的，他提出了「初民」、「中期」及「現代」三個階段。他指出，從初民社會進化到中期社會的關鍵是語言，特別是書寫的文字（written language）發展及使用；而從中期社會進化到現代社會的關鍵，是「制度化的常規法則」（institutionalized codes of normative order）或法律之發展及使用。儘管有這三種社會進化的階段，但派深思並不認爲它們是必然的直線式的依序進行。但有些學者評論派深思的社會進化理論，由於階段的劃分，忽略了眞實的變遷過程。

第三章　墨頓（Robert K. Merton，一九一〇至二〇〇三）

第一節　小傳

　　墨頓於一九一〇年出生在費城南部貧民區，一個猶太人移民的家庭，父親做過木匠及卡車司機。他的原名是麥爾・司庫考尼克（Meyer R. Schkolnick）。他的家庭環境雖不富足，但居家附近的文化環境卻是豐渥有加，因附近有世界知名的費城交響樂團，及數十萬冊藏書的卡內基圖書館，因他生性好學，有強烈的求知欲，這些文化資源，使他得到了很好的滋養。他於十四歲時改名爲羅伯・墨林（Robert K. Merlin），一個魔術家舞臺的名字，但不久又改爲羅伯・墨頓（Robert K. Merton）。他的運氣不錯，高中畢業後獲得了一筆獎學金，使得他能夠進入天普學院（Temple College）就讀，在該學院讀書期間，遇到了社會學老師辛普森（George E. Simpson）教授。辛普森教授不僅是墨頓的社會學啓蒙老師，而且在社會學年會上將他介紹推薦給時任哈佛大學社會學系系主任的索羅金（Pitirim Sorokin）教授，使得他獲得了獎學金，進入哈佛當研究生。他在當研究生期間，替索羅金教授在其名著《社會及文化動力論》（*Social and Cultural Dynamics*）寫了有關科技的章節，並與索羅金合作共同發表了兩篇文章。除此之外，他也替派深思編輯了其名著《社會行動的結構》（*The Structure of Social Action*）一書。在哈佛當研究生期間，墨頓也跨行學習選課，受到了生物化學家韓德生（L. J. Henderson）、經濟史學家芥（E. F. Gay）、科學史泰斗沙頓（George Sarton）的啓發及影響。在他的自傳內，特別提到涂爾幹對他的研究方向有很大的啓導，而後來在哥倫比亞大學任教期間，他之所以重視經驗性及統計應用的研究，乃受同事拉薩斯飛兒（Paul K. Lazarsfeld）的影響。

　　墨頓在取得哈佛博士學位之後，南下紐奧良市的杜蘭大學（Tulane University）執教，兩年之後，轉到哥倫比亞大學執教，一教竟達五十年之久。他在哥大擁有特別服務教授、吉丁斯（Giddings Professor of Sociology）榮譽教授，及大學教授（University Professor）的頭銜，並於一九五七年當選

為美國社會學會會長。他與他的老師派深思在社會學理論觀點上有所不同，他認為社會學不能僅止於抽象的宏觀理論，必須要結合經驗性的研究，從理論中推理演繹出一些經驗性的假設，然後蒐集真實世界的資料予以驗證。他提倡「中程理論」（middle-range theory）的發展。

墨頓一生得過難以數計的包括美國及國際的學術榮譽頭銜。他是第一位被選入美國國家科學院（National Academy of Sciences）的社會學家成員，他也是被選入瑞典皇家科學院（Royal Swedish of Sciences）及英國學術學院的第一位美國社會學家。他被二十多個世界著名大學頒授榮譽博士學位，這些著名的大學包括哈佛、耶魯、哥倫比亞、芝加哥、希伯來之耶路撒冷及牛津大學等。

值得順便一提的是，他的兒子羅勃‧西‧墨頓（Robert C. Merton）在學術上也有著卓越的成就，曾於一九九七年榮獲諾貝爾經濟獎。

墨頓雖與派深思並列為結構功能派的大師，但他的學術貢獻是多方面的，遠遠超過功能學派的範疇（Wallace and Wolf, 1986, pp.45-46）。

第二節　主要理論要點

1. 三項功能命題的批評　（Ritzer, 2000, P.245）

墨頓最重要的一篇有關結構功能的文章，乃是〈關於社會學上功能分析的梳理〉（Toward the Codification of Functional Analysis in Sociology）。在該文中，他批評了三項功能分析的基本命題：

(1) 社會功能完整性的命題：此命題認為所有標準化的社會及文化信仰與舉措都是對社會及個人有功能的、有效益的。此命題同時也認為社會的所有部分，包括社會及文化信仰與舉措均呈現高度的整合性。墨頓指出，這種情況可能存在於初民的小型社會中，但難存在於現代巨型的複雜社會裡。

(2) 普遍功能化的命題：此命題認為所有標準化的社會及文化形式與舉措（standardized social and cultural beliefs and practices）均是有正面功能的。此命題頗有疑問，在現實世界中，我們不幸的發現，有時適得其反，很多的禮俗、社會習慣、文化舉措常是反功能的、有害於社會的。

(3) 無取代性的命題：此命題認為所有標準化的社會及文化形式與舉措均是對整個社會不可或缺的、不可取代的。事實上，並非如此。很多現行的社會及文化形式舉措是可以為其他的社會及文化形式與舉措所代替的，並不是一定非要它們不可。

墨頓對以上結構功能主義普遍接受的基本命題提出質疑，他認為這些命題悉屬非經驗性的武斷臆測。他主張功能分析必須訴諸於經驗的驗證。

2. 墨頓宣稱功能分析應該專注在團體、組織、社會及文化的層面。任何代表標準化，形式化了而重複出現的項目（item，如社會角色、制度形式、社會習俗、團體組織、社會結構等），均可當做研究的單元而做結構功能的分析。

3. 墨頓特別提示：功能分析應該關注「社會功能」，而非「個人動機」。什麼是社會功能？墨頓的定義是：「促成一個特定體系之調適可觀察

到的後果。」並非所有可觀察到的後果均能促成一個體系的調適,因此墨頓提出了「逆功能」(dysfunction)的觀念。一個標準化的項目,對一個特定的體系可能是有功能的,但對另一個特定的體系卻可能是逆功能的。最好的例子是美國以前的奴隸制度。該制度無疑的對當年白人的農業經濟提供了廉價的勞力,是有功能的,但它卻使得南方白人過分依賴農業經濟,阻礙即將到來的工業化趨勢,因此從另一角度來看,奴隸制度是有逆功能的。墨頓提出「淨均衡」(net balance)的觀念,它是功能及逆功能之間的差異量。這個差異量常是很難計算的。

墨頓又提出了「無功能」(nonfunction)的觀念。他指出,一些標準化的社會型式對社會體系之調適已無關緊要,它們只是從以往的社會留存下來的遺物,已沒有任何的實質功能了。

4. 墨頓也介紹了「顯現功能」(manifest function)及「隱藏功能」(latent function)兩個重要觀念。顯著功能乃意欲達成的後果;而隱藏功能乃非意欲達成的後果。另一個很容易混淆的名詞是「非預期的後果」(unanticipated consequences)。包括在非預期的後果之下,可以有隱藏功能、隱藏逆功能及隱藏無功能。

5. 墨頓根據上述功能的觀念發展出以下他的功能分析觀:

(1) 在分析一個體系時,應了解其性質為何?是否有功能或逆功能?

(2) 在考量淨均衡(net balance)時,是否曾考慮其所有的隱藏功能及顯現功能?

(3) 我們應如何確定一個特定體系的功能需要?

(4) 功能學者是否因為求安定的興趣而使他們無視於體系的失衡?

墨頓特別提醒功能派的學者,一個社會結構或形式對整個社會可能已經產生逆功能了,但仍然會繼續的存在而未消逝。最好的例證是「歧視」(discrimination),它對少數種族、婦女及整個社會都是有逆功能的,但它卻仍然存在我們的社會之中,尚未消失不見。

墨頓對結構功能的一些基本觀念做了清晰的釐清與分析,對結構功能學

派做出相當重要的貢獻。其實他的貢獻是超越結構功能的範圍的，譬如：

(5) 中程理論的提出與倡導：他不同意派深思完全致力於巨大的抽象理論之創建，而提倡理論與經驗研究結合，應先行發展出一些中程理論。中程理論是介於宏觀理論與經驗研究之間的產物，社會學家必須從宏觀理論中推演導引出一些理論的假設或命題，然後用經驗研究所得的資料加以驗證以定取捨，再發展出有真實經驗基礎的小型或中型理論。

(6) 偏異行為與社會失序（Deviant behavior and social anomie）：社會失序是涂爾幹社會學理論中的一個重要觀念。墨頓應用此觀念發展出他的偏異行為的型態論。質言之，每個社會都有多多少少的失序情況，美國社會尤以為然。當一個社會所定的文化規範及目標，與它所提供的合法性的手段及機會不一致或衝突時，失序的情況即發生了。在這種失序的情況下，人們會有五種不同的反應型式：順應（conformity）、創新（innovation）、墨守（陳規）（ritualism）、退卻（retreatism），及反叛（rebellion）。除了第一種反應是正常行為，其餘反應均屬偏異行為。墨頓將這五種反應型式一一加以分析討論，這就是在一般社會學導論教科書上所提到，他的著名的「壓力理論」（Strain theory）。

(7) 墨頓對科層組織對人格的影響與塑造也有所研究，他創造了「科層人格」（bureaucratic personality）的概念與名詞。他認為一個在科層組織工作多年的人，會小心翼翼、處處按著規定條文行事、守舊不變、不願承擔責任、不願意做新的決定，最後變成了標準的「科層人」。另外，墨頓也對「自我履現的預言」（self-fulfilling prophecy）理論的發展有非常重要的貢獻，他認為人們會將環境的錯誤認知誤以為真，努力以赴，結果如願以償。

第三節　綜合評估

　　做爲六○年代美國最當道的主流社會學學派，結構功能理論固然受到很多的讚譽與支持，但也遭受相當全方位的無情批評與攻擊。綜合這些多方面的批評，大約可以分爲以下兩類（Ritzer and Goodman, 2004, P.247-249）：

（一）有關實質內涵方面的批評

　　1. 結構功能理論是反歷史的（ahistorical），無法有效處理歷史事件，它只關心現代或抽象化的社會；

　　2. 結構功能理論無法有效處理社會變遷的過程。像派深思在社會的進化中提出了「初民」、「中期」及「現代」三個階段，只注重階段的劃分，而忽略了眞實的變遷過程；

　　3. 結構功能理論無力處理社會衝突。它過於重視社會秩序與和諧的關係，以致忽視社會衝突，甚至將社會衝突視爲在社會框架之外的一種破壞性力量；

　　4. 結構功能理論有一種保守的傾向與偏見。它傾向於承認社會事實，維持社會現狀。因爲其理論強調社會的規範、價值及文化，將人視爲深受社會文化力量的控制，故無異於將人放置在一個被動無自我的角色上。

　　5. 結構功能主義中很多概念是模糊不清的，這大概與它注重抽象性的社會體系，而非眞正活生生的社會體系有關。結構功能理論學者總假設有一套單一概念分類的系統可以解釋一切，這種假設在很多社會學家看來根本是虛幻不實的。

（二）有關方法學與邏輯上的批評

　　1. 非法使用的目的論（illegitimate teleology）：結構功能理論有誤用目的論之嫌。目的論本身沒有錯，錯的是將其誤用了。結構功能理論假設社會

是有一些目的或目標的，爲了達成這些目的，社會必須製造或發展出一些社會結構或社會制度來滿足它們。譬如社會需要生殖後代並養育他（她）們，因此社會發展出家庭制度。問題是，生殖及養育後代的需要只能讓家庭制度來滿足嗎？有無其他代替性的安排或制度照樣可以滿足生殖及養育後代的需要？要合法的使用目的論，結構功能論必須要能夠在經驗上及理論上界定並證明社會的目的及社會中現存的各種社會結構或制度之間的關連性。

2. 同義語之重複（tautology）：或翻譯成「套套絡結」。這是一種無意義的重複陳述。換言之，它是將結論做了前提的再陳述。譬如在結構功能論中，我們常見到類似如此的套圈圈的論述：全體是爲所有的部分來界定（The whole is defined in terms of its parts），所有的部分爲全體來界定（The parts are defined in terms of the whole）。如此用來相互界定彼此，結果社會體系及其結構部分兩邊都落了空。

3. 研究方法的困難：結構功能理論所稱的社會結構及功能與結構之間的功能關係，在實際研究上當如何操作界定（operationally defined）及量測，並做統計資料上的分析，是充滿難度的。結構功能論所談及的均是宏觀抽象的概念，而這些概念常是空疏模糊，在經驗性的研究上有難以克服的操作上的困難。故結構功能理論是只可談之而難以做之的東西。

儘管受到如此的批評，結構功能學派所主張的各部分相互依賴的體系概念，以及在體系中人們必須具有的一些起碼的一般價值的共識（general consensus on values），是任何社會群體或單元所不可缺少的。

2

新結構功能主義

新結構功能主義是由於諸多對結構功能主義，特別是對派深思的理論之不滿及批評，而做出的修正、擴充及綜合的一種反應努力。新結構功能主義之名為亞歷山大（Jeffrey C. Alexander）所創，其所謂「新」，乃指它是繼承結構功能主義的傳統，克服改正原有的困難與缺失（如被評為反個人主義、反經驗主義、理念主義、保守、反變遷等），引進接合其他的理論來充血，以擴大創新其理論。新結構主義的學者們認為原來的結構功能主義過分狹隘自限，應該擴大多元化。在派深思的人格、社會及文化體系加入多一些變遷動態的討論，在修正被評為只偏重巨觀的社會秩序及結構上，引入一些微觀的理論如交換理論、符號互動論、現象社會學等，來做整合的分析（Ritzer and Goodman, 2004. P.252-253）。

第四章　亞歷山大（Jeffrey C. Alexandar，一九四七～）

第一節　小傳

　　亞歷山大一九四七年出生，一九六九年獲得哈佛大學學士學位，
一九七八年獲得加州大學柏克萊分校（UC- Berkeley）博士學位。在就
讀哈佛及加大柏克萊分校期間，曾醉心於新左翼馬克思主義（New Left
Marxism）陣線，參加過反越戰的學生抗議示威活動。他於獲得博士學位
後先在加大洛杉磯分校執教（一九七四～二〇〇一），然後於二〇〇一年
轉到耶魯大學執教，擔任沙登社會學講座教授（Lillian Chavenson Saden
Professor）及文化社會學中心（Center for Cultural Sociology）的主任之一。

　　他自己的及與他人合著的書籍共有十本之多，並發表過多篇文章，也曾
擔任《社會學理論》的主編。

第二節　主要理論要點

　　亞歷山大承繼派深思的傳統，但又偏離了派深思的一面倒向宏觀理論，而同時注重並引進微觀理論，乃創立了「新功能學派」（Neofunctionalism）一詞，以別於派深思的傳統的功能主義。他宣稱他的新功能主義是超越派深思，跨入後派深思時代，建立一種不僅以派深思為基礎而且結合現代的及古典理論的一種新的社會學理論。新功能理論代表二次大戰後自然演化出來的理論。二次戰後從一九四〇年代至一九六〇年代為派深思的理論主導時期，然後一九七〇年代是紀登斯（Anthony Giddens）、哈伯瑪斯（Jurgen Habermas）及柯林斯（Randall Collins）等人欲將諸理論努力整合的時期，最後乃是將派深思的理論與諸古典的及現代理論的串聯結合期，換言之，即新功能主義時期。

第三節　評估

　　亞歷山大在實質上並未發展出自己一套新結構功能的理論，他只不過提出了一些對結構功能理論的修正、擴大、整合的建議與看法。如他自己所說的，「新結構功能主義是一種趨向，並非一套發展成的理論。」（Alexander, 1985. P.16）他明白的指出他所提倡的新結構功能主義的一個重要目的，是重申派深思的理論之重要性及合法性，不要過分加以批評而將之丟棄。新結構功能主義不過是未來理論發展運動的一部分，一個前瞻的走向而已。

第五章　魯曼（Niklas Luhmann，一九二七至一九九八）

第一節　小傳

　　魯曼於一九二七年出生在德國倫尼伯（Luneburg）市，他的父親經管一個祖傳下來的啤酒廠。他於高中剛畢業即被徵召入伍，參與第二次世界大戰；兩年後，即他十七歲時，被美軍逮捕為戰犯。戰爭過後，他進入佛瑞伯大學（University of Freiburg）攻習法律，一九四九年獲得學位後曾短期從事法律事務工作，但他興致不高，乃改做政府公務員工作。在工作之餘休閒時，他閱讀了笛卡兒（Rene Descartes）、康德（Immanuel Kant）的哲學論著，及馬林諾斯基（Bronislaw Malinowski）、雷德克里夫－布朗（Radcliffe-Brown）的人類文化學功能學派的理論書籍。一九六一年在他公職服務所給予的一年休假期間，獲得機會到哈佛大學進修，跟隨派深思學習，深受其體系理論的影響與啟發。但他後來卻對派氏理論有所異議，並創立了自己的體系理論。

　　魯曼自美回德後不久即辭去了政府行政工作，開始他的大學教書生涯。他於一九六二～六五年在「行政科學大學」（University of Administrative Sciences）執教，然後於一九六五～六六年在「滿士特大學」（University of Munster）任職，並修習了一年的社會學課程，然後他以過去出版的著作申請審核通過而獲得博士學位。魯曼於一九六八～六九年在「佛蘭克福特大學」（University of Frankfurt）當過短期的講座講員，然後從一九六九～九三年退休為止，擔任「貝列佛兒德大學」（University of Bielefeld）的正教授。退休之後他繼續寫作，於一九九七年完成鉅著《社會中之社會》（*The Society of Society*）。

　　魯曼是一位多產的社會學者，出版過七十幾部專著書籍，四百多篇學術論文，著作題目涵蓋社會學、法律、經濟、政治、藝術、宗教、區位學、大眾傳播、愛情等諸多領域。他的理論著作為德國、日本及東歐的學術界所熟知，但在美國沒有受到學術界太大的注意與迴響，主要理由是他的概念抽象、文字艱澀、翻譯起來困難，譯文常令人難懂。

第二節　主要理論要點

魯曼受到德國二次世界大戰失敗的影響，對現代社會相當悲觀，他認為現代社會過度複雜，無法建立並擁有大家共同享有的社會規範與價值。像派深思一樣，他欲建造一個普行四海而皆準的宏觀的社會體系理論；他辯解道，此一宏觀的社會學理論乃社會學理論所欲達成的重要目的。此理論需要科際整合的研究努力才能達成。茲將其理論要點綜合簡述如下：

（一）體系的適應性

在他的名著《體系理論》（*Systems Theory*, 1984）一書中，他指出所有的社會體系均存在於一種多面向的環境中，任何體系欲存活，必須要面對並能適應其他體系所導致的複雜性，同時也能夠適應所在的大環境。

（二）體系的分化與整合

由於內在環境的需要，體系會經過自我反省過程產生專門化的分支或副體系，這種體系分化的過程分別見諸於社會歷史進化的階段，如初民社會、文化發展的社會及現代社會。魯曼認為現代社會分化程度極大，分支體系眾多複雜，缺乏整合性，因之整個體系常會隨水漂游，不知漂向何方，沒有任何一個人可以將之主宰掌舵。

（三）體系的兩大操作原則

體系操作遵循兩個原則進行，一是體系或者分支體系（subsystem）必須能夠區辨自己與其他體系或分支體系的界線，能夠認知自己的界域，不要與環境混淆，以致不可分辨。如果體系或分支體系無法建立自己的界域區辨性，它將被融入其所處的環境中而失去了自我的存在。另一原則是體系的自我省思（self-referential）的能力。一個體系（或分支體系）要能做自我觀察，省思分析自己，然後根據省思分析的結果做出決定。一個能自我省思的

體系也是一個自生（auto poetic）單位，它可以從環境所提供的訊息及資源中過濾梳理、去蕪存菁，變為己用，製造為自己系統操作訊息及資源的一部分。

（四）交通理論

魯曼體系理論中一個最重要的概念即是「交通」或交流（communication）。社會體系，究實而言，乃主要由交流網絡所組成。個人社會化的過程即是透過人們的交流而達成的。社會化使得個人的行為方式與社會共通的行為之意義相符一致。共通的社會行為意義從何而來？它們來自於人們的交流。魯曼在此特別強調人們交流的反思性（reflexitivity）。交流使用的語言，使得眾多個人可以了解環境中的一些元素或行為的意義，而反思更使得眾多個人可以了解交流方式背後的意義。因之，帶有反思性的交流大有助於社會的整合過程。

魯曼與當過他短期的老師派深思在體系理論上至少有以下迥異之處：

1. 派深思使用體系當做一個概念分析的工具，來了解社會及其結構過程；而魯曼則將社會體系當真的實體來分析處理。

2. 派深思認為分支體系各盡其功能以助整個社會體系的運作；而魯曼則認為有些分支體系的確如派深思所說，協助有益於整個社會體系的運作，但其之所以如此純屬偶然，並非來自事先的設計。

3. 另外與派深思最大的不同觀點是，魯曼認為體系是自動封閉的（autopoietic closure）。每一體系皆嚴格的按照有自己一套的規範原則而行事，無視於其他體系的觀點及環境的情況，因此整個大體系的整合是很困難的，特別是在現代的社會，整合難度更大。

第三節　評估

　　魯曼宣稱現代社會極度的複雜難解，這個觀點經常出現於他的理論著作之中。他的著述方式使得這種複雜性更是雪上加霜。他使用的觀念文字抽象艱澀，而且常用些新的、自創的語言，未按邏輯秩序的連接在一起，特別是再經過德文翻譯為英文之後，更令人有如閱讀天書一般的困難（Delaney, 2005, P.59）。其次，他所論的每個體系均按自己的規範規則行事，無視於其他的體系如何。這種完全忽略體系與體系之間的相關性及互動性的觀點是頗有爭議的。再其次，他將人排除於體系之外，未對人格體系予以適當的處理與討論，也是頗為遺憾的。

第六章　紀登斯（Anthony Giddens，一九三八～）

第一節　小傳

　　紀登斯於一九三八年一月八日出生在倫敦北區，他是家中唯一上過大學的孩子。一九五九年畢業於霍爾大學（Hull University），一九六一年畢業於倫敦經濟學院，之後獲得劍橋的王家學院博士學位。他於一九六一年開始執教於雷西斯特大學（University of Leicester），在該校教書期間，他遇到了後現代主義作家阿里亞斯（Norbert Elias），受其影響及啓發，乃開始創作自己的社會學理論。在此期間，他曾赴加拿大的西蒙佛來色（Simon Fraser）及加大洛杉磯分校（UCLA）講學。紀登斯於一九六九年受聘於劍橋大學，協助創立了社會及經濟科學委員會（Social and Political Sciences Committee, or PPSIS）。在劍橋大學工作多年之後，於一九八七年升爲正教授，並於一九九七～二〇〇三年期間擔任倫敦經濟學院的主任（Director of London School of Economics）及公共政策研究所顧問委員會的委員。他曾擔任前任工黨總理布萊爾（Tony Blair）的顧問，他所提出的「第三條路線」（Third Way）曾被當做工黨施政的政治指導思想。他曾撰文或上電視參加辯論，支持中間偏左的工黨政策。他於二〇〇四年獲得爵位——被封爲紀登斯男爵。

　　紀登斯是一位多產的社會學家，迄今出版了三十四本書籍，兩百多篇文章，內容遍及社會學、人類學、考古學、心理學、哲學、歷史、語言學、經濟學、社會工作及政治學等領域。他主張科際整合研究，著作範圍從抽象的理論論述到爲大學生所寫的社會學入門教科書，不一而足。

　　紀登斯獲有十五所大學所頒贈的榮譽博士學位。

第二節　主要理論要點

　　紀登斯著作等身，所發表的文章及書籍涉及眾多領域，他對很多的論題均有一己之見，因此很難將他準確的歸類為哪一個學派。他可以被認為是新結構功能學家，也可以被歸屬為後結構化論者，更可以被認為是現代主義或後現代主義的社會學家。此書將他放在新結構功能學派的章節來討論他的理論，但並不排除他被當做一個現代主義或後現代主義學者的合法正當性。以下簡介他的新結構功能或結構化的理論，也順便論及他的一些現代主義或後現代主義的重要觀點：

（一）結構化理論（structuration theory）

　　紀登斯認為十九世紀歐洲的社會學理論已經過時，已無法應用於現代社會的情況與變化，必須重新加以全盤的批判與修正。他批評涂爾幹的功能觀點及社會實體論，也就是將一切社會現象簡縮為社會事實，無視個人的存在；他也批評韋伯的主觀的詮釋社會學，過分注重個人的動機及行為了解。他既不贊同社會是一集合的實體，也不同意社會應以個人為主體的分析單位。他應用詮釋學（hermeneutics）的原則來辯護他注重行動者在社會學理論中的重要性。他認為社會行動者在意識上多多少少了解自己在幹什麼，因此社會秩序並非事先計劃所造成的行為結果，而是自行進化的反應。紀登斯主張「結構的雙元性」（Duality of structure），他以「社會實踐」（social practice）當做社會學的基本分析單位，而認為每一個社會實踐中均包含有結構與動作者的因素。究實而言，人們製造了社會，但人們也同時受到社會的制限。行動與結構在分析上是無法分開的，因為結構乃通過行動所造成、維持及改變；而行動乃透過結構的歷程背景才取得了意義。在人們的實踐行動中，結構包括規則（rules）與資源（resources）。規則限制行動；資源則使行動得以完成。結構是社會實踐的中介與結果。紀登斯在此對結構（structure）與體系（system）做了相當有趣的區別。體系雖展示了結構的

一些特徵，但體系並非結構，它是不能與結構劃上等號的。體系在紀登斯的心目中，制約個人與團體相互依賴的關係，它既無目的，也無功能學派所謂的體系需要，只有個人才有需要，體系的存在端賴於其中個人的存在，體系所代表的只是重複出現的社會實踐。社會體系是透過結構之規則及資源的應用於人們的互動實踐行為中而產生的。這種結構造成體系的過程即所謂的「結構化」（structuration）。質言之，人們在其互動實踐中應用結構所提供的規則與資源（超越時空架構）造就了社會體系。紀登斯的結構化理論透過結構與行動者的雙元性，將結構與重複的社會實踐巧妙的串連在一起了。

（二）全球化（globalization）

　　紀登斯發表了一些有關全球化的專著，討論分析全球化對全球市場、國際金融，以及人類一般行為的影響。全球化來自於西方，對美國甚至全世界的政治及經濟結構造成了既深且廣的影響。它不但使得女人得到解放及擁有更多的自主權，使得家庭結構平衡及現代化，促進民主制度及思想迅速的傳播，以便各種大眾傳播信息暢行無阻，而且替人們創造了更多的新財富。紀登斯對全球化抱持正面的評價。他主張政府應採取積極的角色來促進全球化，特別是民主思想及政策的促進與推廣。

（三）第三路線

　　紀登斯倡導第三條政治路線，既不偏左，亦不偏右。這一路線與美國的民主人士所謂的「新進步主義」頗有相似之處，但又不全然相同。這個路線注重三個權力的領域：政府、經濟及公民社會的社區（communities of civil society）。他主張在這三個領域的權力之實踐應以社會團結及社會正義為前提，一個民主秩序及有效的經濟市場的建立及維持端賴一個興旺的公民社會，而反過來說，一個健全的公民社會也需要受到民主秩序及經濟市場的限制。布萊爾聲稱，新工黨走的即是第三政治路線，而紀登斯則正是此路線的倡導人。

第三節　評估

在諸多對紀登斯的結構化之批評中，柯瑞布（Ian Craib）的批評可能是最有系統性（Ritzer and Goodman, P.513-514）。他的批評可以綜述如下：

1. 紀登斯因過於注重社會實踐而忽視了本體論的深度，他缺少對社會世界底層下的社會結構之說明及解釋；

2. 在紀登斯的理論整合過程中，未能充分有效的處理社會世界的複雜性。他的結構化理論無法將雜亂無章且繁雜無比的社會世界眾生相涵蓋並說得清楚，更有甚者，他的結構化理論之狹隘性，限制了其他理論的應用的可能性及其可能所做的貢獻；

3. 紀登斯的結構化理論因為缺少操作的基點，所以他無法對現代社會做出批判性的分析。縱然有所批判，其批判也不過是限於專門性質或特別題目的，而非系統及全面性的；

4. 紀登斯的理論是片斷、不完整的，他並沒有將他的各種理論要點緊密有效的整合在一起；

5. 紀登斯的理論之陳述缺乏清晰性，常常模糊不清，令人讀之不知所云，很多時候常需推敲猜測才能了解其言所指為何。

儘管有以上的酷評，但柯瑞布也不得不承認紀登斯的貢獻。他認為紀登斯的很多理論觀點已變成了當代社會學的一部分；而任何進行社會學理論的人不能不閱讀紀登斯的著作。紀登斯的結構化理論固然不盡完美，卻是當今社會學理論大宴中的一盤重要美食。

第一章　引言：社會衝突論的基本命題及特徵

　　社會衝突學派的基本命題與結構功能學派的基本命題完全相反對立。結構功能學派認為社會的構成部分及單位是相互依賴、密切相關，共同締造整個社會的和諧、均衡與一體性。整個社會在價值、規範及文化上有相當一致及共通的認知，而所有的制度組織及各部分密切地整合為一個功能的整體。社會衝突學派的命題卻截然不同，它完全否認整個社會上存有價值、規範及文化整體的一致的認知性。社會上的價值、規範及文化代表的乃在勢或當權團體的價值、規範及文化，而非全民的。社會由許多不同的興趣利益團體所構成，它們彼此競爭拚鬥來爭取它們自己團體最大的權益，因此爭奪取得「權力」以控制他人，乃為其目的。

　　結構功能學派著重「互賴」（interdependence）及「合一」（unity）；社會衝突學派則著重「爭權」與「控壓」。

　　社會衝突理論至少包含以下三項假設（Wallace & Wolf, 1986, pp.62-63）：

　　1. 人們均有相當多的基本欲望及興趣，他們希望能一一爭取得到。很多時候這些欲望及興趣並非具體明顯的，但它們的普遍存在卻是無可置疑的。

　　2. 「權力」（power）乃社會關係的核心。它是稀有的、非均等分配的，且常是帶有強制性的資源。

　　3. 價值及思想常被不同的團體用來做為達成目的之工具。所謂的「意識型態」（ideology）及「合法性」（legitimacy）乃是最好的例證。

　　社會衝突理論有相當久遠的歷史淵源，其重要的思想概念可見於馬克思、韋伯及辛末爾的著作之中。馬克思並未明言稱自己創立了衝突理論，但他的歷史唯物辯證法、資產階級及勞動階級的鬥爭與壓制剝削、在資本主義工廠制度下的勞動者之疏離及人性潛能的壓抑、階級意識與偽階級意識，乃至他所推崇的最後無產階級之共產主義社會的到來，在在均是衝突學派的基要觀念及其理論的源頭活水。韋伯的社會階層定義中對權力分配之討論，以及他對權威的分類與詮釋，更加深衝突論的基本觀念的認識與了解。辛末爾基本上是一個辯證論者，相信每個社會行動均有正負、美好與邪惡兩面，

衝突的本質隱含於其互動關係之中。在他的形式社會學中，他對主從（super ordinate-subordinate）關係的形式及常與廣大社會為敵的祕密社會（secret societies），做了深刻透徹的剖析。

馬克思、韋伯及辛末爾對衝突理論的發展影響深遠巨大。但他們的影響延遲了好幾十年，待衝突理論引起了大家的關切與重視時，才發酵顯示出來。

第二章　達倫道夫（Ralf Dahrendorf，一九二九至二〇〇九）

第一節　小傳

　　達倫道夫於一九二九年在德國漢堡出生，當時是德國歷史上一段動盪不安的時期。他的父親是社會民主黨的黨員，曾當過德國國會的議員。當納粹取得政權時，老達倫道夫便失業了，全家搬到了柏林。老達倫道夫曾兩度被捕，最後一次被捕後，被判七年監刑，一直到二次大戰結束才被俄軍釋放出來。

　　像他的父親一樣，達倫道夫也是反對納粹政權的，他於一九四四年十一月因通信中涉及評論納粹政權而遭逮捕，被關在現屬波蘭的一個集中營，後來趁俄軍與德國守監軍隊激戰時才逃獄獲得了自由。戰後，達倫道夫於一九五二年獲得漢堡大學的哲學博士學位，之後赴英國留學，獲得倫敦經濟學院的社會學博士學位。他執教於德國、英國及美國諸大學，曾於一九七四～一九八四年擔任英國倫敦經濟學院的主任之職達十年之久。他被英國上議院封有「閣下」（Lord）之貴族稱號，在歐美學術學界亦享有盛名（Delaney, 2005, p.88）。

第二節　主要理論要點

一、對馬克思主義的修正與擴充

做爲德國的社會學者，達倫道夫深諳馬克思主義的學說，在其重要的著作《在工業社會中的階級及階級衝突》（*Class and Class Conflict in Industrial Society*, 1959）一書中，他承認衝突的普遍存在性，並且批評了結構功能學派處理社會變遷之不足。他認爲社會有兩個向面（Janus-faced）：一是合作或和諧（cooperation or consensus），一是衝突。達倫道夫承認了部分的馬克思學說，同時也部分否認了馬克思的學說，或者說修正了馬克思的學說。他覺得在現代的工業社會中，衝突的本質有所改變，已非馬克思當年所聲稱的階級衝突。他觀察到，從十九世紀以來歐美社會發生了以下的重大變化：

（一）資本的解體

進入二十世紀以來，生產工具或資本的所有權及控制權已逐漸分割，擁有資本者與控管資本者已非同一個人或同一個團體。大公司的興起，使得公司資本的股份爲社會大衆所擁有，很少有人能做壟斷性的控股。資本的解體，使得馬克思所稱的擁有並同時控制生產工具的資本家已不復存在了。

（二）勞動力的解體

勞動人口在二十世紀的工業社會發生了分化或雜異化現象。勞動人口中有技術工人、半技術工人及非技術工人。勞動者已非單一的族群，馬克思所稱的純粹的勞動或無產階級亦不復存在了。

（三）中產階級的興起

資本及勞動力的解體導致了中產階級的興起及壯大，這是馬克思當年沒有預想到的，因此馬克思的無產階級革命並未曾如他預言的會在工業社會中

發生。中產階級的興起以及日後的工會運動、社會的勞工立法，消除了階級之間的緊張性與衝突性。由於這些變化，階級的對立及鬥爭已不再是社會衝突的動力及來源，但這並不意謂社會衝突業已消失不見。社會衝突仍存在於現今的工業社會中，只是它的動力與源頭改變了而已。

二、工業社會衝突的導因：權威（Authority）

達倫道夫認為現今工業社會衝突仍然繼續存在，但其導因已非資本階級與勞動階級之間的對立鬥爭，而是制度組織內存在的權威關係。生產工具或資本的擁有與否已不再重要，相對的是主從之間的權威關係變成了社會衝突的決定因素。達氏指出以下權威的特質：

1. 權威並非存在於個人，而是存在於個人所在的地位或職位。

2. 權威包含領導與從屬（superordination and subordination）的關係。

3. 權威具有合法性，因此可以合法的處罰不遵行命令者。

4. 一個人在某一個場合擁有權威，但不一定在另一場合也擁有權威。一個人是否有權威，視所在場域而定。

三、社會與社會團體

達氏對社會結構頗有自己獨到的見解。他認為：

1. 社會是由很多所謂「必要的協調組合」（imperatively coordinated associations）單位所構成。這些組合建立在人們的權威關係之層面上。在每一個組合中，權威是二分的：你有權威或沒有權威。有權的人與沒有權的人有各自不同的利害關係，但也有共通的利益將他們鎖綁在一起。在上位者想維持現狀，保持他們的權益；而在下位者則想有所變化，爭取他們更好的權益。

　　達倫道夫將利益區分為兩種：顯著的（manifest）及潛在的（latent）。潛在的興趣是不為組合人員所了解而意識到的，但它卻存在於組合之內。唯有等到適當時機來臨時，潛在的興趣才會浮出水面，轉化為顯著的興趣，使得組合由準團體脫胎換骨，變成了真團體。

　　2. 達氏根據以上組合之利益將社會團體分為以下三種：

　　(1) 準團體（Quasi group）：一群只有指明的角色興趣的人。

　　(2) 利益團體（Interest group）：常從大型的準團體應召而來。它們有正式的結構、一定的組織、一定的計畫及目的，還有相當數目的會員。

　　(3) 衝突團體（Conflict group）：一旦衝突發生，利益團體便轉變為衝突團體，採取行動，最後導致社會的一些變遷。

第三節　評估

　　達倫道夫欲為結構功能理論補網，企圖尋找一種輔助性的解說，其論著固然不乏一些獨特的灼見，但也有以下失衡不足之點：

　　1. 他矯枉過正，悉力分析社會衝突而忽視了社會秩序之討論；

　　2. 他雖然努力補全結構功能學說而做了社會衝突多向面的分析，但他未能擺脫結構功能的架構。如同結構功能學說，他所做的社會衝突之分析仍然專注在宏觀的社會層面上，未能對個人的社會互動及人群關係做適量有效的討論。

第三章　柯色（Lewis Coser，一九一三至二○○三）

第一節　小傳

　　柯色於一九一三年誕生在德國柏林一個猶太裔銀行家的家庭。他在柏林唸完高中後，因不滿日益壯大聲勢的希特勒及其納粹政權，乃隻身跑到巴黎，一面打工，一面在索爾朋（Sorbonne）大學（即現今的巴黎大學）就讀。他不知道自己想唸什麼，起先主修現代史，後因自己通曉法、英、德多種語言的緣故，而改修比較文學。柯色寫了一篇比較十九世紀英、法、德小說之社會結構的論文。他的教授看了論文之後告訴他，「社會結構」不適合做為比較文學的研究課題，它應該是屬於社會學研究的課題。柯色聽了教授的指點後，乃改修社會學。當時索大的社會學是籠罩在涂爾幹的理論的巨大影響之下，但馬克思的理論在當時也頗為流行。

　　二次世界大戰爆發，柯色以反納粹政治難民的身分取得簽證逃往美國。在經西班牙、葡萄牙乘船赴紐約途中，他結識了當時國際救濟協會（International Relief Association）處理他個案的美國官員羅斯・勞（Ross Laub）女士，兩人不久陷入愛河，結為伉儷。柯色自己承認羅斯對他的影響極大，他日後所發展的理論中，多處均有他太太的烙印。

　　來到美國大陸後，柯色在美國的政府機構工作，並曾主編一本叫做《當代評論》（*Modern Review*）的左翼雜誌。後來他的太太羅斯到哥倫比亞大學攻讀社會學，認識了墨頓（Robert K. Merton）教授，柯色尾隨其妻於一九四八年進入哥大當研究生，他也追隨墨頓學習，受墨頓的教誨及影響極大。柯色曾於哥大就讀期間離校到芝加哥大學教授社會學理論課程，兩年後返回哥大，在墨頓的指導下於一九五四年完成了博士學位。

　　柯色先在有名的猶太人所辦的布蘭黛斯大學（Brandeis University）教書，後來轉到紐約州立大學石溪分校（State University of New York or SUNY at Stone Brook）執教，在該校他教了二十年（一九六八～一九八八）之久。退休後，任紐大石溪分校的名譽教授及波士頓學院（Boston College）的兼任

教授。他曾擔任東部社會學學會的會長、美國社會學學會會長，以及美國社會問題研究學會會長等職。除了這些榮譽職務外，柯色關心國事，曾與郝唯（Irving Howe）共同創辦《異議》（Dissent）雜誌，喚醒民智，反對當年瘋狂反紅的麥卡錫主義（McCarthyism），同時他也在非傳統學術性的雜誌發表時論文章。

可能由於自己的生活經歷，柯色一生反對集權政治對人們的壓迫及自由的威脅，他推崇一個開放自由的社會。

第二節　主要理論要點

一、社會衝突的性質及功能

　　柯色的衝突理論深受辛末爾的影響，在很多處與辛末爾有相同觀點（Wallace & Wolf, 1986, P.123）。他認為衝突可以載舟，也可以覆舟。譬如說衝突可以團結社會為一體，但它也可以製造鬥爭與對立。在《社會衝突的功能》（*The Functions of Social Conflict*, 1956）一書中，柯氏界定了衝突及其相關的社會場域，闡釋了衝突的本質及其如何導致社會變遷和一些其他的後果，他也探討了情緒（emotion）在衝突中所扮演的角色。

　　1. 衝突的定義：「一種在價值上、稀有的地位、權力及資源上的爭奪，在這爭奪中，其目的訴諸於和解、傷害對方，甚至於除去對方。」（Coser, 1956, P.8）

　　2. 衝突的的範圍：衝突可發生於個人之間、集團之間或個人與集團之間。

　　3. 衝突的來源：或許由於辛末爾的影響，柯色特別提到情緒所扮演的角色。他認為人們均有侵犯及仇他的衝動，在所有的親密關係中，愛恨常是並存的。越是親密的接觸，愛恨之濃烈度也越大。因此在親密的接觸關係中，人們處處面臨陷阱，稍有不慎便會發生衝突，而由於衝突所造成怨恨的機會很大。衝突與爭辯是人們關係正常的一部分，它們不一定會必然的導致關係的不穩定及決裂。

　　衝突與爭辯的性質及發生的形式與所處的社會結構情況，與個人的社會角色有關。

　　4. 真實的與非真實的衝突：柯色認為衝突有兩種，也就是真實的與非真實的。真實的衝突乃用衝突當做達成目的的最有效的方法；一旦達成目的，衝突便馬上停止。大多數的衝突均屬此種，而都是以自我的利益為動機。非

眞實的衝突乃衝突本身就是目的——即爲衝突而衝突。它常用來紓解自我的緊張性或加強自我的認可性。最好的例子乃歸罪別人，而用別人做爲替罪羔羊。柯色承認，一個衝突事件中常包括眞實的及非眞實的元素在內。

5. 衝突的功能與後果：衝突可以導致變遷，可以刺激創新，也可以加強團體的凝聚力或團結性。柯色又將衝突分爲以下兩種：

(1) 外在的衝突：這種來自於外的衝突，對建立團體的自我意識及認知感是很重要的。如同辛末爾一樣，柯色認爲與外來團體或勢力發生衝突時，可以幫助劃分自己團體與其他團體的界線。一般常是同仇敵愾，也就是一致仇外的激情；而非眞實的衝突，常會促使團體的形成。

(2) 內在的衝突：柯色和涂爾幹、米德、馬克思一樣，認爲人們不見容偏異者的行爲常會引起眾怒，加強團體的共識、團結、穩定性及適存性。內在的衝突常是緣於社會上一些基本原則遭受到違反與冒犯。內在的衝突提供一個安全塞，使得不滿、緊張的壓力，及反對的情緒得以釋放紓解。柯色在此幾乎變成了結構功能學者，意謂內在衝突對社會的內聚力、團結力及適應生存的能力是有功能的。適當程度的內在衝突可以扮演安全塞的角色。相對的，在一個嚴格控制的社會裡，如果沒有可以釋放民怨民怒的管道，則衝突會對社會具有破壞性及殺傷力。

柯色在討論社會衝突的功能中臚列了十六項不同但相關的命題（Coser, 1956）。大多的命題已包括於以上的闡述之中，但有一個他極爲稱許的格勒克曼（Max Gluckman）的觀點（Gluckman, 1955, pp.2-3）值得在此一述。這是所謂的「多切面的衝突」（cross-cutting conflict）。每一個人均屬於很多不同的團體，而每個團體均在追求自己的利益，不可避免的，他會捲入與其他團體的衝突之中。一個人不可能將其所有精力孤注一擲的致力於他所屬的一個團體的衝突之中，因此互相疊合交相切面的團體所屬時友時敵的錯綜複雜關係，將所習稱的「漢賊不兩立」的衝突減弱了，無形中防止了激化事件的發生。

二、社會變遷

柯色認為社會與個人有別，個人是會死亡的，而社會則不會死亡，社會是會隨時間而變化、演化的。他與派深思一樣，認為社會的變遷有兩種：

1. 社會體系內的變遷：這種變遷是由於社會中一些個人或團體的偏異行為，而引起社會所做的自我調整活動。它是慢性的、輕微的調整改變。

2. 社會體系的變遷：這是一種比較劇烈巨大的改變。這種改變常涉及整個社會的翻新與改革，舊的習俗及制度被捨棄了，而新的習俗及制度被引進採納了。這種汰舊換新的改變常是一種持續不斷進行的過程。

三、知識分子

柯色認為領悟力或思維能力是一種批判的、創造的、理解的心理特質，它是知識分子所具備的共通特徵。依此，柯氏將知識分子分為以下五類：

1. 無連屬的（Unattached）：不受社會結構絆撓的獨立知識分子，例如專業作家。

2. 學術性的（Academic）：在教育機構致力於教學研究的人士，他（她）們大多是有博士學位的教授，但並非所有有博士學位的教授均是知識分子。他（她）們常是謙虛的，並不願意接受知識分子的名號及地位。

3. 科學的（Scientific）：也可稱為創造性的知識分子，他（她）們對科學做出了貢獻。

4. 華府的（Washington）：這裡有兩種，一是以終身服務政府機構為職志的事業的官員；另一為過渡性參加新換的政府服務的官員。事業型的政府官員多從事聯邦政府單位政策之釐定及幕僚功能的執行，而過渡型的政府官員則是總統選舉後被延攬入閣的知識分子，他（她）們無意以政府服務為終身事業或目標。

5. 大眾文化企業的（Mass-culture industries）：這些知識分子包括從事電影及雜誌事業的人。在大眾文化產業中，常見高度的分工，大多數產品均屬合作協調努力的集體產物。柯色認為知識分子散布於社會的各階層，他（她）們的先知灼見常引導社會的進步與變動。

四、社會學理論與方法

柯色認為每個理論均是過去思想觀念的延伸及重新詮釋，因之對整個理論體系知識有其所做的貢獻，我們應該任每個理論有時間讓之發展成長、開花結果。他為衝突理論大喊不平，認為我們過分著重社會中的在勢規範及行為形式，以致忽略了規範及行為形式中的緊張性及非功能性。我們必須對所有理論及其趨向做全面均衡的評估。在追求社會學的知識過程中，柯色主張我們應使用多種方法技術，不可局限於有限的幾種。

第三節　評估

　　柯色對社會學的知識做了不少的貢獻，他對衝突功能的分析相當精闢周全。他將結構功能派與衝突學派摻合在一起，使得他的觀點迄今仍屹立有效。但他的一些著作，常有艱澀難讀之嫌，可能是唯一的小瑕疵（Delaney, 2005, P.81）。

第四章　密爾斯（C. Wright Mills，一九一六至一九六二）

第一節　小傳

密爾斯於一九一六年誕生在德克薩斯州維寇（Waco, Texas）市一個天主教中產階級的家庭。他的父親從事保險經紀業務，母親則是家庭主婦。他於一九三九年獲得了德州大學（University of Texas）的學士及碩士學位後，離開了德州，跑到威斯康辛大學（University of Wisconsin）攻讀博士學位。他追隨二次大戰時逃往美國的德國學者格兒斯（Hans Gerth）學習，兩人亦師亦友，曾經合作將韋伯的理論（Gerth and Mills, 1958）翻譯介紹給美國學術界，他在撰寫博士論文期間曾到馬里蘭大學任教，因地近華府，令他首次體驗到政治生活及權力的角色與功能。

密爾斯完成他的博士學位後，於一九四五年赴哥倫比亞大學執教。他才華橫溢，精力充沛，極富獨立批判精神，但有些恃才傲物，常看不慣他周遭的人、事、物，包括他哥大的社會學同事、威大以前的老師及系主任，甚至當代的社會學大佬〔如哈佛的理論大師派深思及哥大同事，方法學大師拉薩爾斯飛（Paul F. Lazarsfeld）〕；對整個社會學界的走向，甚至對當代的美國社會，用他一貫犀利尖銳的文筆毫不留情的予以批評撻伐。他的個性暴躁，憤世嫉俗，常以春秋之筆毫不留情的討伐他人，因此被哥大的同事視為一位背道離經的叛徒，被威大老師格兒斯戲稱為來自德州、騎在馬上、經常動不動就發槍射人的牛仔。他最喜歡向在勢人士及權威挑戰，曾恥笑派深思的巨型理論之著作寫得空洞無物，文字拙劣，囉嗦迂長竟達二、三百頁之多；

他將之駕簡馭繁的精簡縮寫成二十餘頁,示之於眾。他因爲痛批美國社會之聲名遠揚,被蘇維埃聯邦政府邀請他出席爲之頒獎的宴會,但他在宴會上不但不領情,反而藉敬酒之機將蘇聯的書報新聞檢查制度毫不客氣的痛批一番（Ritzer, 2000, P.67）。

密爾斯是一個多彩多姿的人物,結婚三次並有不少的婚外情、喜歡騎摩托車、既抽菸又喝酒,不聽從醫生的勸告,不幸於一九六二年第四次心臟病發作時謝世。天才短命,過世時他年僅四十六歲。

在他短短的一生之中,除了在美國社會學刊物及左翼的政治刊物發表了不少文章之外,並且出版了至少十本書籍,其中好幾本成爲美國的暢銷名著,例如《白領階級》（*White Collar*）、《權力精英》（*The Power Elite*）、《社會學的想像力》（*The Sociological Imagination*）、《馬克思主義的信徒》（*The Marxists*）等。

第二節　主要理論要點

　　密爾斯受馬克思理論的影響，曾將馬克思的學說在他所編輯的書中介紹給美國讀者，但他稱自己並非馬氏門徒，他的衝突觀點與馬氏的觀點有異。他不認為社會的不平等悉數來自於生產方式或生產資本之有無而決定。他認為社會的不平等有多個不同的面向，譬如說權力即是其中一個重要的面向或元素，有其獨立存在與功能，並非完全仰賴經濟面向來決定。他對社會階級及衝突的看法，比較接近韋伯的看法。

一、權力與權力精英

　　「權力」乃密氏的核心概念，他的著作大多討論權力的性質、分配，及其使用與濫用的情況。他也討論個人的權力、組織的權力、權力的迷思、權力的演化，以及權力的非理性。在密氏的心目中，權力是一種甚至有時在外力反對的逆境下使自己的意志或意願實現的能力。密爾斯將權力分為三種：權威（Authority）、操縱力（Manipulation）及強制力（Coercion）。他特別提到在當今世代的權力以權威居多，而人民相對的卻擁有越來越少的權力。

　　密氏分析美國的社會結構及國家的權力組成。他發現政治、經濟及軍事三個制度最有勢力，而在此三界的領袖，則構成了一個國家的權力精英（Power Elites），他們大權在握，呼風喚雨，所做出的決定影響社會中每一個人的生活。政、商、軍的三巨頭互相緊密相關，利害與共，常相往來，也常互換位置。例如麥克拿馬拉（Robert McNamara）原本是汽車公司的總裁，入閣為甘迺迪（John F. Kennedy）總統的國防部長，在甘迺迪下任後，又出任世界銀行總裁。再如海格將軍（General Alexander Haig），曾任尼克森（Richard M. Nixon）總統政府的軍事聯合參議會主席，退役後擔任一家科技公司的總裁，後來又回到聯邦政府當了雷根（Ronald W. Reagan）行政

團隊的美國國務卿。

　　密爾斯認爲權力精英來自相同教育及背景的社會階級或社群，他們因有
共同的心理及社會基礎，故其互動來往通暢無礙。密氏承認權力精英的存在
是有時代性的，它存在於二十世紀，但並不一定會存在於以後的世紀。

二、白領階級（The White-Collar）

　　密爾斯觀察到一個新的中產階級，也就是他所謂的白領階級的興起與
發展。這個階級包括經理人、薪水工作者、專業人員、銷售員，以及辦公室
的工作人員。他（她）們之異於藍領階級或勞動階級，乃是他（她）們爲勞
心者，從事心智活動的工作。他（她）們沒有階級意識，但他（她）們的存
在維護了權力精英高高在上的優勢地位，他（她）們的增多與成長加強了社
會的同質化，使得美國大衆的生活更「美國化」了。他（她）們可能比勞動
階級好一點，因爲他（她）們享有不必穿制服上班的特權（Delaney, 2005,
P.87），但他（她）們的工作情況並不比馬克思描述下的勞動者的情況好到
哪裡去。他（她）們同樣會感受到相當程度的疏離，對工作的重複、單調與
空洞乏味失去目的性與意義感，對工作的產品及環境有無力感（Wallace &
Wolf, 1986, pp.109-110）。密爾斯將馬克思的疏離理論應用來解說美國中產
階級的困境。

三、社會學的想像力

　　《社會學的想像力》（*The Sociological Imagination*, 1959）是密氏最重
要的一本著作，也是他最著名且最爲人知的一個社會學名詞。社會學的想像
力可以讓我們知曉，我們個人的私生活是如何受到我們所處的社會環境及現
行的社會勢力之影響。社會學家使用社會學的想像力，可以幫助深入的透徹

了解人們的行為。人們的個人生活所經歷的種種問題與困擾，常與他（她）們所處的社會大環境及現行的公共政策及議題有關。因此我們欲了解微觀的個人行為，就必須先了解宏觀的歷史情境及社會結構。

第三節　評估

　　密爾斯雖同意結構功能派及互動學派的社會型式及秩序的看法，但他更強調社會乃是個充滿利益之競爭的戰場。他與結構功能學派及互動學派另一個不同之處是，他不認為人的行為是完全理性的，以及有目的性的；在很多時候，人的行為是非理性的，人常會處於追求個人自由與遵從社會結構之間，面臨一種緊張的情境（Poloma, 1979, pp.222-223）。在此，我們見到了他與佛洛伊德對人性相似的看法。

　　密爾斯不同意社會學家只追求真理、實事求是、做純科學的研究。他認為社會學家應該使用社會學的想像力，發掘並檢視當今社會的問題，提出建議與解決之道。社會家應該入世，負起改進及造福社會的責任。他期望社會學家從人性化及人道主義出發，評估社會學理論，從而認知、了解及改善我們的社會世界。

　　密爾斯最為人詬病的是，在其權力精英的學說中，過分高估了軍事領袖的權力，這可能與當時是二次世界大戰前後期間，軍事將領的權力（如艾森豪、麥克阿瑟）的膨脹有關。另外，他也被評為低估了平民大眾的權力。

第五章　柯林斯（Randall Collins，一九四一～）

第一節　小傳

　　柯林斯於一九四一年在田納西州的納克斯威爾城（Knoxuille）出生，他的父親是瑪麗衛兒學院（Maryville College）的德國文學教授。二次大戰期間，老柯林斯服務於美國陸軍情報機構，戰後當了職業外交官；因為父親的職業關係，柯林斯曾隨家人旅遊並住過德國、烏拉圭、蘇俄、西班牙等國家。

　　柯林斯於一九六三年獲得哈佛大學學士學位，一九六四年獲得史丹福大學碩士學位，一九六九年獲得加州大學柏克萊分校的博士學位。他執教過很多大學，包括芝加哥大學、哈佛大學、維吉尼亞大學、威斯康辛大學、加大洛杉磯分校、加大聖地牙哥分校及加大河邊分校。在執教加大河邊分校期間曾擔任過系主任。他現今在賓夕法尼亞大學（University of Pennsylvania）任教。

　　柯林斯也曾擔任過以下學術研究機構的客座教授：普林斯頓高等研究所（The Institute for Advanced Study at Princeton）、維也納高等研究所（The Institute for Advanced Study in Vienna）、瑞士社會科學聯合高研所（The Swedish Collegium for Advanced Study in Social Sciences），以及巴黎高級師範學院（Ecole Normale Superieure in Paris）。另外，他的學術成就贏得了美國社會學學會的理論獎、宗教獎及學術貢獻獎。他曾當選過美國科學促進學會（American Association for the Adancement of Science）的學員，及太平洋社會學學會（Pacific Sociological Association）的會長。

　　柯林斯是一個多產作家，他於一九七〇、一九八〇及一九九〇年代出版過相當多的理論著作。他的主要著作包括《衝突社會學》（*Conflict Sociology*）、《韋伯的社會學理論》（*Weberian Sociological Theory*）、《證書社會》（*The Credential Society*）等。

第二節　主要理論要點

　　柯林斯的理論思想受到馬克維力（Niccolo Machiaveli）、霍布斯（Thomas Hobbes）、涂爾幹、馬克思、韋伯、米德（George Herbert Mead），以及他在加大攻讀博士時的老師高夫曼（Erving Goffman）的影響。在這些人當中，他最崇拜韋伯，自承受韋伯的影響最大（Delaney, 2005, P.95）。

一、衝突理論：衝突的根源與原則

　　權力是柯林斯的衝突理論之核心觀念——一個團體或一個人對另一個團體或個人所持有及行使的權力。權力失衡可能存在於任何一個社會體系、團體結構及人群相互關係之間。世間的美好東西如財富、權位及聲望之存量有限，乃稀有資源，人人均欲追求而得之，因此衝突便無可避免的發生了。

　　柯氏認為馬克思的階層衝突之分析局限於政治權力，資產家以其經濟政治上的優勢壓迫剝削勞動者，是完全宏觀唯物的解析。柯林斯則引進了現象學及俗民方法學，從事不但宏觀而且微觀層面的解析。他的衝突論依瑞澤（Ritzer, 2000, P.130）的觀察，可簡化為以下三個原則：

　　1. 人們生活在自我構建的主觀世界內。

　　2. 他人可能有權力來影響或甚至於控制一個人的主觀經驗。

　　3. 人們常試圖控制他人的行動，但他人卻試圖反抗抵制，因而便產生了人們之間的衝突。

　　根據上述三原則，柯林斯又推演出如下衝突分析的五個原則：

　　1. 衝突理論必須將重點放在真實的生活上，而非抽象的命題上。

　　2. 物資的條件之安排影響人們的互動。

　　3. 人們在不平等的社會情況下，有權者通常意欲剝削無資源者。

　　4. 文化現象諸如信仰、價值及規範等角色，必須從其與利益、資源及權力的關係上著眼審視。

　　5. 針對社會階層及其他任何一種社會世界現象的科學研究，必須抱持堅定不移的使命感。

　　柯林斯在對社會衝突的分析之宏觀方面，引進了馬克思及韋伯的經濟及政治制度的影響力；而在微觀方面又引進了現象社會學的自我主觀世界的社會建構，以及高夫曼的互動行為的戲劇分析。他可以說是結合了宏觀及微觀的視野，一併應用於其衝突理論之中。

二、社會階層

　　在社會階層的觀念上，柯林斯比較接近韋伯的想法，側重權力與資源的擁有。他認為所有的人均依靠他們所擁有的資源來追求其最大的利益，因此社會結構——不論是正式的組織或僅屬非正式的相識關係——從實際的經驗層次而言，乃處在繼續不斷的權力磋商過程之中（Delaney, 2005, P.97）。柯林斯曾以教育為例，闡釋當權者或者說教育界的精英（educational elites）如何利用學位證件在就業競爭中刷掉不喜歡的分子，而在同時又將專業考試的成績提高，以限制進入專業學校的人數來保障他們已得的位置與權益。因為入學成績及學位證書被當做入行就業的敲門磚，故社會上乃產生了一股對證書的迷思，我們的社會乃變成了一個證書社會（Credential Society）。

三、互動儀式鏈鎖理論（Interaction Ritual Chain Theory）

　　柯林斯認為我們在互動中均遵行習慣性的儀式。由於不同的互動儀式之存在，所以我們在不同的團體內之所行所為也有所不同。每個團體所要求儀式的遵守性有程度上的不同：有的要求較多，有的則要求較少。柯林斯認

為，與團體利害興趣較多的人較與團體利益較少的人會有強度的推動執行團體的儀式行為。這些人投入了他們的感情，認同他們的團體，參加團體的多項活動，並常帶著他們承諾的象徵來宣示他們的成員性及忠誠情操。柯氏舉出很多的例子來說明他的互動儀式鏈鎖論。例如新婚男女手戴結婚戒指以表達他（她）們對彼此的承諾；球迷們穿戴他（她）們支持及喜歡球隊的帽子或衣飾；宗教人士穿戴一些表示他（她）們的信仰之信物；幫派少年刻有紋身或頭戴不同顏色的彩巾以宣示對他（她）們幫派的忠誠。柯氏並將其理論應用到學術界新進知識分子所遭遇的情況。

四、地緣政治學（Geopolitics）

地緣政治學是一種研究地理及政治關係的學問。柯林斯認為地緣政治學開始於二十世紀的初期，一些強國了解到占有地理上的戰略位置有助於控制他國。柯林斯在此觀念上發展了他的地緣政治學理論。他的理論有下列五種原則：

1. 巨大的人口及資源有利於領土的擴張。
2. 地緣位置或與毗鄰國家較少為敵，國之地理位置有助於領土擴張。
3. 高度的內在衝突及不協調，阻礙領土的擴張。
4. 高度的軍事競爭及對抗，會弄成大魚吃小魚的演變，最後出現一超級強國。
5. 過度的擴張最後會導致資源涸竭，國家瓦解。

柯林斯根據他所做的以上五項原則，首先預測出蘇聯即將瓦解的命運。

五、社會學的看法

在爭論社會學是否真正的科學，公說公有理而婆說婆有理的時候，柯林

斯的立場如何？

　　柯林斯採取比較對科學寬廣的定義而認爲社會學是一門科學。它與自然科學如物理、化學及生物學有所不同，它的目的是尋求概括化的詮釋、實效性與意識型態的評估，以及美學上的解說。社會學是海納百川，容許百家爭鳴，讓各學說良性競爭，但在同時大家必須相互合作，爲整合而努力。柯林斯認爲社會學是時代的產物，其根仍深植於經驗主義之內。

第三節　評估

　　柯林斯綜納了現象學及符號互動論的微觀見解,及馬克思和韋伯的宏觀
識見,來詮釋社會衝突,其成果令人欽羨。他的互動儀式的鏈鎖論及地緣政
治學,慧眼獨具,頗有創意。另外,他對社會學的見解及未來發展,也可圈
可點。唯一可詬病的是他的社會學定義及目的有些過分的寬容與鬆散,社會
學如何在經驗的層面上做意識形態的評估及美學的解說?說來容易,但該怎
麼做呢?柯林斯卻未做出詳盡清楚的說明。

第五篇
新馬克思主義與法蘭克福批判學派

第一章　新馬克思主義（Neo-Marxism）及重要人物

第一節　引言

　　自馬克思過世後，學者對其理論爭論不休，特別是有關他的經濟決定論部分。有的學者堅信馬克思是徹頭徹尾的經濟決定論者，有的學者則認爲馬克思爲辯證論者，他不可能認定經濟結構因素決定其他一切的結構或現象。對於馬克思是否經濟決定論者的定位，這項爭議於一八八九～一九一四年第二次共產主義國際化運動時達到了最高潮。

　　盧卡奇及葛蘭姆西是屬於黑格爾學派的馬克思學者，著重社會生活的主觀面，特別是馬克思理論的辯證性。阿圖色及普蘭查是屬於結構學派的馬克思學者，比較側重社會生活的客觀面及具體真實面。瓦勒斯坦則屬於歷史觀的馬克思學者，側重世界體系在歷史演變中的經濟階級之分歧現象。這個學派主要學者如下：盧卡奇（Georg Lukacs，一八八五至一九七一）、葛蘭姆西（Antonio Gramsci，一八九一至一九三七）、阿圖色（Louis Althusser）、普蘭查（Nicos Poulantzas）、瓦勒斯坦（Immanuel Wallerstein）。

第二節　他們的理論要點

一、盧卡奇

（一）小傳

　　盧卡奇於一八八五年誕生在匈牙利布達佩斯（Budapest, Hungary）的一個富裕家庭，父親是投資銀行家，母親則來自富有的猶太人家庭。他於就讀大學期間即深受社會主義的影響，特別喜愛文學、戲劇及心理學的寫實主義。後來在德國留學的四年期間，又熟讀了辛末爾、韋伯、康德、黑格爾、狄爾泰（Wilhelm Dilthey）、祁克果（Soren Kierkegaard）及多斯脫伊斯基（Fyodor Dostoyesky）等人的著作，並出版了《靈魂與形式》（*Soul and Form*）及《小說理論》（*The Theory of the Novel*）兩本書。從德國返回匈牙利後，他加入了匈牙利共產黨，並曾於一九一九年在匈牙利蘇維埃共和國政府（Hungarian Soviet Republic）擔任短期的文化部長。當該政府被推翻後，他逃到維也納避難。一九三〇年，盧卡奇跑到俄國參加俄共活動，但因以往曾歌頌列寧主義的主張與著作，在史達林大清算時代到臨時被監視流放，一直到二次世界大戰結束後才被允許離開俄國返回匈牙利。回到匈牙利後，盧卡奇又熱烈的參與共產黨內的改革及保守路線之爭，於一九五六年的匈牙利革命中失勢，他幾乎遭到處決，但因寫了自我懺悔書，承認自己當年支持耐基（Nagy）路線及政府的錯誤，才僥倖存活下來。他於一九七一年過世，一生都是忠誠的共產黨員。

（二）主要理論要點

　　盧卡奇在他的大作《歷史及階級意識》（*History and Class Consciousness*, 1923）中指出，資本主義製造出一種商品客觀化的幻覺，從而抹殺了階級意識。他強調馬克思理論的主觀層面，因而對馬克思的重要理

論概念如疏離、商品的拜物主義、主觀意識等，做了一連串的梳理與分析
（Delaney, 2005, P.233）。

　　盧卡奇對馬克思理論最重要的解說或貢獻，乃是他強調的兩個觀
念：物化（reification）及階級意識（class consciousness）（Ritzer, 2000,
pp.273-275）。他將馬克思的商品物化論推廣應用到社會的每個層面，包括
政府、法律及經濟。物化不僅發生在經濟的場域，而且發生在政治、法律、
文化及其他社會的場域。今日大多數的社會學理論學者均採納了盧卡奇對馬
克思物化的解說。

　　盧卡奇對馬克思的另一主觀的概念，即階級意識，也做了相當的詮釋及
整理工作。他首先界定階級意識為人們在社會中屬於同一階級地位所共執有
的信念體系。這個共有的信念體系並非個人信念加起來的總和。它是處於經
濟生產體系中同一位置的人們的一種共通心理特質。盧卡奇在此也承認了偽
意識（false consciousness）的存在。事實上，很多的社會階級常無法克服偽
意識的障礙，還原重建其真正的階級意識。盧卡奇認為，由於勞動階級在資
本主義社會生產體系的特殊性，它的成員是有能力清除偽意識，返璞歸真的
重建其真正的階級意識，而資本階級成員則因陷身在偽意識之中太深，雖有
潛力可以建立其階級意識，但實際上卻無能為力。盧卡奇這種武斷式的力捧
勞動階級，聲稱其有建立及喚醒階級意識的機會，無疑地為未來勞動階級或
無產階級革命鋪下了伏筆。

二、葛蘭姆西

（一）小傳

　　葛蘭姆西於一八九一年出生在義大利沙爾丁那島上的艾勒士（Ales,
Sardina, Italy），自幼貧苦，身體健康不佳，患有椎骨曲體症。他於
一九一一年就讀杜倫大學（University of Turin），一九一三年加入了義大利

社會主義黨（Italian Socialist Party）。由於財務及健康原因，雖未能讀完大學，但他好學不倦，熟讀哲學與文學名著，後來發文立說，成為義大利有名的新聞記者及著名的報紙及雜誌主編。他於一九二一年參加了剛成立的義大利共產黨，並於次年赴俄。從俄國回來後，曾一度擔任義共的黨主席，時值墨索里尼（Benito Mussolini）的法西斯政府當權，該政府於一九二六年清除異黨，逮捕了大多數的共產黨員，包括葛蘭姆西在內。葛氏於坐牢期間健康狀況日趨惡化，曾獲得保外就醫，但救治乏術，乃於一九三七年過世，得年僅四十六歲。

（二）主要理論要點

　　葛蘭姆西痛批一些馬克思理論學者武斷的經濟決定論及資本主義必亡論的預言。勞動或無產階級革命能否成功，端賴於群眾之覺醒、支持及行動。群眾是盲目的、無知的；他們必須仰賴知識分子的領導，特別需要知識分子提供他們一套革命的意識型態。葛蘭姆西特別強調知識分子在社會革命過程中之角色及其重要性。他與盧卡斯一樣，比較重視集體意識，而漠視非客觀的社會結構。

三、阿圖色

（一）小傳

　　阿圖色生於非洲奧格瑞亞（Algeria），年幼即隨父母移民法國。他的幼年生活是不愉快的，與專權獨裁的父親不和，與母親也時有齟齬。他在天主教家庭中長大成人（Benton, 1998），但影響他一生最大的則是他在德國戰犯營坐牢的一段經歷。他在牢中遇到一位名叫柯瑞格斯（Coureges）的共產黨黨員，他們意氣相投，結為好友。戰後，阿圖色進入巴黎的高等師範大學就讀，不久便正式加入了共產黨，成為正式黨員。但由於他是獨立思想自由

派的學者，常與共黨的領導及黨內理論學者意見相左，而有所衝突。後來他對史達林的過世及蘇聯共產黨政策的改變也有所失望及不滿，他力主應該將馬克思的歷史唯物論還眞，以科學而非人道主義的原則來詮釋馬克思思想，來爲史達林主義辯解。

阿圖色對法國的共產黨領導分子日益不滿，痛加批評，自己也因此變得更加孤獨，精神失常，在他最後十年的生命裡，幾乎全在精神病院中度過（Benton, 1998, pp.189-191）。

（二）主要理論要點

阿圖色是屬於所謂法國結構主義學派的健將。這個學派欲將馬克思主義與結構主義融合爲一。它批判馬克思學者偏重應用經驗資料的研究、歷史趨向的研究、簡單的經濟決定論，以及黑格爾式的主觀人性化的理論。這一派學者致力於深藏在社會生活中不可見卻眞實存在的結構之探索與分析，他們著重現今社會靜態結構的理論分析，排斥經驗及歷史過程的研究。

阿圖色在檢視馬克思的著作年代歷史中，清晰的發現馬克思於一八四五年在思想認知上有截然不同的轉變。一八四五年前的馬克思是一位人道主義的哲學家，而一八四五年後的馬克思卻變成了一位偏重結構觀念的科學家。這種巨大的改變可證諸於以下三方面：

1. 馬克思在一八四五年之後發展使用了一套新的觀念，如社會構成、超結構，生產力及生產關係取代了疏離、物種及其他人性的觀念。

2. 馬克思在一八四五年之後對哲學性的人道主義從事了諸多理論性的批評。

3. 馬克思聲稱人道主義是一種意識型態，或一種在權精英階層扭曲了的理念體系。

阿圖色抽取馬克思理論中的結構觀念，將之應用於資本主義社會，並做了以下結構性的分析：

1. 他認爲資本主義的社會是一種社會組成，或存在於特定歷史發展階段

的一種具體、複雜的總體組成。

2. 社會組成主要有三要素：經濟（economy）、政治（polity），及意識型態（ideology）。這三要素在不同的歷史時間，互動的程度不一。阿圖色拒斥社會結構所謂基層結構及上層結構的二分法。他雖承認在某些程度上，經濟為基層結構之經濟決定論，但他強調「相對自主性」的觀念，一些非經濟結構部門並非悉聽經濟部門來決定，在相當程度上，非經濟部門有自己的自主權。

3. 阿圖色認為在社會的組成裡，矛盾經常存在。一些社會組成的矛盾常無法自決，因為其他的矛盾常會介入干擾。所謂一波未平，一波又起，在阿圖色的眼裡，社會是無法均衡平穩發展的；也正因為社會無法均衡平穩的發展，社會構成也在在充滿了變數，沒有全面的決定性及預測性。

四、普蘭查

普蘭查雖被歸為法國的結構主義學派之一員，但他自認為與其他的結構學派同仁有所不同。他完全拒斥馬克思的經濟決定論、黑格爾的馬克思論說，甚至包括法蘭克福的批評學派。

但如果仔細考察一下，我們卻發現他與阿圖色的論點有很多不盡相同之處。他認為現代的資本主義社會包括三個組成要素結構：政府、意識型態及經濟。這三個結構彼此互動卻又各自獨立，它們有「相對的自主性」（relative autonomy），每一個主要結構又包含很多數目不一的次級結構（sub structures）。譬如說社會階級是一個總體的結構，在其之下，又可以發現很多的次等階級單位。

普蘭查也像阿圖色一樣，進而分析結構及次級結構之間所存在的矛盾。他的分析因為包含次級或副結構單位在內，因此也將三要素結構之間的相互互動關係帶進一個更複雜多元動態的情況。

五、瓦勒斯坦

（一）小傳

　　瓦勒斯坦於一九三〇年在紐約誕生。他所有的學位均來自哥倫比亞大學，其中包括他於一九五九年所獲得的哥大博士學位。得到博士後，他先在母校哥大教書，多年後轉到加拿大蒙特利爾（Montreal）的麥吉兒大學（McGill University）任教。他於一九七四年發表了《世界體系》（*The Modern World System*, 1974）這部鉅著，聲譽鵲起，並於一九七五年榮獲美國社會學學會所頒授的索羅金獎（Ptirim Sorokin Award）。逾一年，紐約大學賓漢頓分校（State University of New York at Binghamton）聘請他爲該校社會學的傑出教授，他從此安頓下來，一直執教於紐大賓漢頓分校至退休爲止（Ritzer, 2000, P.298）。但他退休後卻退而不休，現今擔任耶魯大學社會學系的研究學者。他曾於一九九四～一九九八年擔任過世界社會學會的總裁（President of International Sociological Association），並於二〇〇三年榮獲美國社會學學會的卓越學術事業獎（Dillon, 2010, P.457）。

　　瓦勒斯坦前後共發表了三卷《世界體系》，並且發表了其他關於世界體系的文章。在今日大多數的社會學者均致力於調查問卷式經驗研究及統計分析之際，瓦勒斯坦卻專心從事歷史社會學的研究，他沿襲了馬克思、韋伯及涂爾幹等人舊有的傳統，從歷史文獻的蒐集、整理及分析，綜合歸納，發展完成了自己的一套理論，可謂彌足珍貴。

（二）主要理論要點

　　瓦勒斯坦從世界進展的歷史資料及文獻檢視綜理中，發現了世界體系的形成。他的研究是以整個世界爲著眼點及分析單位。

　　在瓦氏的眼中，世界體系乃是具有一套疆界且有一定生命期限的自足的社會體系。這個體系是由各種不同的社會結構及成員團體所組成，由於其結構及成員團體間常存在著緊張壓力，使得整個體系常存在著解體的可能。

　　瓦勒斯坦發現，在人類世界歷史的過程中，截至目前為止，世界體系曾出現過兩次。第一次是古代的羅馬帝國（Roman Empire），第二次則是現代的資本主義經濟體（Modern world-capitalist economy）。第一次的世界體系依靠的是政治或軍事支配（political or military domination），而第二次或現代的世界體系依靠的則是經濟支配（economic domination）。瓦氏曾提到第三次世界體系──一個以社會主義為主的體系出現的可能性，但他未予詳細討論。

　　瓦勒斯坦主要著眼於第二次或現代以經濟力支配的世界體系。在此，他應用了以下幾個重要基本概念來分析：

　　1. 核心（Core）地區：這個地區的國家主宰世界資本的經濟；它們同時剝削其他地區的國家而獲利。

　　2. 邊緣（Periphery）地區：這個地區的國家提供生產材料或資源給核心地區國家生產圖利，但同時嚴重地受到核心地區國家的壓搾及剝削。

　　3. 半邊緣（Semiperiphery）地區：這個地區介於上述核心地區與邊緣地區之間，即剝削及被剝削之間的模糊地帶。

　　綜合瓦氏理論的重點是：在國際上的孰剝削或孰被剝削國家之命運，並非取決於該國家的政治疆界，而是取決於該國家在世界經濟分工秩序中所處的地位。核心及邊緣關係對國家而言是相當重要的，這種關係代表的不但是一種交換關係，而且是一種權力的依存關係，一種上下階級不平等的關係。

　　瓦勒斯坦將馬克思的階級理論應用到世界社區，他從環球的角度來分析諸國在世界經濟秩序中的不平等階級性，並說明了剝削及被剝削國在經濟利益上的衝突。無疑的，他將馬克思的理論從原來只著眼於一國之內的階級衝突，提升到世界上國與國之間的階級衝突，這是多麼大的一項理論之擴大、引申與突破！他的世界體系觀念現已變成了一個社會學的研究主題，雖然現今有一些從事於世界體系研究及理論化的社會學學者對瓦氏的世界體系理論有所批評，但不容爭辯的是，他的世界體系的一些重要觀點確實對當代社會學做了相當的貢獻（Ritzer and Goodman, 2004, P.291）。

第二章　法蘭克福批判學派

第一節　引論及重要學者

　　批判學派是德國一群不滿意傳統的，特別是主張經濟決定論，馬克思論調的新馬克思主義學者之統稱。這群學者（幾乎全是德國人）沿襲馬克思批評資本主義社會的傳統，批評當今社會的種種方面，尤其是文化方面。他們認為當年馬克思所關注的焦點是經濟，認為它是社會的基層建構，並決定其他（包括文化）的上層結構。但是時代改變了，在當今的資本主義社會中，經濟已不如過去重要，而文化卻變得更加重要，影響人們的生活既深且廣。因此，他們認為批評當今資本主義社會的弊端時，應將關注的焦點放在文化層面上。

　　這個學派始源於社會研究所（Institute of Social Research）。該所於一九二三年在德國法蘭克福（Frankfurt）市創立。一九三〇年代該所曾被納粹黨接管，很多與該所相關的學者逃亡到美國，當時這些流亡學者也將他們的思想論點帶入了美國社會學界及一般的學術界。第二次世界大戰結束後，一些批判學者返回德國，但也有一些學者繼續留在美國從事學術研究工作。

　　這個學派前前後後出了不少著名學者，最為人熟知的包括以下幾位：霍克海默（Max Horkheimer, 1895～1973）、阿多諾（Theodor Wiesengrund-Adorno, 1903～1969）、馬孤哲（Herbert Marcuse, 1898～1979）、哈伯瑪斯（Jurgen Habermas, 1923～）。

第二節　法蘭克福學派對當代社會的批評

　　法蘭克福學派的學者秉持馬克思理論的辯證原則，批判傳統的馬克思經濟決定論及一些單向因果論的觀點，他們指出現今資本主義社會各方面的畸形發展，甚至也針砭了現今一些主流的學術思潮。這個學派的學者期望從他們的批判中，發現並顯示出社會的眞實性。

一、對現今文化的批評

　　法蘭克福學派的學者將批評的火力集中在現代社會的文化層面，有其正當性；他們認爲在現今生活中，文化之所以比經濟重要，有以下幾個理由：

　　1. 文化的影響遠超過工作（經濟）的影響。工作的影響有一定的限度，止於工作的時間及經濟收入，而文化的影響則是遠超過工作時間及收入，而且是無時無刻的，一天二十四小時，一週七天的。

　　2. 文化的影響是無孔不入的，穿透個人的意識，進而影響個人的思想、感覺與行爲。

　　3. 在工作及經濟活動上，人們所受的控制是具體可見的；但在文化活動上，人們所受的控制則是察覺不到，但卻無所不在的。

　　文化影響人們多方面的思想行爲，就如馬克思所說的像群衆的鴉片一樣，將群衆控制得周密不漏，但卻不爲人所察覺及意識到（Ritzer, 2010, pp.107-113）。

　　大體而言，批判學派對文化的批評針對兩個方面：文化產業及大衆文化。文化產業包括報紙、雜誌、電影、無線電臺廣播、電視及網路等。這些文化產業所傳播及散發出來的訊息越來越多，其影響力越來越大；特別是電視及電腦網路，幾乎無孔不入、無所不在，觸及社會及個人生活每個角落，並占據了人們大部分工作之餘閒暇時間的活動。不幸的是，現今文化產業或

大眾傳播所製造散發出來的訊息大多是庸俗化、低品質、迎合及取悅於大眾口味的。它們確實在很多地方像馬克思所說的，如同大眾的鴉片一樣，使人麻痺、陶醉，安於現實，忘掉了人間疾苦、世道之不平，因而讓人們失去了革命的意志及熱情。

　　另外，法蘭克福學派的學者也評論現今社會的知識產業。知識產業指專事生產知識及訊息的單位，如大學及研究機構等。成千上萬的大學及研究機構每年生產出版了令人難以置信的巨量訊息，使得人們無法閱讀及消化，而這些知識生產機構卻不管社會的需要及消化力，樂此不疲，繼續不斷的生產，因而形成了巨大噬人的科層機構，為一些具有科技思考模式的、重功利實效而以營商方式的行政管理領導所控制，進而發號施令，散播更多的訊息及影響力。

二、對當今科技的批評

　　當今的文化產業，主要媒介如電視、電腦與網路均為科技進展的產物。高科技本身並不可怕，可怕的是高科技所帶來及所養成的思考方式──如何以最有效且最快速達成目的的思考方式，被人們特別是資本家及當權者用來當做宰控他人的工具。馬孤哲（Herbert Marcus）特別指出，在科技思考方式的強勢影響下，我們的社會被造成了他所謂的「單一向面的社會」（one-dimensional society）。在此社會裡，人與其外在環境的結構之雙向、辯證、互相影響的關係消失了，代之而起的是一種人為的外在環境結構所控制的單向關係，人為物役，人們逐漸失去了創造力、自主性及改變外在環境或社會的能力。

　　在科技思考方式的強勢影響下，「理智」（reason）是，一種以最能達成正義、自由、幸福等人性價值為目的的方法之思考方式，逐漸的被打入了冷宮。人們熱狂的追求「理性」（rationality），或者說是「工具式的理性」

（instrumental rationality），卻不幸的忽略了「理智」。人們做任何事情均求以最有「理性」，即最有效、最快速的方法來達成目的，卻失掉了「理智」，忘掉了人性或人道價值的目的。因此在以「理性」掛帥的資本主義社會裡，我們見到了「理性的非理性」（irrationality of rationality）的情況。原本以爲是追求或實行「理性」，卻在無意間傷害了正義、自由及人權等人性或人道價值，其結果是完全的「非理性」了。人們發展製造了核子武器，反而使得我們經常生活在核子戰爭的威脅陰影之下。我們發展創造了裝配線（Assembly Line）的技術，卻使得工人們整天呆板的、固定的只管做一個簡單機械式的動作，扼殺了他們的自由、自發性、創造性，以及潛在能力的發展。

馬孤哲特別提醒人們，這種科技思考的方式或工具式的理性看似是中性的，但卻有宰制及奴役人們的力量，常不幸的被用來做爲維護獨裁集權的工具。

三、對實證主義的批評

法蘭克福學派對主張科學研究的實證主義也加以抨擊。他們認爲實證主義並不能應用於所有的學術研究領域；它並不是完全中立、沒有偏見的。概括的說，他們批評實證主義有以下三點理由（Ritzer, 2000, pp.276-277）：

1. 實證主義有物化社會世界之嫌，將一切現存狀況當做自然應有的結果。

2. 實證主義有保守傾向，承認並肯定現狀，沒有挑戰及改變現今社會的能力。

3. 實證主義忽視了行動中的個人及其主動性與自發性。個人被視爲被動的，完全被自然力量所擺布。

四、對社會學的批評

法蘭克福學派對社會學的現況有所不滿，也有以下的評論：

1. 社會學過於偏重「科學主義」（scientism），因之常將科學方法誤當為目的，而目的——即了解人類的社會生活及關係行為卻被忽略了。

2. 社會學有保守趨向，有肯定及認可社會現實之嫌。

3. 社會學沒有盡到其應有的社會責任，未曾試圖批判社會及改變社會，為人類謀求更多的福祉。

4. 社會學過度注重社會及社會團體，因此忽視了在社會及社會團體中的個人。批判學派的學者認為社會學的研究忽略了人與社會的互動。

法蘭克福學派的學者們對日益增加的理性化及科技思維的盛行氾濫，憂心忡忡，如同韋伯一樣，他們對未來的世界抱持悲觀的態度。理性化浸透腐蝕到我們的文化、科技及教育制度等方面，一步一步的控制了我們，使得我們失去自我的獨立性及自由，進而逼使我們的社會變得更單一面向化了。

第三節　新一代的代表性學者：哈伯瑪斯及其理論見解

一、小傳

　　哈伯瑪斯於一九二九年生於德國庫摩斯巴克城（Gummersbach, Germany）（Delaney, 2005, P.243），成長於納粹當權及二次世界大戰期間。他先後在哥廷根（Gottingen）、蘇黎世（Zurich）及波昂（Bonn）等大學攻讀哲學，於一九五四年獲得波昂大學的博士學位，然後就職於法蘭克福的社會研究所（Institute for Social Research），當了一段時期阿多諾的助理，之後升爲研究員。他雖在社會研究所工作，很自然的被歸類爲法蘭克福學派的一員，但他自始就有自己獨立的思想，後來因爲發表了一篇有關批判思想及實際行動的文章，引起了當時所長霍克海默在行政上的考慮與不滿，乃被迫辭職（Ritzer, 2010, P.128）。一九六一年他從美因茲大學（University of Mainz）獲得了第二個博士學位，開始任教於海德堡大學（University of Heidelberg）；一九六四年，他轉到法蘭克福大學接替霍克海默擔任哲學及社會學系的主任。一九七一年他離開了法蘭克福大學，跑到鄰近慕尼黑一個叫做史坦堡（Stranberg）的小城市中的麥克斯科技世界生活狀況研究所（Max Planck Institute for the Study of the Conditions of Life in the Scientific-Technical World）任職。一九八二年，哈伯瑪斯又回到法蘭克福大學當哲學及社會學系擔任系主任，一直到他正式退休爲止。

　　哈伯瑪斯是批判學派第二代最知名且最有創見的學者，他深受馬克思、韋伯及第一代批判學派前輩的影響，承繼德國的學術傳統，對馬克思的工作及韋伯的理性化理論予以嶄新的詮釋及申論。

二、主要理論要點

（一）對馬克斯工作勞動理論的修補及引申

　　哈伯瑪斯指出，馬克思在其理論中忽略了「工作」與「互動」的區別，馬克思完全忘卻了「互動」，而將「互動」包含於「工作」之內。究實而言，工作乃是一種有目的理性行動。它有兩種：一種是單一個人的行動者採取理性計算的方法來達成其設定的目標；另一種則是兩個或兩個以上的個人協調合作，用理性計算的方法來達成他們共同的目標。不管是個人的或集體的有目的之理性行動，其所做的努力均是要達成設定的目標（Ritzer, 2000, pp.284-287）。哈氏指出，「互動」則不同了，互動的目的是要達成溝通理解（communicative understanding）。交通或互動行為是最有特殊性且最有普遍性的人類行為。人類交通互動行為包含了工作的勞動行為，它遠比有局限性的工作行為重要多了。因之，我們應該衝出馬克思工作的牢籠，將重點放在人類的交通行為上。如同馬克思對當年資本主義社會下被扭曲了、非人性的工作境況（導致工人的疏離）之關心及不滿，哈伯瑪斯對現今資本主義社會下被扭曲了、非人性的交通情況也感到憂心與不安。他將扭曲化的交通比擬為馬克思所謂的偽意識（false consciousness），認定它是社會進化及進步的最大障礙。馬克思當年的政治目的是達成一個非扭曲化的人類工作情況；而哈伯瑪斯的政治目的則是要達成一個非扭曲化的人類交通情況。

　　如同其他批判理論學者一樣，哈伯瑪斯經常引用佛洛伊德的心理分析學說來比喻解釋他自己的一些論點。他說佛洛伊德的心理分析是將焦點放在個人的層面上，分析他（她）被扭曲化了的交通情況，及如何幫助他（她）克服扭曲化的因素及障礙，讓他（她）能生活在一個自由正常、通暢無阻的交通情況。同樣的，哈氏認為批判學者則是將焦點放在社會層面上，分析、澄清及克服一些社會上的「自欺」及視障，以期達成一個訊息自由開放、通暢無阻的人群交通情況。佛洛伊德的心理分析與批判學派所做的社會清障均是撥雲霧見青天的還我健康的治療工作，只不過一個是針對個人做的，另一個

則是針對社會做的。

　　哈伯瑪斯進一步主張人類交通行動的理性化。他認爲只有在一個訊息暢行無阻，不被外力干擾控制的交通情況下，人們才能夠自由地表達意見，相互討論，達成共識及公意，促成開放的理性社會建立。鑑於政府權力的逐漸增大，哈伯瑪斯特別強調交通行爲的理性化，期望訊息知識能夠不受權威制度的干預及扭曲化，而能自由眞實的傳達流通，如此才能保障人權，使得人們得到眞正的解放。

（二）合法化（Legitimation）及意識形態（Ideology）

　　哈伯瑪斯認爲將人類交通行動扭曲化的兩大罪魁是合法化及意識形態。合法化是政治體系所製造出來的一套支持社會體系的觀念及想法。合法化將政治體系神祕化、模糊化，使得老百姓難於猜測與了解；它主要是支持及維護現存的政治及社會體系。由於人民越來越難了解及接受合法化的含糊性及其不一致的作爲，社會上乃產生了所謂「合法化危機」（legitimation crisis）。

　　意識形態是社會上的權貴精英階級所製造出來的一套虛僞而迷糊的思想系統。它是用來僞飾社會眞相，以利保障權貴精英階級的地位及利益的。

　　哈伯瑪斯認爲，欲建立一個理性開放的社會，這兩個阻礙人類交通的罪酋必須加以控制、掃除。

（三）生活世界的殖民化（Colonization of the Lifeworld）

　　「生活世界」一詞爲現象社會學家舒茲首先使用，之後又被很多的社會學家沿襲使用。生活世界即是我們每日生活的眞實世界，而非一些哲學家或學者們概念化或理論化所建構出來的世界。

　　哈伯瑪斯所關注的是發生於生活世界內，人們的交通行爲。如前所述，他認爲我們應有一個理性化（正面的意義）的交通之生活世界，一個自由開放、訊息知識暢行無礙的世界。在這個生活的世界裡，人們用理性引導他們

與他人互動，自由開放的交往相談，達成共識與互相的了解。人們訴諸公開辯論，讓最好的論點最後得以勝出，使大眾信服而形成了社會的共識。多麼理想的一個生活世界的局面！可是常常事與願違，生活世界常不是如此理想，哈伯瑪斯指出，在生活的世界裡，其中一些組成的結構體系，如家庭、法律、政府及經濟制度等，常會自己成長、蔓延及分化，因之變得越自主化及複雜化了。按理說，這種結構體系的自然成長發展過程是一種理性化的過程，與生活世界的理性化過程應無差異，但這些結構體系在成長、發展、分化、複雜化，及自主化的過程中，常會勢力日益壯大，為了自身的權益，侵犯干擾整個生活世界的理性化過程，如同「合法化」或「意識形態」一樣，變成了社會中人們自由開放交通的障礙。在社會諸結構體系與生活世界缺乏協調溝通的情況下，結構體體系的過度自我成長、分化及物化，常會使得生活世界殖民化，以致破壞人們自由開放的交通過程（Ritzer, 2010, pp.127-130）。

（四）知識體系（knowledge system）及潛在旨趣（underlying interest）

做為一個辯證論的學者，哈伯瑪斯認為知識體系與人類的旨趣有一定的相關性。知識體系存在於客觀的層面上，而人類的旨趣卻是一種比較主觀的現象。他發現三種知識體系與其潛在的相關旨趣如下（Ritzer and Goodman, 2004. pp.277-278）：

表5-2-1　三種知識體系及其相關潛在旨趣

知識體系	潛在旨趣
分析科學 （或古典的實證科學） →	科技控制
人文知識 →	人性了解
批判知識 →	人類解放

簡言之，爲了科技控制，人類發展出分析科學的知識體系；爲了增進擴大對世界及人文事務的了解，人類發展出人文知識體系；爲了使得人類得到自由與解放，人類發展出批判知識體系（Ritzer, 2000, P.283）。

（五）民主的見解

哈氏對民主的見解，受德國二次大戰重建的經驗及馬克思與韋伯理論的影響（Delaney, 2005, pp.249-250）。他對馬克思將所有的社會生活簡化爲工作與勞動的論點難以同意，同時他也對韋伯對未來世界日益陷入不可脫逃的鐵籠之悲觀論調難以苟同。德國在納粹統治下的無理性殘暴的經驗，使得哈伯瑪斯深刻感到民主社會之合理性及其符合人民的需要性。他特別覺得一個眞正的民主應該是刻意締造出來的民主，支持及反映出民意的民主。它允許人民公開討論衆所關心的社會問題與爭論，集思廣益，做出集體理性的決定。在這公開自由討論而達成共識及理性決定期間，政治結構或其他外力的控制及干擾，應該完全被排除而不存在。

哈氏認爲當今西方的民主受政治合法化的掌控，人權之是否能實現，輒受當地情況及其政治合法化的限制所影響。哈氏雖稱人權是一種道德訴求，一種法律上的基本人道的權利保障，但他卻不是一個泛個人主義者，他認爲每位公民必須在合乎法律的範圍內行爲，這樣才可望能夠成爲眞正的自主體。

第四節　評估

　　法蘭克福批判學派雖自稱著重科際整合的研究，主張引用各種學科及不同的理論來重新認識、結合及應用馬克思的理論，來分析並批判諸社會現象，但實際上，它卻非如此，它的研究旨趣及方向是非常狹隘有限的（Bottomore, 1984, P.71）。除此之外，這個學派還遭到以下的批評：

　　1. 法蘭克福學派創造出一番烏托邦的不眞實假象，例如哈伯瑪斯所稱的自由無礙的自由言論、不受任何扭曲的溝通、自主的民主政治等，根本是太過分理想，實際上難以存在的（Held, 1980）。

　　2. 批判學派過度注重哲學與理論探討，無法繩之以事實資料及經驗研究結果加以證實。

　　3. 批判學派專會批評，因此被認爲凡事均是「負面的」（negative）。批判固然有其功能及價值，但光是批判是不行的，它必須提出問題的補救辦法或解決之道。

　　4. 法蘭克福學派偏離了馬克思最關注的勞動階級，沒有承續這個最重要的議題，分析並批評勞動階級現今的處境及政治型態。它變成了巴特摩所說的，「沒有無產階級的馬克思主義」（Marxism without the proletariat）（Bottomore, 1984, P.74）。

　　5. 批判學派是反歷史的（ahistorical）。在其分析諸現象及事件時，鮮少注意歷史的情境。很少（甚至可以說幾乎沒有）法蘭克福的批判學者做過任何議題之歷史性的追溯及演變研究，也很少做過文化比較的研究。這與馬克思基本上所做的歷史性研究，完全背道而馳。（Bottomore, 1984, P.72）。

　　6. 批判學派未盡馬克思主義的傳統之責，忽略了經濟分析。除了在學派發展早期如格諾斯曼（Henryk Grossmann）做過資本累積和折散的分析，以及後期如紐曼（Franz Neumann）及波樓克（Friedrich Pollock）做過經濟制度與蘇聯的經濟計畫分析外，整體而言，此一學派對資本主義經濟制度後續

的發展與問題之研究做得相當不足，它對馬克思的經濟理論可說是乏善可陳（Bottomore, 1984, pp.73-74）。

　　儘管法蘭克福的批判學派飽受四面八方如潮而來的批評，甚至被巴特摩宣稱做為馬克思社會學的一支，它已死去（Bottomore, 1984, P.76），但客觀而言，它仍是一個有應用意義及有效益的學派，它的種種對當今社會、文化、科技發展、語言溝通及開放民主自由的評論與見解，對後現代主義、通俗文化（popular culture）、教育及犯罪非行問題，是頗有啟示及貢獻的（Delaney, 2005, P.256）。

第六篇
符號互動理論

第一章　引言

符號互動論（Symbolic Interactionism）一詞為布魯默（Herbert Blumer）於一九三七年首先創立使用。布氏指出，很多的學者如米德、杜威、湯瑪斯、派克、詹姆斯、顧里、瑞南尼凱、鮑得溫、雷德非兒、韋爾茲，均可以歸入此一理論學派，但在這群學者當中，對符號互動論的奠基及發展做出最大貢獻的是顧里（Charles H. Cooley）、米德（George H. Mead）、高夫曼（Erving Goffman）及布魯默（Herbert Blumer）。在分別介紹他們每個人的理論之前，且讓我們認識符號互動理論的基本命題及共通特徵：

1. 符號互動論注重人與其社會世界的互動。

2. 符號互動學派認為人與其社會世界的互動是一個動態而非靜態的過程。

3. 符號互動學派認為個人在互動過程中是具主動性的行動者，有自己詮釋及判斷社會世界的能力。

第二章 顧里（Charles H. Cooley，一八六四至一九二九）

第一節　小傳

顧里於一八六四年出生在一個顯赫富裕之家。他的父親湯麥斯・顧里（Thomas Cooley）出身寒微，白手起家，在學術上及事業上均取得相當亮眼輝煌的成就，曾擔任過密西根地方法院法官、最高法院法官、全美不動產商業協會主席，並創辦密西根大學法學院且擔任院長。他寫過有關聯邦立法及州立法間折衝限制的論文，影響了美國憲法的修正（馬立秦，1967，第七頁）。

顧里雖有這麼一個不平凡的父親，從小家境優裕，生活無慮，但他的童年卻是寂寞孤獨、不愉快的。他的身體略有缺陷（耳微聾、口微吃），生性敏感，自卑心重。他體弱多病，十五歲時染上了一場瘧疾，幾乎奪去了他的生命，使得他身心打擊甚大。

顧里於一八八〇年進入密西根大學（University of Michigan），就讀至一八八七年才畢業。在漫長的七年大學生活中，他頗受病魔折磨之苦，曾經聽從醫生的勸告，輟學及利用假期做過三次長途旅行；最後的一次到過歐洲，並在德國麥克米倫大學旁聽了一段短期的政治科學課程（馬立秦，1967，第八頁）。

顧里在大學時代主修工程學，雖也選修了哲學、歷史、經濟學及語言學等課程，但未修習過或接觸過社會學。他之所以踏入社會學，說來偶然，但也非全屬偶然。

顧里自大學畢業後，父親覺得他應該到外面的現實世界去歷練一番，因此安排他到華府不動產商業協會的調查局工作。他在工作了兩年多之

後，於一八九○年整理手邊的統計資料及自己實際的調查經驗，撰成〈街道鐵路的社會意義〉（The Social Significance of Street Railway）一文，正好有機會在美國經濟學年會（The Annual Convention of American Economics Association）宣讀，深得當時在場的兩位社會學大師吉丁斯（Franklin Giddings）教授及華特（Lester Ward）教授的讚賞與鼓勵。會後，顧里繼續與他們保持通信聯絡，並從此認識了社會學的新園地及其發展的可能性。在此同一年中，他與名門閨秀的大學同學鍾斯（Elsie Jones）小姐結褵，從此得到了一個生活上的良伴及一位幫助他做觀察紀錄及從事學術研究的好助手。

　　顧里結婚後與新婚夫人赴義大利度過六個月的蜜月，然後回到安阿泊（Ann Arbor），接受了密西根大學政治經濟學系一份兼任講師的聘書，開始他一生在密大執教的生涯。他起初教授統計學，後於一八九四年他的博士論文《運輸學說》（*The Theory of Transportation*）通過後，才開始教授社會學。他是在撰寫博士論文及預備論文考試時，才開始大量閱讀社會學及其有關的書籍，包括史賓塞、華特、吉丁斯、甘博維（Ludwig Gumplowicz）、歸德烈（Adopphe Quetelet）、麥恩（Henry Maine）、白芝豪（Walter Bagehot）、達爾文及謝富勒（Allert G. Schaffle）等人的著作。在此之後，他又閱讀了孫末楠（William Sumner）、貝爾斯（James Bryce）、第脫快衛里（De Tocqueville）、詹姆斯（William James）、鮑爾溫（James M. Baldwin）及杜威（John Dewey）的作品。但在以上的作家中，除了達爾文之外，顧里自承他受兩位文學家的影響最大。第一位是愛默生，他與愛氏均有一段不愉快的童年，在人格特徵及心靈感受上，有很多相似之處。他把愛默生當做心靈的知己，從其散文中，獲得了心理的慰藉及精神的鼓勵。他深受愛默生的超越論、自立哲學及民主觀念之影響。另一位是詩人哲學家哥德。他從哥德那裡學得了生活及工作藝術的理念。顧里服膺哥德的生活哲學，一生皆以藝術的態度處理他的著作，從不強迫自己為市場或時興潮流而寫作，他堅持非有自己創發性的見解，才肯公開發表、見諸文字。他獨立

的、自由的、忠實的表達自己對社會人生的各種見解，對別人的不利評價或攻擊，毫不爲忤。顧里最重要的著作爲《人性與社會秩序》（*Human Nature and Social Order*, 1902）、《社會組織》（*Social Organization*, 1909）及《社會過程》（*Social Process*），即一般所謂的三部曲。這三部曲將他的社會有機觀的理論完全呈現出來，也因此奠定他的學術地位。顧里於一九一八年當選爲美國社會學學會主席。他的晚年是滿足與幸福的。他減少了教課的時數，大量時間浸潤在藝術的精神中，欣賞詩篇及文藝創作。夏天來臨時，常偕家人及朋友到密州北部水晶湖（Crystal Lake）消夏避暑。他本想利用晚年最後時光撰寫一部方法學的論作，大綱已擬好，但健康忽然崩潰，乃不幸於一九二九年五月八日因癌症謝世（馬立秦，1967，第12-14頁）。

第二節　主要理論要點

一、社會有機觀

　　社會有機觀是顧里社會學理論的核心。他的《人性與社會秩序》、《社會組織》、《社會過程》及死後出版的《社會學理論及社會研究》，均是根據有機的觀點探究人類社會生活的諸方面。他認為人類生活的一切現象都存有相互依賴的有機關係。人類社會的生活是一個有機的大體系，其中每個部分均與其他部分互動生長而彼此影響，構成牽一髮而動全身的情況。個人與社會亦是相互依存，共生互補，無法分離的。個人一方面依賴於社會，但同時社會也依賴於個人。社會由個人所組成，沒有個人，社會只是一個有名無實的空架子，絕對無法存在。但無論如何，社會並不等於個人的總和，它超過個人的總和，而有自己的組織、過程及生命。顧里認為，在整個人類生活的有機體系內，個人與社會均是實在的，兩者是同一事物的不同面，一為分散面，另一為集合面而已（馬立秦，1967，第96頁）。

二、鏡中之我（Looking-glass Self）

　　根據他的有機觀，顧里認為孩童的自我是從語言交流及與他人的互動經驗中獲得的，故自我是社會的。換言之，自我即是社會我。個人的自我常以他人為鏡子來反觀自己、界定自己、從而評價自己。顧里提出了「鏡中之我」的概念來解釋社會我。這個概念包含三個元素或步驟：

　　1. 想像我們在他人心目中的樣子（或表現）；
　　2. 想像他人對我們的樣子（或表現）所做出的必然的判斷；
　　3. 由想像他人對我們的判斷所引致發展的自我感受，如驕傲或羞愧的感受。

　　孩童透過鏡中之我的反思過程，在「初級團體」（primary group）中逐漸培育發展自我及人格。顧里是第一位使用「初級團體」一詞的社會學家。初級團體是一種親密的、面對面而全方面以真實感情與其他成員交換互動的團體，如家庭、友誼團體及傳統的鄰里等。顧里認為初級團體乃是人性的養育所，培養發展一個人的基本人性及社會素質的地方（Ritzer, 2000, pp.53-56）。

　　對顧里而言，「心靈是社會的」，「社會是心靈的」。人生下來並沒有自我或心靈，自我與心靈是透過鏡中之我的社會化過程才獲得的。自我與社會是結合在一起不可分割的整體。社會是一種心理的實體，因為社會存在於其所組成成員的心靈之中，而我們想像到彼此的存在卻是不容否認、堅實的社會事實（馬立秦，1967，第97-98頁）。

三、同情透察法（Sympathic Insight or Sympathic Imagination）

　　顧里認為社會知識主要來自於同情或想像。社會學為研究社會知識的學問，因此必須訴諸同情或想像，才能對我們的社會生活行為獲得了解。同情透察法在顧里的心目中，是一種想像的重建，它指直接的從生活觀察中或間接的從資料檢視中，以智慧的心眼及經驗的歸納，將生活現象恢復其原貌。他認為統計法只能有限制的應用於社會學研究之中，它只能當做一種輔助方法，與同情透察法適度的配合使用，才能有所效果。他贊成直接的、全面的、具體而微的個案研究，但他也主張有系統的社會調查，呼籲社會學者的研究應將理論與事實相結合（馬立秦，1967，第87-91頁）。

第三節　評估

　　顧里的著作內容龐雜，凡社會、心靈、知識、宗教、藝術等題目幾乎無所不論。他最大的貢獻，應是他所提出的兩個重要概念：鏡中之我及初級團體。前者確定了符號互動論的理論基礎，後者則成爲現今小團體研究的源頭活水。有關他理論的批評可簡述如下（馬立秦，1967年，第101-106頁）：

　　1. 社會有機觀的空疏性：社會有機觀是一個健全而圓貫的見解，但顧里將其過分的使用，什麼現象均予以「有機」一番，變成了一個商標或口頭禪，失去了確當的意義。

　　2. 心理物理間的平行主義：顧里的兩個命題之一「心靈是社會的」應無異議，爲大家所接受，但另一命題「社會是心靈的」卻大有疑問。難道除了個人的心靈之外，社會沒有客觀的實體存在嗎？難道社會實體必須存在於個人的心理之中嗎？這種與笛卡兒的「我思，故我在」或中國陸象山的「宇宙即我心，我心即宇宙」的絕對式唯心論如出一轍，是很難站得住腳的。

　　3. 同情透察法的局限性：這種方法依顧里所謂，乃是心靈對外在生活事實的一種想像的重建，至於如何對外在生活事實做想像的重建，顧里未給予清楚的說明。他自承這種方法是主觀的、有特殊性及個人性的，只有少數有天賦，再加上擁有事實知識及受過文化特殊訓練的人才，才能勝任有效的使用此方法。

第三章　米德（George H. Mead，一八六三至一九三一）

第一節　小傳

米德於一八六三年在麻州的南黑德萊（South Hadley, Massachusetts）出生。父親在奧伯林學院（Oberlin College）擔任神學教授，母親曾任蒙特霍約克學院（Mount Holyoke College）校長（Alan Sica, Social Thought, 2005, P.464）。他於一八八三年畢業於他父親執教的學校，主修哲學，畢業後當過中學教師、鐵道公司的測量員及家庭教師。一八八七年他進入哈佛大學當研究生，在哈佛期間，米德跟從諾伊士（Josiah Royce）學習黑格爾的唯心哲學，

並跟隨詹姆斯（William James）學習實用主義哲學。他與詹姆斯來往甚為密切，曾當過詹姆斯孩子們的家庭教師（Delaney, 2005, P.111）。之後他曾到德國萊茲（Leipzig）及柏林大學留學，雖修讀過不少研究生的課程，卻未獲得博士學位。一八九一年他的運氣來了，獲得了密西根大學講師一職的聘書，乃赴密大任教。在那裡他認識了顧里，同時也認識了杜威（John Dewey）。他與杜威一見如故，相談甚歡，變成了終生好友。一八九三年，杜威接受芝加哥大學聘為哲學系主任時，他推薦並力邀米德一同前往。於是米德便轉移至芝加哥大學（University of Chicago）任教，一直教到他人生歷程的最後一年。他後來也當上了芝大哲學系主任，但就在他辭去芝大哲學系主任一職幾個月之後，便因心臟病謝世了。

米德深受杜威的影響，他推崇杜威不但有原創性而且有深刻的思考能力。他自承，他在思想的啟發上得益於杜威的部分比任何人都來得大。不可諱言的，在他芝大早期的學術工作上，處處可見到杜威影響的烙印。但到了

一九○○年他開始教授一門社會心理學的課程後，米德逐漸的孕生發展出他自己一套社會心理學上心靈、自我與社會的理論。他的這門爲研究生所開授的社會心理課程，除了哲學系本科生修讀外，還有很多的社會學研究生來選修。他上講堂經常不攜講稿，講課精湛，娓娓道來，處處閃見智慧的黃金與寶玉，見人所未見的深沉見解，學生坐在課堂上如沐春風，受益匪淺。特別是他的講課深得社會學研究生的喜愛，趨之若鶩，百聽不厭。米德雖然精於演講，口才極好，但拙於寫作，無法將其理論見識發諸於文字。選修他課的社會學研究生，因感到他課堂上的演講字字珠璣，實在太精闢了，乃做了完整的課堂筆記。待米德過世後，學生們乃將課堂筆記加以整理後發表爲《心靈、自我與社會》（*Mind, Self and Society*）一書。沒有想到（恐怕米德自己做夢也未想到），此書一出，轟動一時，日後竟變成了符號互動理論學派的聖經寶典。

米德在學術工作之外，也熱心於社會改革活動。他曾爲芝大的和解會館（University of Chicago Settlement House）做基金捐款及政策擬定活動。他也爲該會館從事了一些相關的社會研究工作（Ritzer, 2000, pp.206-207）。

他本有資格於一九二八年退休，但由於芝大校長的盛情邀請，他乃延長任教時間，並於一九三○年擔任哲學系主任一職；但不久之後，他與當時校長在政策上的主張不合，乃於一九三一年辭職，一個月後即因心臟病過世。

第二節　主要理論要點

一、社會行為主義（Social Behaviorism）

　　米德深受哲學上的實用主義與心理學上的行為主義所影響。詹姆斯及杜威所發展的實用主義講究實效或成果，知識之有用與否完全以其所證實的成果用途來判斷。米德也相信社會行為主義，但不同意華生（John B. Watson）極端的行為主義。依照華生的心理學之行為主義，只有可觀察到的行為才能成為研究的對象，與之相關的心理過程根本不應予以關注。米德則不以為然，他認為行為的外在面與內在面均應該加以研究，不能忽視外在行為之下的相關心理過程。人類與其他動物的差異就在於人類內在的心理驅動影響其外在的行為。莫瑞斯（Charles Morris）在《心靈、自我及社會》一書的導言中，指出米德與華生的基本差異如下：

　　1. 米德認為華生的極端行為主義的看法太過狹隘，太過簡單化了。

　　2. 米德批評華生不願意將行為主義延伸入心理過程，乃因為他根本沒有了解行為者之意識及心理過程。

　　3. 米德批評華生否絕了心靈及心理過程，無疑的，將人們造就成如同傀儡般的被動的行動者。

二、社會的先存性

　　米德認為從社會心理學上而言，社會團體的行為先存於個人單獨的行為。整體（社會）是先於部分（個人）而存在的；部分絕非先於整體而存在的。沒有先存的社會團體，絕對無法製造發展出有思想、有自我意識的個人。

三、動作、社會動作及手勢或表情（或身體語言）（Act, Social Act & Gesture）

（一）動作

米德認為動作與刺激及反應有關。任何一種人類動作引起的刺激及所帶來的反應都不是自動自發的。換言之，它不是像其他動物，屬於一種本能的反應。米德指出，動作包括以下四個相互關聯的階段：

1. 衝動（Impulse）

包括即刻的感官上的刺激，以及行動者對刺激的反應，覺得有需要針對反應做些什麼。最好的例子乃是飢餓的衝動。

2. 知覺（Perception）

包括行動者透過視、聽、嗅等感官及認知能力來辨識、了解及評估所面臨的刺激及其所呈現的多個面向，從而有能力的從中選擇其一當做客體或目標對待之。

3. 操作（Manipulation）

一旦衝動表象化了，同時客體也被認知及確定了，下一步即是如何操縱處理客體。米德指出，人類在此比其他低等動物有很大的優勢，譬如一個飢腸轆轆的人見到一個蘑菇，不會馬上拾起來吃，他會審視研究一下這個蘑菇是否無毒、是否可以食用？他可能根據個人及他人的經驗或書本上所寫的記憶印象，做了判斷之後，才會有所行動。而低等動物則會飢不擇食，吃了有毒的蘑菇，而一命嗚呼。

4. 完成（Consummation）

行動者在做審查研判之後，做出最後的決定來滿足原有的衝動需要。譬如說，他經過審思研究的操作過程，判定了蘑菇無毒，最後吃了蘑菇，將飢餓的衝動消除了。這時他的整個動作乃大功告成。

（二）社會動作、姿態，及有意義的符號（Social Act , Gesture and Significant Symbols）

　　動作為一個人所為；社會動作則為兩個或兩個以上的人所為。社會動作涉及姿態、手勢、表情或其他交流方式的使用。人類的社會行動或行為雖有一些無心而為，無意義的姿態、手勢、表情或聲音的使用，但大部分為有思考或「有意義」的使用，這是人類與其他動物的不同之處。其他的動物在使用手勢、表情、吼叫或其他肢體語言，一來一往的進行社會動作時，常是本能的、未經過思考的直接反應。

　　肢體姿態（physical gesture）當做溝通的工具，是有其限制性的，這是因為一個人在做一個手勢或做一個表情給對方時，他在做這些動作之前，無法見到自己的手勢或表情（除非他每次都能事先照鏡子），因此無法揣測對方的了解與反應。口語姿態（vocal gesture）則不同，它不會受到如此的限制。當一個人講一句話給對方時，不需要看鏡子就可以知道他的這句話說出後會遭遇對方什麼樣的反應。口語姿態所使用的肢體語言或聲音，常有使用者與接受者的共同認識、了解與感受，即當一個人說出什麼話或發出什麼聲音給對方時，他可以揣測、預期到對方會如何解釋、感受與反應。因此米德稱之為「有意義的符號」（Significant Symbols）。最有意義的符號莫過於「語言」了。有意義的符號有以下的功能：

　　1. 可以喚起對方同樣的態度。使用語言可以傳達你的態度給對方，讓對方了解你的態度（及立場），同時分享你的態度。

　　2. 透過有意義的符號（特別是語言）的使用，人類發展了思考能力，因此變成了唯一能思考的動物。對米德而言，思考不過是一個人使用有意義的符號所做的自我談話。

　　3. 有意義的符號促使人們從事有意義的溝通，人們可以使用有意義的符號或語言來做溝通與互動。

四、心靈、自我與社會（Mind, Self & Society）

（一）心靈

心靈並非是一件事情或一個實體；它是一種過程，即一種對整個社區做出有組織反應的能力。換言之，它是一種涉及解決問題的思考過程。

對米德而言，心靈也是使用有意義的符號所做的一種內在對話。它包含了在互動中能採納他人角色的能力。透過採納他人的角色，我們能夠設身處地、換位思考，從而了解別人的所言所行。

（二）自我

自我是一種內省的能力（reflexiveness），即一種自我反射省思的能力。這種能力能將自己當做一個客體，能如同對待他人一樣的來對待自己。這種自我省思的能力對心靈的發展至關重要，它與心靈有互為因果的緊密相關。析言之，這種自省的意識過程包括以下幾個面向：

1. 它是一種能換位、以他人的立場來反觀評估自己的能力；

2. 它是一種能夠以社會集體或「蓋化他人」（generalized other）的立場來反觀評估自己的能力；

3. 它是一種能夠與他人在自己的心內從事對話的能力；

4. 它是一種能夠了解他人所言並根據其了解來決定下一步應如何做的能力。

自我，這種自省反思的能力，是如何在孩童的成長過程中發展的呢？米德認為這個發展的過程可以分為三個階段：

1. 準備階段（Preparatory Stage）

孩童在幼小時期很喜歡模仿，模仿周邊人們的聲音、表情及行為。孩童雖然不知道其所模仿行為的意義，但卻行之為之，樂此不疲。模仿是學習認知的第一步，但這一步卻相當重要。

2. 遊戲階段（Play Stage）

　　孩童在這個階段喜歡做各種遊戲，並扮演其中的角色。例如孩童們扮演警察、印第安人、公車司機、郵差，或家家酒的爸爸媽媽的角色。在扮演或玩這些特定角色的時候，孩童必須學會了解所扮演角色的（角色）期望與態度。他（她）必須學會把自己放在一個客體的位置上，來反思評估自己將角色扮演得是否成功或失敗、滿意或不滿意。由此，孩童們學得了有限的自我，從所扮演的個別、特定的角色中學會了反觀自己及評估自己。在這個階段裡，小孩還沒有學會從社會集體或「蓋括化的他人」（蓋括抽象化所有的社會角色）的角度來反觀及評估自己。

3. 比賽階段（Game Stage）

　　在遊戲階段，孩童只能用個別的、特定的角色來反觀評估自己；而在比賽階段，孩童則能在遊戲比賽中用所有他人的角色綜合起來反觀評估自己。以孩子們打籃球為例，一個打後衛的球員必須了解他自己隊中打前鋒、中鋒及打其他位置的人之角色及優弱點，在攻防上配合他們的動作，來拚打取勝。不但如此，他還必須了解對方球隊打每個位置的球員及他們的角色和優弱點，兵來將擋，水來土掩，從打法、技術及戰略上打敗對方，贏得比賽。換言之，一個小孩到了能與兩個或兩個以上其他的小孩從事遊戲比賽的時候，此即證明了他已能夠了解所有參與比賽的人的角色以及他們角色之間的關係，乃能將全場整體的角色網及角色期望瞭然於心，然後以整體社區的意識，也就是米德所謂的「蓋括化的他人」（generalized other）來反思自己並評估自己。這個時候，米德認為孩童才真正獲得並擁有了自我，從而有了在社會團體乃至在整個社區做其中一位成員的能力。

　　「蓋括化的他人」乃是整個社區或整個社會團體的態度或價值。在上述籃球比賽的例子裡，「蓋括化的他人」即整個球隊的態度或價值。只有當一個人能以他所屬的團體或社區的態度或價值（蓋括化的他人），而非任何一個具體特定個人（如父親、母親或某老師等）的態度或價值，來反觀自己

及評估自己的時候，我們才能說他有了自我。由於一個人屬於數個不同的社會團體，因此他會有數個不同的「蓋括化的他人」及數個不同的自我。米德認為一個人在社會中擁有諸多的自我。他認為每個人在其所屬的團體會依照「蓋括化的他人」之態度及價值而行動做事，因此使得團體的活動顯得有組織、有秩序及有規則。

　　米德一方面強調「蓋括化的他人」遵行社會團體及社區的態度，及期望之巨大的影響力或控制力，但他另一方面也強調個人的特殊性及自主性。由於每個人的生活背景及經驗不同，他所發展出來的自我也不見得會與在同一社會團體或同一社區的其他人士之自我相同。自我有其與他人共通的社會面，也有專屬於自己的個別面。因之，他提出了自我中的「主我」及「客我」的概念。

1. 主我（I）

　　I是主動性的、自發性的、個人沒有意識或察覺到的我。它是毫不經思考、即刻地對別人的反應。它是有創新性的、不可預測的、無法算計的。它可說是「個人我」。

2. 客我（Me）

　　Me是自知的我：代表「蓋括化他人」的產物。換言之，它是對團體中他人的態度及期望的一種履行責任的意識。它可稱之為「社會我」。

　　米德認為自我是在「主我」與「客我」之間繼續不斷的對話及辯論的過程中成長發展的。在孩童幼小時期，「主我」常占上風，但當小孩長得越來越大之後，則受到社會影響越來越多，「客我」逐漸的越占優勢，影響自我的力量也日益增大。自我乃是「主我」與「客我」兩者之間互動的產物。

（三）社會

　　對米德而言，社會不過是供給心靈與自我成長發展的社會組織。它代表的是社會互動的型式。米德雖將「社會」視為一個「剩餘」的或「其他」的

　　分類，未予以太多的分析討論，但他卻堅稱社會是先存於心靈與自我的；而心靈與自我均是在社會中成長發展出來的。

第三節　評估

　　與顧里的理論相較，米德的理論是較爲客觀及行爲主義化的。他綜合當代主流思想，透過社會互動將心靈、自我與社會串連在一起，發展成一套頗有系統而前後連貫一致的理論（Ma, 1984. pp.123-142）。他有效的分析行動、社會行動、姿態、有意義的符號及語言，並有說服力的解釋人類行爲有異於其他動物的行爲及人們又如何在有意義的符號（或語言）的互動過程中，學會了角色採納及概括化他人，獲得了自我，而變成了社會的成員。

　　他的理論雖充滿了眞知灼見，但並非完美無瑕。他的理論最爲人詬病的乃是他忽視了宏觀的社會面，對社會組織、制度，甚至於整個的社會結構，完全沒有予以適量的討論與分析。另外也有學者批評，米德的理論雖然在社會互動的微觀分析上做了極大的貢獻，但他所做的人與人之間日常生活互動的分析，遠不如現象社會學家如舒茲、伯格等做的更微觀、更有深度。

第四章　高夫曼（Erving Goffman，一九二二至一九八二）

第一節　小傳

　　高夫曼於一九二二年在加拿大亞伯達省曼衛爾（Mannville, Alberta）
出生。他於一九四五年獲得多倫多大學的學士學位，然後於一九四九年及
一九五三年分別獲得了芝加哥大學的碩士及博士學位。在完成博士論文不久
之後，他即追隨他的老師布魯默跑到西部的加州大學柏克萊分校任教，一直
教到一九六九年時，當他接到賓夕法尼亞大學（University of Pennsylvania）
重金禮聘他為社會學及人類學之富蘭克林講座教授（Benjamin Franklin
Professor）時，他才轉赴賓大任教。在賓大，他一直教到一九八二年過世為
止（Wllace and Wolf, 1986, pp.222-223）。

　　由於在芝大當過社會學系的研究生，他無可避免的深受符號互動論學
者米德傳統的影響，這種影響充分顯示在他的第一部著作，即他成名而最
為人熟知的著作，《自我在每日生活中的呈現》（*The Presentation of Self in
Everyday Life*, 1959）之中。米德的自我觀念是該書的中心議題。他也受到
涂爾幹的宗教社會學的影響，特別是涂氏在其書提到的宗教儀式的概念，引
發了他寫出了《互動儀式》（*Interaction Ritual*, 1967）一書。柯林斯認為高
夫曼在學術思想上是超越符號互動學派的理論框架的，他受社會人類學的影
響比受符號互動論的影響為大（Collins, 1986, 4: 106-113）。高夫曼在他所
做的研究及著作裡，不但使用了符號互動論慣用的親身參與觀察法，而且使
用了社會人類學所常用的個案史、自傳、書信及文獻資料。不管人們如何將
高夫曼在學派上歸類，他對符號互動學派的影響是巨大的。除此之外，他的
研究著作對交換理論及日後發展出的俗民方法學與其所使用的對話分析的方
法，也有舉足輕重的影響。

　　高夫曼於一九八〇年代達到了學術事業的頂峰，被公認為美國最具有
影響力的理論學家。他於一九八二年當選為美國社會學學會主席，但不幸的
是，他卻在任上突然生病過世，變成有史以來唯一一個擔任美國社會學學會
主席而未能出席發表主席演講的人。

第二節　主要理論要點

一、人類社會行為的戲劇化分析（Dramaturgical Analysis of Socia Behavior）

　　高夫曼在他的著作《自我在每日生活中的呈現》中所使用的核心觀念「自我」深受米德自我理論的影響與啓發。他對米德所說的「主我」與「客我」之間的矛盾性及緊張性特別關注。主我是自發性的我；而客我則是社會規範的我。主我是人性化的我；而客我則是社會化的我。主我叫我們要做自己想要做的；而客我叫我們要做社會期望我們做的。這兩個我加諸在個人身上的矛盾及不一致的壓力之需求，是可想而知的，但爲了保持維護穩定良好的自我形象，我們常在社會的壓力之下，不顧主我的欲求，表現出完全遵行社會期望的行爲。因此，高夫曼認爲我們的社會行爲是戲劇行爲。人們的社會生活不過是一場場連續的戲劇表演，與舞臺上的戲劇表演毫無差異，乃提出了他的社會行爲的戲劇學分析理論。

　　高夫曼認爲自我是一個個人行動者與他的觀眾互動過程的產物。由於自我爲戲劇互動所造成，它很容易在表演過程中遭到受傷或破壞。在高夫曼的眼裡，每個人與他人互動時，均希望保持爲他人能接受的一定自我意識與形象。因此，在與他人的互動中，我們經常會從事一些「印象處理」（Impression Management）的舉措，對表演過程中的意外事件所造成的傷害或破壞，會將之減少至最低限度，會試著將在場的情況得到有效的控制，並使得他人（觀眾）對我們保有良好有利的形象。

　　高夫曼使用舞臺表演的類比方式，用以下詞語來分析四種不同的階段：

（一）前臺（Front）

　　前臺的演出是直接面對他人或觀眾的。在這裡的行爲或演出乃按照所編的劇本照本宣科的執行，因此它比較定型化、制度化、鮮少有自由發揮的空

間。高夫曼又將前臺分為以下兩個部分：

1. 場所（setting）：一個行動者必須藉用一定形式的場地及設備才能執行其行動。例如一個外科醫生開刀必須要有開刀房，一個教師上課必須要有講堂，一個話劇演員演出必須要有舞臺等。

2. 個人前臺之展現（personal front），此項又可分以下兩種：

(1) 外觀（Appearance）：一個人穿戴著代表其身分地位的衣服、帽子、手套，及飾物等，讓別人一看見就知道他是做什麼的。譬如醫生穿著白袍，交警穿著警察制服並戴著白手套等。

(2) 舉止（Manner）：即一個人的角色扮演，他是否依照角色期望的去做他該做的事情。

高夫曼覺得人們在前臺一般均試圖將理想完好的形象呈現給他人或觀眾，而常將一些不想為觀眾所知的事情隱瞞起來。另外，他們也經常造成一種他們與觀眾親和一體的形象，譬如一個歌手拿起麥克風對著觀眾，讓他們隨著他唱，以示共同參與的團隊感。在各方面，行動者均想與他人或觀眾的互動做到見不到缺失漏洞，而呈現一片祥和圓滿之氛圍。

（二）後臺（Back Stage）

後臺與前臺相接連，但卻與前臺相隔離。這是前臺觀眾的禁區，不允許前臺的人闖入。以餐館為例，前面客人吃飯的餐廳為前臺，而後面的廚房地帶即是後臺。廚房的廚師忙著炒菜，分秒必爭，而服務生經常帶進客人的菜單、隨時等做好的菜餚端出前臺供客人食用，跑進跑出的。在後臺廚房的地段，工作人員經常大聲吼叫，有時互相調侃，甚至講些髒話或黃色笑話。在前臺服務生或經理對食客所表現的彬彬有禮、慢聲細語、經常帶著微笑或標準化或職業化行為，只可見於前臺，卻不見於後臺。

（三）外場（Outside）

外場既非前臺亦非後臺，它是三個場域的剩項。再以前面的餐館為例，

餐館外面的停車場應是高夫曼所說的「外場」的一個最好例子。

高夫曼指出，一個場域很難截然歸類，有時它可能屬於三個場域。譬如教授的辦公室，當學生來訪的時候，它變成了前臺；當學生離開了，它卻變成了後臺；當教授離開身在他處時，它則變成了外場（Ritzer, 2000, pp.362-366）。

二、高夫曼在著作中提出以下幾個重要名詞或概念

（一）團隊（Team）

高夫曼聲稱，在社會互動的過程分析中，他的著眼點是團隊而非個人。一個團隊乃任何一組共同合作演出一幕戲的人。每個人都知道他是仰賴與他人的合作來共同演出這幕戲的，一旦有任何意外的失措或閃失，他們需要同舟共濟，互相包庇遮掩，表現正常得彷彿若無其事的樣子。高夫曼稱團隊是一種「祕密社會」（secret society）。

（二）印象處理（Impression Management）

前面已提過這個名詞，因其在高夫曼戲劇化分析理論中的重要性，且再多加一些補充說明。

「印象處理」是防範表演過程中的意外事件的發生，並對在場的情況得到有效控制的一種舉措。譬如在餐館中，一位服務生送錯了一道菜給客人，被客人發現且顯得不悅的時候，經理看到了情況，馬上趕到客人面前，鞠躬道歉，告訴客人，他不僅會馬上補上客人原來在菜單上所要的菜，而且會將錯送的菜免費贈送給客人，並另加一杯紅酒。結果客人大喜，一場未曾預料到的突發事件所帶來的麻煩就此煙消雲散。高夫曼在此討論了幾種危機處理、保護形象的方法，甚至包括一些團隊自己人員互相支援、與觀眾合作唱和的策略技術。

（三）角色距離（Role Distance）

指一個人擁抱某一特定角色的程度。由於每一個人在社會上均擁有諸多不同的角色，他對這些角色的忠誠感、融入性及可有可無的程度是不同的。高夫曼認為角色距離與一個人的社會地位有關。社會地位高的人常與社會地位低的人表達角色距離的理由不同。譬如一位地位崇高的外科手術醫師常保持一定程度的角色距離，顯得平常稀鬆，可以讓他的手術團隊減少緊張心理。一個社會地位低的人如清洗馬桶者保持一定程度的角色距離，顯得漫不經心，似乎在告訴別人，他是大才小用在做此事。

（四）汙名化（Stigma）

高夫曼認為任何一個「他應該是什麼樣的人」與「他真正是什麼樣的人」之間有差距者，即被蓋上（羞恥的）烙印或汙名了。換言之，一個有汙名的人，即「當如此也的社會認同」與「真如此也的社會認同」兩者之間存有差距的人。高夫曼在《汙名》一書中，將有汙名的人分為兩種：一種是知道觀眾認識到他們是有汙名的人，他們的汙名是有目共睹的公開知識（如瞎子或坐輪椅的人）；另一種是觀眾或甚至於連自己都不知道他們是有汙名的人（如性欲特強或患自戀症的人）。在書中，他主要探討分析第一種有汙名的人與正常人之間的互動關係。他也承認我們每個人在不同的生命時光裡都曾經有過瑕斑的經驗。

汙名化大多數發生在個人層面上，但也可以發生在群體層面上。譬如在二〇〇一年九月十一日恐怖分子襲擊世貿大樓之後，回教徒的阿拉伯人被給予了很多不雅的稱呼，而被汙名化了（Delaney, 2005, P.125）。

三、架構分析（Frame Analysis）

這是高夫曼所著的一本書的名字。在這本書裡，高夫曼似乎脫離了符號

互動論的傳統，而與涂爾幹的社會事實論的觀點相接軌。他肯定湯瑪斯（W. I. Thomas）的情境定義之符號互動論的看法，「人們對所處情境的定義（認知判斷及圖象），會有一定的行為後果」（If men define situations as real, they are real in their consequences）（Thomas and Thomas, 1928, P.572），但他覺得這個看法是不足的。人們如何達成、創造情境的定義，必須透過一些見不到的結構而實行。這種結構即他所謂的「架構」，亦即規範我們經驗的組織原理及法規。架構引導我們如何觀看、解釋並界定（或為設定義）我們的社會世界。如果沒有架構，我們的社會世界將不過是雜亂無章、眾多的個人及事象。

第三節　評估

　　高夫曼提出了不少獨創性的觀念，豐富了社會學的廣度與內容，他的社會行為戲劇化分析雖然有些偏執、狹隘、屬一己之見（高夫曼自己也承認它不過是一種分析方法），但讓我們不得不承認，在社會互動中，我們偽飾做作的一面，即他所稱的「印象處理」。不可否認的，我們均企圖讓別人對我們有好的印象，盡量要在別人心中創造對我們的好感，努力的掩蓋我們的缺點及語言或行為上的失誤。如有不小心的失誤或意外事件發生，我們會設法補救、打圓場，而使一切自然如常。

　　如柯林斯所說的，高夫曼的學術影響是超越符號互動學派的。他的研究著作對交換理論、俗民方法學及其慣常使用的對話分析的方法，亦有舉足輕重的影響。他的戲劇分析，架構分析、瑕斑探討，以及總體制度的研究，對社會學研究提供了一個新的方向。

　　但也有批評者認為高夫曼將人們描述為只關注在別人心中的形象而變成沒有真正自我的人。他的社會學是一種「販賣靈魂的社會學」（sociology of soul selling）（Poloma, 1979, P.159）。他稱他分析的焦點是「團隊」，其實他分析的焦點是「個人」。他的架構分析雖有一些新意，但大部分的觀點早為涂爾幹及一些結構學者做過相當程度的討論了。

第五章　布魯默（Herbert Blumer，
　　一九〇〇至一九八七）

第一節　小傳

　　布魯默於一九〇〇年出生在密蘇里州聖路易市（St. Louis, Missouri）。他的父親是製造櫥櫃的木匠，母親是全職的家庭主婦。他於一九一八～一九二二年就讀於密蘇里大學，畢業後當了三年教師。他於一九二五年跑到芝加哥大學修讀社會學研究生學位。在修讀期間，他深受米德、湯瑪斯及派克的影響，特別是米德的理論，令他萬分折服。他於一九二八年獲得博士學位，由於在學期間的卓越表現，當即被芝大聘任留校執教。他在芝大一直教到一九五二年。一九五二年，加州大學柏克萊分校（University of California at Berkeley）禮聘他去為該校創辦社會學系，並擔任系主任，他乃離開了芝大，奔往西部另闢教場，去闖自己的天下。他在加州柏克萊分校社會學系執教並兼系主任達二十年之久，把該校社會學系發展成全美國優秀、拔尖的社會學系之一。

　　當布魯默開始做研究生及一九二五～一九三三年在芝大執教期間，他曾為當時的美國職業足球隊，「芝加哥紅雀」〔Chicago Cardinals，現今亞利桑那紅雀隊（Arizona Cardinals）〕打前衛，並屢次攻門拿分。他也曾於一九二九年當選為職業明星隊（All-Pro Team）的隊員。

　　布魯默在他活躍的運動場上，擁有輝煌的成績，在學術及智力場上更是成績斐然。他於一九三〇～一九三五年擔任美國社會學學會（American Sociological Association）的祕書兼財務主任（secretary-treasurer），於一九四一～一九五二年擔任《美國社會學》（*American Journal of Sociology*）刊物主編，於一九五二年當選為美國社會學學會主席，然後於一九八三年榮獲美國社會學學會所頒發的卓越學術事業獎（Career of Distinguished Scholarship）。

　　布魯默恐怕是社會學歷史中，唯一在體能及心智活動兼長且大放異彩的學者。另外值得一提的是他的行政能力極強，在芝大期間他經常處理一些勞

資衝突的問題，並協調對抗事件，變成了頗有名氣的仲裁人。他因受派克的影響，從事一些城市犯罪問題的調查，曾與當時芝加哥的黑社會頭目有所接觸來往，而且相安無事。爾後，他創辦加大柏克萊分校社會學系，成績斐然有成。無可否認的，他是歷來社會學家中罕見的行政高手。

布魯默承繼了米德的傳統，不僅協助將米德的講稿整理出來予以出版，而且寫了不少介紹詮釋米德理論的文章與著作。他創造了「符號互動論」一詞，統合了以米德為主、顧里、湯瑪斯等人一脈相承的相關觀念。他對符號互動論的影響及貢獻是有目共睹，不容置疑的。

如同他的老師米德一樣，布魯默也惜字如金，著作不多，但他與米德不一樣的是他寫作能力極強，文筆清晰流暢，常能將極其複雜抽象難懂的概念簡單明白的表述出來。他發表過數篇文章，最重要的代表作是《符號互動論：視野與方法》（*Symbolic Interactionism: Perspective and Method*, 1969）一書。

第二節　主要理論要點

　　布魯默承繼米德的傳統，闡釋及發揚米德的理論，當然在過程中他也加注了自己的觀點。總括而言，他對符號互動論的主要貢獻爲他對互動行爲的詮釋、他的符號互動論的三個基本命題、他對社會的看法，以及他對當代社會學研究方法的批評及見解。

一、互動行爲的詮釋（Interpretation of Interactive Behavior）

　　布魯默如同他的老師米德一樣，批評華生極端的行爲論，因爲在「刺激－反應」（stimulus-response）的過程中，華生將「解釋」（interpretation）完全忽略了。人們的行爲不光是像其他動物一般，只是對外來「刺激」做不加思考的本能的「反應」。人們在接受到外來的「刺激」之後，必會訴諸於思考，研究這個「刺激」的意義爲何，到底代表對方有什麼企圖或意欲。換言之，我們會透過「自我指向」（Self-indication）的過程，「採取別人的角色」（taking the role of the other），換位思考，試著合理的「解釋」所來的「刺激」，然後再做出「反應」。同樣的，對方在接受到我們的「反應」或者對他來說新的「刺激」之後，也會經過思考過程，試圖「解釋」（或摸底）「刺激」的意義，再做出「反應」。就這樣「刺激－解釋－反應」（stimulus-interpretation-response）一來一往繼續的進行，因此使得人類的互動行爲變成了有意義的互動行爲。「解釋」是在「刺激－反應」過程中至關重要、不可或缺的一個中間環節或步驟。

二、三個基本命題（Three Basic Premises）

　　布魯默的三個基本命題道出了「意義」在互動行爲中的重要性、「意

義」在「解釋」中的來源及角色。他的三個基本命題如下：

1. 人們對任何事情所做的行動，乃是根據這些事情爲他們所帶有的意義而決定。

2. 事情的意義源自於一個人與他人的互動。

3. 事情的意義是在「解釋」過程中爲遇到該事情的個人處理及修改過的。

總括而言，這三個命題所強調的是：人類的互動是根據個人所做事情的意義之解釋而爲的，而事情的意義則是源自於社會。茲舉一個例子來加以說明。假設一位在某公司工作的年輕單身的李姓小姐，被她的同事、已婚的王先生邀請乘坐他的車子，於下班時順路載她回家。當王先生首次邀請她的時候，李小姐會想到這份邀請是否是一種同事之間友善的舉動，或是有其他的動機，她將試圖了解王先生邀請的「意義」之後，才能決定是否接受其邀請。這時的李小姐會蒐集她所能得到的社會知識及訊息，甚至借助於朋友的經驗與意見，來幫助她「解釋」王先生邀她乘車的意義或意圖。假設李小姐斷定王先生的邀請純屬一種同事間的相助友善之舉，於是她接受了邀請，讓王先生載她回家。再假設在乘王先生便車回家幾次之後，王先生有一次在車中問她是否願意在途中的一家酒吧停下喝杯酒或冷飲，李小姐答應了，於是兩人停車進了酒吧小憩，在酒過二巡之後，王先生開始向李小姐埋怨他的妻子如何如何的不好，並說他的妻子如果能像李小姐一樣，將會使他的生活過得多麼美滿幸福。李小姐聽了王先生這些話之後，再度對這個新來的刺激試圖解釋並尋求其意義。李小姐開始懷疑王先生邀她坐車的動機並不單純，而是別有用心。於是李小姐斷然決定以後不再乘坐王先生的車子回家。李小姐的拒絕是根據她自己對王先生的行動解釋及意義判斷而做出的。當王先生在酒吧中埋怨他妻子而稱讚李小姐的時候，他也有可能將李小姐當成一個好朋友，只是順口說說，並未有任何不良用意。但重要的是李小姐會對王先生說這些話的解釋及其意義的了解，來決定她的反應舉動（Poloma, 1979, P.167）。

三、對社會的看法

布魯默認為社會並非由宏觀的社會結構所組成。社會的本質在於人及其行動。換言之，社會是由行動中的人們所組成。社會的組成單位是聯合行動（joint action）或社會行動，而非一個個人的孤立的單獨行動。聯合行動並非單獨行動的總和；它是超過單獨行動的總和的，一種帶有自己性格的集體行動。布魯默呼籲社會學家應將研究的重點放在聯合行動上。

布氏雖然接受了「顯現」（emergence）的概念，一種試圖解釋如何由微觀結構演變為宏觀結構過程的概念，但他卻未給予太多的討論。他繼續將焦點放在聯合行動上。他指出聯合行動是有彈性的，是可以自我創新的。宏觀的社會結構如社會制度、文化等，雖然對人類的行動預設下一些條件及限制，但它們對人類行動並非有決定性的影響。人們在社會結構的制限下，仍然會在他們的聯合行動中做些或大或小的改變，甚至於創新及再創新。布魯默認為是人們社會生活的過程創造及維持了社會法則（或者說社會結構），而非社會法則（或社會結構）創造及維持了人們的社會生活。

四、社會學研究方法

在布魯默的眼裡，科學方法之發展及應用是以了解真實的世界為鵠的；如果它不能幫助我們了解真實的世界，則它就毫無所用了。故「了解真實的世界乃是最重要的」（Understanding the real world is most important），它應該是我們評估任何觀念及方法的底線與標準。

布魯默抨擊當時流行使用的科學量化的方法（註：布氏聲明他並非完全排斥使用量化法的），將社會的複雜性簡化為可量度的變項（variables），而力求找出變項間的相關係數，如此則模糊了對真實社會世界的了解。社會學偏重量化法的應用乃將社會學推向了「無心肝的科學主義」（mindless scientism）。布魯默批評大部分的社會學觀念，認為它們開出了我們應該如何觀看世界的處方，而扭曲了社會的真相。

布魯默覺得人類行為的知識只能靠第一手親身的觀察而得，因之他認為符號互動學派應對社會現象做直接的觀察（direct examination of social phenomena）。他建議使用「探索」（exploration）及「檢查」（inspection）兩種方法來做社會現象的直接檢查。「探索」乃對研究問題應該如何去了解、認識什麼是適當的資料、如何發展重要顯著關係的想法、如何對研究問題領域建立研究者的觀念工具。換言之，「探索」的目的是為研究問題的領域獲得更清晰的圖像，因此可以提醒我們、校正及檢定我們的觀察。由「探索」的過程中，「感發性觀念」（sensitizing concept）會自然應運而生。布魯默倡導「感發性觀念」，一種建議我們尋找什麼並到何處去尋找，但不扭曲真實世界的觀念。這種觀念供給研究者對其所研究的經驗事象一種一般性的參考與引導意識。有了感發性的觀念之後，接下來的即是「檢查」，即研究者有創意地檢驗其感發性的觀念是否符合經驗事實的證據（Poloma, 1979, pp.171-172）。這種社會現象直接檢查的方法，亦即布魯默所謂的「同情內省」（sympathic introspection）法。他不認為同情內省法的使用代表社會學的研究缺乏了成熟性，因為社會學研究的對象特殊，它是人們的互動與社會生活，同情內省法可以有效的幫助了解人們的互動與社會生活。

第三節　評估

布魯默承繼了米德的理論，並將之加以進一步的闡釋，使得米德的重要觀念更爲人們了解接受，他因此被很多人視爲米德的正統代言人。但也有批評者認爲他並非完全眞實的闡釋了米德的理論，頗有一些觀點是他自己的見解，自己添加上去的意見。但無論如何，布魯默對符號互動論的貢獻是有目共睹的。他不僅給符號互動論起了名字，而且將其中一些重要的觀念做了解說與釐清，並且有力的推動促成符號互動學派成爲主流的社會學理論學派之一。

有人認爲布魯默對符號互動論另一大貢獻是他的一些方法學的見解（Wallace and Wolf, 1986, pp.213-222）。他認爲「了解眞實的世界乃是最重要的」（Understanding the real world is most important），因此他提倡使用「感發性觀念」、「同情內省法」等計質概念及方法，來研究了解我們眞實的社會世界。他雖然並不全面反對計量方法的使用，但他卻大力推薦「經驗性的社會世界之直接的、自然的查驗」的計質方法。計質方法的研究可以揭露眞實世界自然進行的活動及過程，它也可以幫助計量方法的研究，不但能爲之提供一些有用可行的假設，指出需要進一步研究的知識領域及走向，而且能爲之供應所得相關現象及計量模式的解釋。他的偏重計質分析方法，當然也遭到不少的批評，特別是來自愛俄瓦學派邱恩（Manford Kuhn）及其同仁們的批評。邱恩稱他也是像布魯默一樣重視經驗現象的，但他認爲布魯默的同情內省法是靠直覺的，不可靠的、不科學的，應該予以摒棄。符號互動論者照樣可以做計量的科學研究，研究外在的行爲以了解內在的（心理）情況。社會學研究使用操作化的概念、量度化的變項或單元，對蒐集的資料做統計的分析是無可厚非的。計量分析在邱恩的眼裡，絕不是像布魯默所說的，只是機械呆板的工具，它可以幫助我們了解眞實的世界。布魯默的方法論常被人批評太軟性了（Ritzer, 1992, pp.364-367）。

　　另外一個批評是布魯默完全偏重互動過程的分析，而忽略了互動產物或社會團體的分析。他將社會定義為行動中的人們，而沒有把社會當做一個人們在其中從事行動的架構。他為了強調互動過程而忽略了社會結構，因此他的社會學是微觀的社會學；他的社會學缺乏了宏觀的社會結構，如社會制度、組織、文化等研討與分析。

第四節　符號互動理論總評

　　符號互動論是相對於結構功能論，與結構功能論唱反調的理論。它可以說是美國土生土長的社會學理論。它不認為個人是社會所決定的產物。在自我過程發展時，它並非完全遵循功能理論所主張的理想型而形成。人們利用他們的主觀意義來解釋客觀的世界，而非按照社會所定下來的法則來解釋客觀的世界。符號互動論強調人與世界或社會互動關係中，個人自我的主動性、自創性及自我指向性。

　　以下是對符號互動論的一些批評：

　　1. 符號互動論不當地忽略一般通行的科學研究法。符號互動論認為人類行為的意義在本質上是計質的，因此用科學計量的方法是不當的。這樣的邏輯是有問題的。我們照樣可以為求內在本質的了解，將一些外在顯示的現象加以編碼、分類、數量化而予以分析。

　　2. 米德學派的一些核心概念如心靈、自我、主我與客我等，頗為模糊不清。後符號互動學者的理論中，有一些概念也是不清楚、不確切，因此對它們難以操作化，難以發展出可測試的命題或假設，以建立科學可驗證的理論。

　　3. 符號互動學派忽略了宏觀的社會結構，對社會制度、社會組織、社區團體、文化現象，未能給予適度的討論與分析。

　　4. 符號互動論以微觀為主，側重人類社會互動行為的分析，但有人認為符號互動論所做的微觀分析深度不足，它忽略了無意識與情緒等一些心理因素，如需求、動機、企圖、渴望等。

第七篇
每日生活社會學

第一章　引言：基本命題及其特徵

　　每日生活社會學關注的是人們每日眞實的生活，直接探討人們日常生活之社會行爲的意義，而非一般學界人士所理論化或觀念化的人們的日常生活及其意義。每日生活社會學包括現象社會學、俗民（或平民）方法學（其實我認爲我當初翻譯使用的平民方法學一詞，還是比現今臺灣所用的俗民方法學來得貼切、確當，但爲了從俗，減少不必要的混淆起見，在此就暫用俗民方法學一詞吧。見馬立秦，1984）及存在社會學。在這三支社會學中，前兩支發展得相當快速，充滿了欣欣向榮的生機與未來潛力，後一支則因稍嫌抽象，個人化及哲學化太多，有待更多的耕耘與發展，才能得到社會學界的承認與重視。由於篇幅所限，茲將重點放在現象社會學與俗民方法學的介紹與討論。

　　在分別探討現象社會學與俗民方法學之前，且對它們之間的異同簡述如下（Ritzer, 1992, pp.372-374）：

　　1. 相同之處

　　(1) 現象社會學爲舒茲所創立，而俗民方法學的創始人卡爾芬寇受業於舒茲，受其影響既深且大，故兩二個理論均屬同宗同源。

　　(2) 現象社會學與俗民方法學均著眼於人們每日生活的通常行爲與活動。

　　(3) 兩個理論均重視人們在生活世界中創造情境的意義及社會實體。

　　2. 相異之處

　　(1) 現象社會學偏重哲學的思考；俗民方法學偏重經驗性研究。

　　(2) 現象社會學偏重人們的意識及文化層面；而俗民方法學偏重人們的互動行爲。

　　(3) 現象社會學家認爲人們的行爲是受文化制限的；而俗民方法學家則認爲行動者有自由度與創建性。

第二章 舒茲（Alfred Schutz，一八九九 至一九五九）的現象社會學

第一節　小傳

（以下陳述多取材自：馬立秦，1987、1990）

舒茲（Alfred Schutz）於一八九九年出生於奧地利維也納城的一個銀行世家，他的童年是在優裕舒適的生活環境中度過的。

高中時期的舒茲熱愛古典音樂，對巴哈、貝多芬及莫札特的音樂相當癡迷。同時他對德國的古典文學，特別是哥德的作品，有著濃厚的興趣。舒茲於一九一七年高中畢業後，被徵召入奧匈帝國陸軍服役，參與了第一次世界大戰。戰爭結束後，他在母親的鼓勵下就讀維也納大學，以兩年半的時間修畢了專爲退伍軍人所設置的密集速成班的課程，通過嚴格的考試，獲得了法學博士學位。在維也納大學就讀期間，舒茲除了主修法律課程之外，也修讀了一些社會學與哲學的課程，他特別服膺韋伯及胡塞爾（Edmund Husserl）的論著見解。

舒茲因爲家庭的關係，未獲博士學位前即開始在銀行工作，一做便做了半輩子。他雖然並不厭惡銀行的工作，但有一股強烈的求知欲，是無法在商務的工作中獲得滿足的。於是他便變成了胡色爾所戲稱的「白天銀行家，晚上現象學家」（A banker by day and a phenomenologist by night），過著雙重人格的生活。他將許多年利用晚上思考研究的成果，於一九三二年呈獻給德文社會學界，發表了他的第一部也是最重要的一部著作《社會世界的現象學》（*der Sinnhafte Aufbau Sozialen Welt*）（這本書一直到三十五年之後才翻譯成英文，介紹入英語社會學世界）。在這本書內，舒茲將韋伯的社會學、柏格森（Henri Bergson）的生命哲學及胡塞爾的現象學揉合在一起，創建了他的現象社會學的基本理論架構。這本著作雖屬舒茲的處女作，卻呈現出他成熟的思想，成爲他日後論作的源頭活水。舒茲後來在美國發表的三十餘篇文章及他所編輯的文集，大多均是此書的申論或註腳。這本書也爲他贏得了胡塞爾的忘年友誼。老耄的胡塞爾閱讀了舒茲的著作之後，曾稱讚

舒茲為「嚴肅及深邃的現象學家，一位真正能穿透我一生工作最深層意義的少數年輕人之一」。受到胡塞爾的賞識以及他們忘年之交的友誼，使得舒茲結識了一些胡塞爾在歐洲及美國的學生。這些胡氏的學生包括甘恩斯（Carl Cains）、格爾維治（Aron Gurwitsch）、高夫曼（Felix Kaufman）、麥爾（Carl Mayer）、索羅門（Albert Saloman）、吳爾夫（Kurt Wolf）及法爾伯（Marvin Farber）。其中特別是法爾伯對舒茲的學術事業發展幫助最大，他曾與舒茲合作創立「國際現象學學社」，在該學社的代表性刊物《哲學及現象學研究》中，讓舒茲擔任編輯委員並發表了十二篇文章。

舒茲於一九三八年到巴黎考察銀行業務時，德軍突襲奧國，維也納淪陷。舒茲被困在巴黎，後來經過百般艱難，終於將家眷接出，在巴黎過了一年半的難民生活。後來英法對德宣戰，情況日益險峻惡劣之時，舒茲跟隨銀行遷移到美國。一九四三年，他受當時流亡大學（University in Exile）──即日後的社會研究新學院（New School for Social research）之聘擔任兼任講師，因此他在美國繼續過著商務與學術之間的雙重生活，白天的時間與精力均消耗在銀行業務工作，只有利用空餘時間晚上教書及治現象社會學，這種雙重生活一直延續到一九五六年他辭去銀行職務而決定當專任教授為止。可惜他的專任教授只當了三年，便因病過世了。過世時，他才六十歲。長年累月一個人當兩個人用的雙重勞累生活，可能與他的英年早逝有關；他一腳踩在銀行界，一腳踩在學術界，也可能與他生前未享大名有關。

說起來舒茲是很幸運的，他的理論能在過世後得到社會學界的發現與重視，與他的學生們之闡釋與宣揚有關。他在社會研究新學院教過的學生，日後在學術上獲得卓越成就的計有：柏格（Peter Burger）、洛克曼（Thomas Lockmann）、卡爾芬寇（Harold Garfinkel）、華格納（Hulmut Wagner）、柯士登（Fred Kersten）、巴納（Richard Baner）及耐塔遜（Maurice Natanson）。在這些學生中，耐塔遜與他過從親密，亦師亦友。耐塔遜對舒茲的理論有深度的認識與了解，而他頭腦清楚，文筆流暢，常幫助舒茲修飾潤改他那艱澀難懂的德文語法的英文文句。他曾與舒茲合譯過胡塞爾晚年著

作Ideen一書。洛克曼在美國受教育而後在德國執教，以宗教社會學及社會語言學享譽世界社會學界，他將舒茲未完成的遺稿整理補充，撰成《生活世界的結構》（*The Structure of the Life World*, 1973）一書，使得舒茲的理論更加充實完備。另外，華格納宣揚舒茲的理論不遺餘力，他撰寫並發表了一些介紹舒茲其人、其理論及其文集選粹的書籍。

第二節　主要理論要點

一、從韋伯到胡塞爾——互動的主觀性

　　舒茲在理論的大方向上同意韋伯的觀點：社會學必須保持價值中立、社會現象應使用理想型來分析，以及社會學研究單元應是有意義的社會行動。但問題是，什麼是有意義的行動？如何建立有意義的行動？應在何種層面來闡釋有意義的行動？舒茲覺得韋伯語焉不詳，未有清楚的說明。

　　在舒茲的眼裡，韋伯所倡導的了悟法對行動主觀的了解不外乎：(1) 直接觀察的了解。如一個人盛怒之下拍桌子或一個人考試之後面露得意臉色，我們馬上可以瞭然其舉動背後的含意或意欲；(2) 推想動機的了解。在此，我們藉用個人的經驗來推斷他人行動的目的或意欲，例如我將自己設身處地，想像自己在相類似的情況下將何以肆應，如同使用顧里的同情了解法忖度他人背後的動機。但問題是，人們是如何獲得直接觀察的了解或推想動機的了解的能力呢？這種了解他人行動主觀意義的能力之社會基礎何在？這種能力又是經過什麼過程，使得我們達成共通主觀的了解？舒茲認為胡塞爾的現象學在此大有用武之地，可以提供一些答案。

　　胡塞爾的現象學最關注的是基本認知問題，一個人如何透過感官以主觀的意識來了解外在的生活世界。舒茲即是就這個基本問題追蹤下去，引出他的社會學的命題。依胡塞爾的看法，人們皆有一種習慣性的「自然態度」（natural attitude）或「自然取位」（natural stand）來觀看外在的生活世界，以為一切都是真實的、合理的、井然有序的。這種「自然態度」誤導人們認為外在的生活世界乃客觀的事實，獨立於個人的主觀意識。胡塞爾不以為然，他認為外在的生活世界存在於人們的意識之中。人欲求得社會世界真相的了解，必須摒棄「自然態度」，返璞歸真去了解意識的本質。胡塞爾主張以「括化法」（bracket）來破除「自然態度」，然後以創生法來檢驗生活世

界的各個層面，抽絲剝繭地直取意識核心，在最純淨的情況下，尋找到「超越自我」（transcendental ego）。胡塞爾批評韋伯的「了悟法」猶如隔靴搔癢，是不可行的。

舒茲贊同胡塞爾的觀點，承認「意識」在了解生活世界的重要性，但他不同意胡塞爾將「自然態度」非棄之不可的必要性。他認為「自然態度」本身就是很好的社會學素材，極富剖析研討的價值。自然態度使得一個人知道社會的生活世界是與別人共享的、共同參與的。在自然態度中，一個人可以領會參悟他人的生活經驗，同時也能意會到他人也能參悟到自己的生活經驗。由斯，我們對外在的事務有了共識，與外在的他人有了共識，對彼此的行為與想法有了共識。這種與他人互動生活中所培養促成的共識，舒茲稱之為「互通的主觀性」（intersubjectivity）。這種互通的主觀性使得韋伯有意義的社會行動得以成立，同時也使得行動意義的主觀了解成為客觀的可能。

二、生活世界的認知

在互通的主觀性基礎上，舒茲認為每個人均主觀地建構自己的世界。個人到底如何透過主觀意識來建構生活世界呢？舒茲提出了一個相當重要的觀念，即「庫存知識」（Stock of Knowledge）或「庫存經驗」（Stock of Experience）。它是一個人累積的知識與經驗之總和。這些知識有的是從父母、師長及朋友處學得的，有的是從書本雜誌閱讀而獲得的，有的則是道聽途說擷拾得到的。總之，它是社會化過程的產物。一個人的庫存知識決定他所建構的社會生活實體。換言之，庫存知識給人提供一種參考架構或眼界取向。舒茲認為庫存知識具有以下幾項重要特質：

1. 庫存知識使得人們在生活世界裡養成了「自然態度」。

2. 庫存知識促使個人產生一種眼界的互通性。由此使得人們在同一情境中，能夠達成生活世界的共識。

3. 庫存知識帶有個人的傳記性格。庫存知識是個人生活經驗的沉澱物，其內涵不僅涉及沉澱物的性質，而且涉及沉澱物的經驗意義、強度、長短及承續性。因此在人世間絕對無法找到兩個有完全相同庫存知識的人。

4. 一個人的庫存知識體的經驗成分之間常存在有矛盾、相互不一致的情況。

5. 庫存知識的經驗成分間常有熟悉程度上的差異。換言之，一個人的庫存知識有些成分是印象深刻，銘記在心的；有些則是朦朧模糊，似有似無的。一項經驗或知識成分的熟悉程度取決於當時獲得的情況。

6. 庫存知識中有一種習以為然、經常與我們為伍而隨時使用的「習常的庫存知識」（Routine in the Stock of Knowledge）。

除了庫存知識，舒茲提出「相干」（relevance）的觀念。在日常生活中，一個人所面臨的情境並非其中每一件事物均能引起他的注意，與他的庫存知識互相「來電」。事實上只有一部分事務引起行動者的注意，而進入他的庫存知識中沉澱濾化。舒茲將「相干」分為兩種：一是情境中的一些事物強加於行動者身上的「強制的相干」（imposed relevance）；另一為行動者對於情境中某些事務特別主動的注意及有興趣的「自願的相干」（volitional relevance）。此外，舒茲又補充添加了三種相干：動機性相干、命題性相干及詮釋性相干。動機性相干是一個人在特定情況下，由自己的興趣所引導，特別有選擇地注意某些事務。這種相干可能是強制性的，也可能是自願的。命題的相干是由於特定情境出了問題所引起，行動者必須對問題做一番認真的思考，然後才有所行動。詮釋性的相干是命題性的相干之延伸，在認知上承認有了問題之後，努力的找出原因，然後加以解釋。

三、生活世界的行動

舒茲將生活世界的活動分為三種：

1. 行為（conduct）：指一般性有實際或可能意義的活動經驗；

2. 行動（action）：指事先設計好的行為；

3. 工作（working）：即藉身體活動以改變外在事務情況的一種有計畫的行動。

在這三種活動的背後，是被兩種動機所驅使造成的：

1. 前瞻動機（In order-to-Motive）：一種為達成未來目的而有的動機；

2. 回顧動機（Because-Motive）：即利用過去的事件經驗來解釋「之所以這樣做」的理由。

在舒茲的認知裡，前瞻動機的意義是主觀的、不確定的。事情只有待發生之後，塵埃落定，回過來省思檢查時，才可以建構出行動者的回顧動機。因此，回顧動機是客觀的，可以做科學的研究分析；而前瞻動機則是主觀的（無法建構行動者當時的心理狀態），無法做科學的研究分析。

舒茲對韋伯所提出的理性行動評價頗高。他認為在每日生活世界中，理性行動是一種理想，但很難具體實現。人們在日常生活所做的決定，大多是合理的選擇，而非理性的選擇。合理的選擇允許一個人在他有限的庫存知識範圍下所做出的選擇，但這種選擇可能會做出錯誤的判斷，但理性選擇則不允許任何錯誤的發生。

舒茲認為，人是有相當的自由來做決定的。在「自願的相干」下，行動者固然有充分的自由做自己的決定；但即使在「強制的相干」下，行動者也有部分的自由可以做自己的決定。選擇的自由可呈現於一個人的行動之中，也可表現於其行動裡的每一個步驟之中。一個計畫的完成常包含個人許多不同的決定與選擇。有的決定與選擇是不容易做到的，有的是不能當即做到的。舒茲引用胡塞爾的兩個概念說明這樣的情況。一是「問題的可能性」（Problematic Possibility），另一是「開放的可能性」（Open Possibility）。「問題的可能性」緣自困惑的情境，一個人所觀察面臨的事象，有些模糊不清，似是而非，因此弄得遲疑不決，難於做出最後的決定。「開放性的可能性」並非來自困惑的情境，而是一種未經證實的想法，一個未知待解的狀

態。

四、四種不同的社會關係世界

舒茲將人與人之間的社會關係分為以下四類：

1.「我們」（We）的關係：這是一種面對面直接的關係，但並非顧里所謂的「基本團體」（Primary Group）的關係。「我們」的關係是高度個人化的、即時性的。每個人必須調整自己的行為以適應他人的行為。這種關係非常不穩定，一旦失去了與他人面對面的接觸，便瞬即變成間接的關係。

2.「同夥」（Fellow Men）的關係：舒茲稱所有與我們有過，或曾經有過，或將來可能會有面對面接觸經驗的人為「同夥」。同夥歸屬我們直接的經驗範圍之內，包括現代的、過去的及未來可能的。

3.「同儕」（Contemporaries）的關係：或同代人的關係。它是一種「間接的我們的關係」（Indirect We-relationship）。

4.「他們」的關係：此包括「現代的同儕」、「過去的同儕」及「未來的同儕」關係。

以上四種關係相應地表諸於以下四種不同的社會關係世界之內：

1. 現今直接經驗所建構的社會世界（Umwelt）：這種世界為「我們」的關係所構成，人們在此有高度的創造性及自由度，故其行為模糊不明，難於蠡測。舒茲認為，發生在這個世界的關係行為，是難於做科學研究的。

2. 過去間接經驗所建構的社會世界（Vormelt）：這種世界為「過去的同儕」關係所構成。它是前人的世界，一個過去歷史經驗的世界。由於我們無法以我們現時人的心態去了解當時歷史事件發生時人們當時的心態，無法捕捉人們當時行動的主觀意義，故做科學的分析研究也會困難重重，無法進行。

3. 未來間接經驗所建構的社會世界（Folgmelt）：這種世界為「未來的

同儕」關係所構成。它是屬於後人、未來的世界。舒茲認為未來不定，一切均難預測，因此在這個領域的關係行為，不宜做科學分析及研究。

　　4. 現今間接經驗所建構的社會世界（Mitmelt）：這種世界為「當今的同儕」關係所構成。在這個世界裡，我們所接觸的不是家人、朋友、同學或「顯著的他人」（Significant others），而是類型化的「社會角色」，如郵差、警察、教授等。實言之，這是一種「他們」的關係。這種關係也包括類型化的社會情境、社會組織、社會制度及其他社會現象。這種類型化的關係充滿了陌生性及匿名性（anonymity）；它們存在於我們的文化之中，是文化薰陶下所凝成的社會行為規單（receipts），具有客觀的意義，為我們所共同分享與了解。舒茲認為這種間接經驗的關係世界，在時間上屬於現代，故我們可以現今心態來推想；因它屬於間接的經驗關係，故我們可以在共同文化了解下做類型化（typification）的分析。舒茲認為只有屬於這種關係世界的生活行為，才最適於做科學的分析與研究。

五、社會學研究方法的論點

　　舒茲認為社會學家的研究是建構「行動者在生活世界中已建構了的社會實體」，故其所從事的是第二道建構工作。他贊同韋伯價值中立的見解，認為社會學的研究應以客觀的態度，使用理念型來分析生活世界內的社會行動及現象。

　　舒茲認為理念型有兩類：(1) 行動歷程的理念型。包括屬於情境中先存的客觀意義、行動的最後產物、行動歷程本身及想像的或實際行動結果的副產物；(2) 行動者或個人的理念型。乃是社會學家所創造出來的一種木偶或假人（homunculi），將其賦予所觀察的特質後，代替真人，而做模擬實驗。這兩種理念型有密切的關係，可以相輔使用。

　　至於如何建構理念型呢？舒茲認為理念型除了能反映主觀的意義之外，

應該符合以下五項條件：

　　1. 相干性：欲建構的理念型必須與所研究的主題或問題相干；

　　2. 充分性：所要建構的理念型必須能充分解說行動者及所涉及同儕的行為；

　　3. 邏輯的一致性：所要建構的理念型必須在概念上明確清晰，與形式邏輯不相牴觸；

　　4. 相宜性：所要建構的理念型必須要與現有的庫存知識相通而不相悖；

　　5. 主觀的詮釋性：所要建構的理念型必須能解釋所觀察的行動對行動者主觀上的意義。

第三節　評估

　　誠如華格納所言，舒茲的現象社會學的貢獻在於對社會學的基本性質做了一種形上社會學的探討，它對社會學邏輯上的先存條件做了必要的廓清與奠基工作。他認為社會學的興趣是主觀的，價值取向是中立的，研究領域應落實於每日生活的世界裡，研究題目應在「現今間接經驗所建構的社會世界」取才，研究著眼點是社會行動與互動的關係，而社會學的知識基礎應建立在互通的主觀性及文化類型的了解上。凡此種種，舒茲無疑對韋伯的主觀社會學做了不可抹殺的貢獻，舒茲由日常生活經驗中所做的基本分析及發展出的概念架構與理念型的創造應用，使得韋伯的社會行動及互動模式更加完備周全。他不僅加深了主觀社會學及符號互動論的深度，而且豐富了整個社會心理學的內涵。

　　不可諱言的，舒茲是有相當自我主見的社會學家。誠如瑞澤所言，舒茲可能是歷來最具有單軌心眼的抽象理論學家，他的理論可能精深度有餘，但執平性及寬廣度不足。

　　波度（Perdue, 1986, pp.264-265）對舒茲的理論的批評，頗能擊中要害，一針見血。茲簡述如下：

　　1. 舒茲的現象社會學過分強調自然態度及個人意識的重要性，乃至於忽略了外在宏觀的社會實體的客觀性。一切外在的宏觀社會現象均需透過個人的意識來做社會建構，這豈不是有過分的「唯心」之嫌？

　　2. 舒茲認為「我們」的關係不宜做科學分析及研究，但他本人卻在「我們」的關係上大做文章，做了相當詳盡的分析，這豈不是有自相矛盾之嫌？

　　3. 舒茲一再強調生活世界中類型化的重要性，但他卻未曾分析在資本主義裡社會結構與意識形態之間的關係。質言之，在資本主義社會裡，資本家當權在勢，塑造社會中一般的意識形態，人們所獲得的類型化概念皆不可避免的染有資本階級的色彩，為資本階級的意識形態所滲透，因此用之來建構

社會實體，乃是一種馬克思所稱的「僞意識」。

4. 最嚴重的是，舒茲的現今時間取向使得現代人無法研究過去人的社會行爲，歷史的推論變得完全不可能，歷史社會學因此被否定。舒茲的現今取向，否定研究未來人們的社會及社會預測，也因此將「未來學」研究的可能性抹殺了。這種現代人只能研究類型化的現代人現象，無疑的將社會學的研究逼進一個死胡同裡，大大的限制了社會學研究的社會空間。

第三章　卡爾芬寇（Harold Garfinkel，一九一七至二〇一一）的俗民方法學

第一節 小傳

　　卡爾芬寇（Harold Garfinkel）生於一九一七年，成長於紐澤西州的紐瓦克城（Newark, New Jersey）。他的父親是一位家具商人，期盼兒子日後能繼承他的事業，在商業上發展，因此卡爾芬寇在剛入紐瓦克大學就讀時，選擇了會計學為他的主修科系。大學畢業後的第一個暑假，他在喬治亞州參加一個夏令營當義工時，碰到一群來自各州、有著不同興趣與背景的學生，與他們朝夕相處，乃引起了他研究社會學的興趣。於是在當年秋天，他隨即進入教堂山的北卡羅萊納大學（University of North Carolina at Chapel Hill）的研究所就讀，並於一九四二年順利獲得碩士學位。不久二次世界大戰爆發，他被徵召入伍到佛羅里達州的陸空部隊基地當訓練官；當戰爭快結束前，他被調往密西西比州的高爾夫港（Gulfport, Mississippi）服務，在那裡，他遇到他的夫人，也是終身伴侶史坦貝克（Arlene Steinbach）女士。

　　在教堂山北卡大學當碩士研究生的時候，卡爾芬寇即閱讀了派深思的著作，對之產生了相當的興趣，因此他於一九四六年進入了哈佛大學剛成立的社會關係學系，追隨派深思攻讀博士學位。在哈大期間，他認識了二次大戰的一些歐洲流亡學者，其中包括顧爾維希（Aron Gurwitsch）、高夫曼（Felix Kaufmann）及舒茲（Alfred Schutz），由他們那裡接觸到一些社會學理論、心理學及現象學新出籠的觀念。在就讀於哈大的同一時期，他受穆爾（Wilbert E. Moore）教授的邀請，參與了普林斯頓大學所主辦的「組織行為的研究計畫」（Organizational Behavior Project），又在這項計畫下所主辦的兩個會議上，卡爾芬寇有幸認識了當時頗有聲望的一些知名學者。

　　卡爾芬寇於一九五二年完成他的博士論文——《對他人的知覺：社會秩序中的一項研究》（*Perception of the Other: A Study in Social Order*），而獲得了哈佛大學博士學位。

　　哈佛畢業後，卡爾芬寇在俄亥俄州立大學教過兩年書，並參與了一項

領導專題研究計畫，然後他在亞利桑那州做過短期的陪審團田野調查研究。一九五四年他接受了加州大學洛杉磯分校之聘，擔任社會學系的教員，並在該校執教到一九八七年才退休。在三十餘年的加大洛杉磯大學任教生涯中，卡爾芬寇曾於一九六三～六四學年，擔任「自殺之科學研究中心」（Center for the Scientific Study of Suicide）的研究員；一九七五～七六學年，擔任「行為科學高級研究中心」（Center for Advanced Study in the Behavioral Sciences）的研究員；一九七九～八〇學年，擔任牛津大學（Oxford University）的訪問學者；一九九五年榮獲美國社會學學會的「顧里—米德」（Cooley-Mead）學術獎。

　　卡爾芬寇在他早期的學術生涯即從事俗民方法學的理論奠基工作，並嘗試地做了一些實驗性的研究，但是他的研究鮮少引人注意。一直到了一九六七年，他將他的研究結果編輯成書，出版了《俗民方法學的一些研究》（*Studies in Ethnomethodology*）一書，才引起社會學界的廣大注意，可惜他的文章艱澀難懂，很多論點必須從他的弟子的著作中加以印證才能了解。

　　卡爾芬寇的俗民方法學理論受到下列數人的影響：一是現象社會學家舒茲；二是符號互動論學者高夫曼；三是結構功能派學者，也是他的老師派深思。在這些人中，舒茲對卡爾芬寇的影響最大。當舒茲在紐約的社會研究新學院教授現象社會學的理論時，卡爾芬寇跑到他的課堂旁聽，深深的為舒茲的理論所吸引，自承受其啟發與影響至深且鉅。舒茲的現象社會學強調在互動過程中個人對於情境的共識性，每個人對於所處情境的了解絕非孤獨的、單一的，而是與他人共同分享而互相貫通的，舒茲稱此為「視野的互通性」（reciprocity of perspective），人之各種社會互動行為皆是建立在這種視野的互通性上，卡爾芬寇的俗民方法相當倚重舒茲的這個概念。其次是高夫曼的戲劇分析法。高夫曼重視人與人之間互動過程的本身，而非互動過程所產生的結果，特別是在互動過程中個人如何創造有利的形象、如何解說自己的行為及證明自己的成員性。這些觀點啟發了卡氏在其俗民方法學中側重互動過

程及個人性的看法。再其次是派深思，雖然派深思是卡氏在哈佛攻讀博士學位的業師，但其結構功能理論對卡氏並無顯著的影響，其影響只能說是間接的，僅限於「互信」（Trust）或「規範的期望」（Normative Expectation）的觀念上。這種互信或規範的期望即是俗民方法學中一再強調的日常生活中之「視為當然之假說」（Taken-for-granted assumptions）。

第二節 主要理論要點

一、定義、研究重點及特殊性

（一）定義

　　俗民方法學意謂一般老百姓或市井小民在每日生活互動中使用了解其意義的邏輯或方法。一般老百姓使用一些實務性的理智（Practical reasoning）方式來了解並處理日常生活所遭遇的事情及問題。他們所用的實務性的理智方式，與科學家在研究工作上所用的純求知的理智方式是截然不同的。

（二）俗民方法學的研究著重點

　　卡爾芬寇對主流的社會學派頗多批評，他認為主流的社會學理論如結構功能論、符號互動論、交換理論、衝突理論等，皆將社會學家自己對社會實體所得的認知與解釋硬性的加諸於被研究者身上，而罔顧被研究者本身自己對其每日生活事務的認知與了解。這頗有越俎代庖、強以自知為他知之嫌。俗民方法學者覺得，一般社會學家所認知的社會生活實體與一般老百姓所認知的社會生活實體往往不盡相同，甚至完全是兩碼子事。社會學家為求客觀化，做科學解釋，常與實際的社會生活實體隔離脫節了。

　　職此之故，俗民方法學的立場是直搗黃龍，直接的研究一般市井小民如何理解並處理他們在日常生活中所遭遇的事情及問題。在日常生活上，市井小民到底如何面對他們所遭遇的事件及問題，而予以理解及處理呢？卡爾芬寇認為，一般的老百姓及小民們常是訴諸於普通常識，以及社會上的習慣看法和理性來推蔽、判斷、解釋而處理日常事務的。卡爾芬寇曾從事一項法院陪審團如何達成判決裁定的研究。在該研究裡，他發現陪審人員在庭上聽取了雙方律師的辯詞及所提供的證據，並蒐集了有關辯護雙方的案情資料之後，在進入密室做最後判決被告是否有罪的過程中，常受到很多其他因素的

影響。陪審團員早先看過一些電影及電視節目、閱讀過報章雜誌，與親友、同事、同學和鄰居聊天談話所得的印象，以及自己過去的遭遇經驗所形成的所謂「非公定法則」或「實務性規範」，在最後陪審員裁決時發生舉足輕重的作用。法官在陪審團進入密室做裁決前所面諭的一些如何客觀的、公平的、以證據事實爲主來思考、討論及完成裁決的「公定法則」或「理論規範」常被拋諸腦後。陪審團員在未被選入陪審團之前，在他們的生活經驗裡，常養成自己一套認知及建構社會實體的思考方法，這種方法是「實務規範」取向的。在法官諄諄教誨以「理論規範」來從事案件的最後判決之時，這種「實務規範」的思考方式仍繼續存在陪審員的腦子裡，扮演舉足輕重的角色與作用。無疑的，在大多數情況下，陪審團最後所做出的判決常代表一種「理論規範」與「實務規範」的混合物。

俗民方法學者指出，當今的社會學家忽視了市井小民的「實務興趣」，硬以自以爲是的「理論興趣」來解說他們日常的社會行爲，結果曲解了社會眞相。現今社會學家使用科學方法及統計資料的分析，將複雜奧妙、千變萬化的社會現象壓縮化、簡單化及數量化，結果弄得一無所是，扭曲了社會的原本面目。其次，現今社會學家經常使用的問卷調查法，將受訪者所給的答案當做眞實情況的陳述，而忽略了對象本身的探究，簡直是捨本逐末。

俗民社會學家特別對一般社會學家在「題目」（topic）與「題材」（resource）的研究上的混淆處理有所諮議。譬如說我們每日的「談話」（speech），常被一般社會學家當做「題材」來研究，而不把它當做「題目」來研究。一旦當做「題材」，則是尋找「談話」中所隱藏的共通規範、價值與態度等。而俗民社會學者將「談話」當做「題目」來研究，則是將重點放在人們在日常生活中如何應用一般講話的共通規範、規則、價值來做成或完成其「談話」。一般社會學家常常不著眼於社會現象的本身，而喜歡將社會現象抽離、分類、抽象化。譬如社會心理學家研究兒童的社會化過程，常將之劃分爲幾個階段，然後闡述兒童在每一階段所習得社會的價值、規範及態度。究實而言，社會化的過程是連續不斷進行的，無法硬性分成階段

的。況且，社會化過程是雙向的，兒童並非永遠是互動的接受者，他們是有選擇性的接受者，甚至有時是互動的發動者。

俗民方法學者反對涂爾幹的社會實體論。社會並非客觀存在的實體。卡爾芬寇認為社會實體乃是個人認知與解釋生活情境的產物。個人在日常生活中常使用一些習以為然的規範、價值及普通常識來認知及解釋所面臨的情境，在自我解釋的過程中，無意且無形的便建構了他所在的社會實體。至於個人所建構的社會實體是主觀的或客觀的？俗民方法學者見仁見智，未有一致的見解。卡氏本人覺得個人所建構的社會實體是主觀的，而他的一些門人如彌漢（Hugh Mehan）及巫德（Houston Wood）則認為社會實體是在先驗的客觀條件下，經由個人的主觀意識修正擴充而建構成的。不論如何，所有俗民方法學者均一致認為，個人的實體之建構均是在與他人互動的過程中產生共識，而使用共識以致之的。

二、幾個俗民方法學研究的實例（Ritzer, 1992, pp.398-409）

（一）破俗實驗（Breaching Experiment）

卡爾芬寇為了要學生認識人們建構社會實體一事，他在學生身上做了一次破俗實驗。他要他的學生回到家中扮演房客，對父母保持距離，禮貌相對。在與父母互動的過程中，盡量避免個人親密的接觸，並使用正式的稱呼如「先生」、「女士」等，而且只有被問話時才答話。這個實驗歷時十五分鐘至一小時。結果父母的反應如何呢？根據學生的報告，很多父母感到困惑、震驚、侷促不安，甚至憤怒。有的父母覺得兒女們為何一下子變得如此邪門、自私、醜陋而無情。這種父母的反應說明了我們在彼此對待、互動之間存在一些常識性的秩序法則，一旦這個法則被破壞了，人們便驚慌失措，不知如何對待處理。很有意思的是，這些驚慌失措的父母會試著為子女的怪異行為找出各種解釋的理由。孩子是否太勞累了？孩子是否生病而致神志不

清了？或孩子是否中了什麼邪？這種種父母所能想出解釋子女的偏異行為的理由，就是社會實體的重建。原來冥冥之中存在的社會實體被扯破了，人們總是找些解釋將之修補重建回來，對現象的解釋就是一種社會實體建構工作。同樣的，破俗實驗也可應用到大商場的百貨公司。試一試與百貨公司店員，不顧貨品上所訂的售價，要求特別折扣而進行議價，店員及其他店中工作人員，甚至於經過的其他購物者的反應將會如何？

（二）性別之鑑定

人們總以為男女性別是天生的，一目瞭然的，何需鑑定？其實不然，性別之確定需要一番努力才可以完成。卡爾芬寇在一九五○年代遇到了一個叫安格妮斯（Agnes）的人，她看起毫無疑問的是一位女子，有著女性標準的身材，臉上乾淨亮麗，有著漂亮的臉龐，並且塗脂抹粉，百分之百的女孩模樣。是嗎？可是並非如此！安格妮斯生下時是男嬰，兒時成長時期一直被視為男孩，但是到了十六歲時，安格妮斯卻離家出走，把自己穿戴裝扮成女孩。但光是穿戴打扮成女孩模樣並不夠，她必須學習說話舉止行為均像女孩才行，否則她不會被社會接受承認為女孩。換言之，她必須學會扮演女孩的社會角色，才會被社會鑑定為女孩。安格妮斯的故事說明了一個重要的觀點：男女性別並非天生而確立的；性別是需要遵照社會的通則而努力達成的。

（三）「做」走路（Doing Walking）

一般人認為走路是自然而為的動作，何「做」之有？根據萊夫及謝肯的研究（Ryave and Schenkein, 1974），人們均熟悉走路的一般習慣的操作方式，但如何將這操作的方式應用於走路之中，確實需要一些「做」的功夫。譬如說兩個人一起走路，這兩人必須保持一定的近距離，不能離得太遠。如果一方走得太快，將距離拉遠了，另一方則必須立刻追上去，做「修補」工作，恢復原來的適當距離。在兩人行走中，他（她）們並非默默而行，而是

會進行一些社會互動，如交談聊天、互贈糖果香菸，或開玩笑等。

三、一些基本概念

　　俗民方法創立至今不過四、五十年，並未建立一套完整有系統的理論，但卻發展出如何理解及建構社會實體的一些基本概念。

　　茲簡單介紹這些基本概念如下（Ritzer, 1992, pp.393-395）：

　　1. 行動與互動的反省性（Reflexivity）：一般人的日常行為及互動均是具有反省性的。換言之，人們對手勢、語言及其他資訊之認知及解說，大部分均用來維繫並加強彼此對社會實體的共識。

　　2. 語言意義的索引性（Indexicality）：俗民方法學特別注重日常語言（或自然語言）的分析。我們日常使用的語言充滿了索引性的表達方式（Indexical Expression）。很多時候我們所說的話均是一語帶過，語句不全，一切盡在不言中。這種縮寫式的語言之意義，對使用者或聽者毫不構成任何問題，這是因為在他們互動的經驗裡，他們已建立了「視野的相互性」，達成了共識的社會實體。但這對於身在局外的人則有時會陷於窘境，無法理解。欲了解人們日用語言的意義，則必須知道話是誰說的、對誰說的、怎麼說的、在什麼時間與地點說的等等。由於語言使用之主體、對象、時間、地點、情況之不同，同一個用詞或同一句話經常會有不同的意思。因此日常或自然語言是以索引式來表達的，欲明白話語的真意，必須看索引中之上下文（context）才行。反省性及索引性是俗民方法學用以解釋人們日常生活互動及交道的兩大中心概念。但人們到底如何在互動及交道過程中認識周遭的一切，如何建構其社會實體呢？俗民方法學者提出了以下的方法：

　　(1) 解釋或解說（Accounting）：這是人們尋求並給予理由來解釋他們處境的一種過程。俗民方法學者研究人們對他們處境的解釋及解釋其處境的方法。譬如一個學生考試不及格，他會向教授說明他考不及格的理由。當他

說明理由時，他即給出了他的「解釋」。俗民方法學者並不關注「解釋」的性質，而關注在「解釋」是如何操作、進行，而最後獲得了「接受」或「拒絕」。一般老百姓對他們日常生活做「解釋」，同樣的，社會學家對他們的研究做「解釋」。所有的「解釋」都是有反省性的。

(2) 詮證法（Documentary Method）：這是一種試圖尋找一連串不同表象底下的共同形式的方法。一旦這底下的共通原則找到了，則單獨發生的表面事件皆可以詮釋了。詮釋法令我們對事件的發生有進一步的了解，並對行動的走向有所預測。

(3) 云云法則（etcetera principle）：在一般老百姓的交談互動中，常會有「休止」符號的出現，談話的一方忽然頓住了或「哼呀喔呀」的講不下去了，故在此談話的另一方必須稍候或「填充」（fill in）意會，才能將談話接續下去，理出一個所以然，這即是云云法則的使用。否則的話，談話將會隨時被打斷而破壞，交道互動過程將會難以進行。

（四）對社會實體的性質之看法

俗民方法學家彌漢及巫德在他們的著作中（Mehan and Wood, 1975）認為社會實體具有以下五種特質：

1. 實體乃反省性活動：對俗民方法學者而言，我們均無時無刻地透過我們的思想與行動在創建社會實體。我們對自己所為常不自覺，只有當實體遭到損傷了，我們才認知到它的存在（例如卡爾芬寇的破俗實驗）。

2. 實體乃連貫一致的知識體：老百姓在他們日常生活中或俗民方法學者在他們的研究中，均企圖將社會實體組織及安排做得前後邏輯一致，使其變成一個毫無分歧矛盾的知識體系。

3. 實體乃互動活動：社會實體並非單純的佇立在那兒。它之存在繫之於繼續不斷的參與者的互動及實體的不斷重建。

4. 實體的脆弱性：社會實體並非硬邦邦的結構；它是高度脆弱的，隨時可以受到破壞。因此之故，一般人及俗民方法學者可以將實體扯破以遂其意

或達成實驗目的。

　　5. 社會實體的周延性：人們生活在很多不同的社會世界內，而經常地會從一個社會生活的實體轉移到另一個實體之內。我們常在社會實體間移動互動。

（五）俗民方法研究的多樣性

　　俗民方法學自卡爾芬寇於一九六七年的鉅著《俗民方法學的一些研究》（*Studies in Ethnomethodology*）發表以來，各式各類的研究如雨後春筍出現在不同的領域，而且伸展進入不同的方向，因此有了所謂路線之爭。現今的俗民方法學已不是一個統合一致的理論，而是在其中有很多分支派系的理論，而且這些分支派系的一些基本觀點及方向是分歧不一致的。這種多樣化或多元化研究趨勢在未來只會有增無減。

　　俗民方法學的研究，如前所言，已伸延到各種不同的領域及方向。但大致而言，依目前的觀察，大部分的研究集中在兩個領域：制度（或組織）場域的研究（Studies of Institutional Settings）及會話分析（Conversation Analysis）。在制度場域內，俗民方法學者做過了一些法院、醫療診所、警察局部門的研究。在會話分析上，俗民方法學者用力最多，而且成績斐然。他們用錄音、錄像、面談及現場觀察等方式，蒐集了大量的資料，對人們如何做電話談話、面對面談話，以及談話過程中的起承轉合、如何結尾及一般常用的技巧，做了相當完整詳盡的分析，並且歸納出相當具體的形式與法則。例如芮墨曼（Zimmerman, 1988）對會話分析發展歸納出五項原則，茲列舉如下：

　　1. 會話分析需要詳盡的會話資料之蒐集與分析；

　　2. 最高質量的會話充其量只能當做一種有序的成就（orderly accomplishment）；

　　3. 互動與會話均有穩定性及秩序性，而都算是涉身其中的參與者的一些成就；

4. 會話的基本架構是連續順序而來的組織；

5. 會話是人群關係的基石，是人們互動最普遍的形式。

第三節　評估

　　俗民方法學立論新穎、見解獨創，常言很多主流社會學派所未能言者，無疑的在很多方面擴大了社會學研究的視野。俗民方法學的著眼點是，一般人如何認知並建構他們每日的生活世界，同時怎樣應用他們的普通常識及習慣法則來解決及應付他們日常所遭遇的問題。俗民方法學是以互動中的個人為主的，是社會心理取向的，是微觀的。它在很多方面與符號互動論相似（特別是與高夫曼及布魯默的見解很接近），但也有迴然不同之處。質言之，符號互動論著重的是社會的規範、價值、意義等，如何從人們的互動過程中被創造發展出來。相對的，俗民方法學者所著重的則是人們如何利用現存發展出來的社會規範、價值及意義來了解所處的生活世界，來解釋並建構所處的社會實體。其次，符號互動論與其他主流社會學派所追求的是科學或理論的理性，而俗民方法學所追求的則是日常生活中的實務的理性。俗民方法學一方面將平民老百姓個人的地位提高了，不僅將個人視為互動行為的主體，而且將個人視為創建社會實體的來源。但在另一方面，俗民方法學視社會存在於人們的共識之中，不無「我思，你思，故社會實體在」的唯心論之嫌。

　　俗民方法學者對主流社會學派大肆抨擊，特別是在方法論方面。可惜他們自己卻提不出一套有效可行的方法論。他們所倡導的開放式面談法（Open-ended Interview）、親身參與觀察法（Participant Observation）、文件詮釋法（Documentary Method of Interpretation）及模擬場域實驗法（Quasi-field Experiment）等，不是主觀性太強、容易陷入武斷偏執的判斷，便是執行有所困難，容易產生不良效應。俗民方法學對於宏觀的社會現象的處理，簡直無能為力，幾乎等於繳了白卷。其次，俗民方法學家一再地強調重視研究日常生活行為中被隱藏而視為當然的法則，但迄至目前為止，有多少這樣的法則被發現了？而這些法則又如何一一地被使用於特定的情境之內？凡此種種問題，均值得俗民方法學家深思檢討。

第八篇
交換行為理論

第一章　引言：基本命題與特徵

　　交換的概念是一種古老的概念，最早可追溯到人類學家馬林諾斯基（Bronislaw Malinowski）的著作中所提的「相互性」（reciprocity）一詞。同樣的，在其他文化人類學家的著作中也可以見到相似的概念。但是正式的交換理論之創建與發展，卻是二十世紀中期以後的事。它是一種很特別的社會學理論，具有以下幾個特點（Ritzer, 1992, pp.414-415）：

　　1. 交換理論主要源自心理學，特別是受到行為主義學者史金納（B. F. Skinner）的重大影響。

　　2. 交換理論也受到經濟學的影響，特別是經濟學中理性選擇理論的影響。

　　3. 交換理論的排他性很強，幾乎排斥所有其他的社會學理論。

　　交換理論深受史金納心理學行為主義的啓發。史金納認為所謂「感覺」、「情緒」、「動機」等，皆屬神祕、不可捕捉的東西，科學研究必須著眼在具體行為的本身。他特別著重研究個人行為與其環境之間的關係，他主張個人與社會事物的關係及個人與非社會事物的關係是毫無差異的。

　　交換理論是建立在經濟交易的基本原理上：人們供給物品或服務以換取自己所需要的商品或服務。交換雖然經常以金錢來計值，但它也可以用任何的東西來交換，包括內在的、外在的、具體的或無形的東西。

　　現代社會學的交換理論的發展歸功於霍門斯（George C. Homans）、布勞（Peter Blau）、愛默生（Richard Emerson）及庫克（Karen Cook）等人的努力。

第二章　霍門斯（George C. Homans，一九一○至一九八九）的微觀交換行爲

第一節　小傳

　　霍門斯於一九一○年誕生在波士頓一個富有的上等家庭，是美國開國時兩位總統約翰‧昆西‧亞當斯（John Quincy Adams）及約翰‧亞當斯（John Adams）的後人。他是家中四個小孩中的長子，在書香門第長大，家中有藏書極多的圖書館，他飽覽群書，在自傳中自承他在家中所學到的東西遠比他在學校所學到的東西為多。他沿襲霍門斯家族的傳統，進入波士頓城一家頂尖的私校讀完了大學前課程。

　　他追隨霍門斯家族的小孩們通常經歷的學業過程，於一九二八年進入哈佛大學就讀，主修英文及美國文學。在修習英文的課程中，他認識了年輕的英文講師第瓦透（Bernard DeVoto）；由於第瓦透的介紹，他認識了生物化學家兼社會學家韓德生（Lawrence Joseph Henderson）。由於與韓德生的接觸，霍門斯開始對社會學發生了興趣。他於一九三二年自哈佛畢業後，無事可做，乃參加了韓德生在哈佛所舉辦的討論會。在某一次的討論會中，討論的主題是義大利社會學家巴列圖（Vilfredo Pareto）的理論，他深深為巴氏經濟分配的見解所吸引。不久後，他與小組討論會的另一位成員柯提斯（Charles Curtis）合寫的《巴列圖介紹》（*An Introduction to Pareto*）一書問世。這本書一下子把霍門斯變成了一位社會學家，使得哈佛大學於一九三四年聘請霍門斯為社會學講師。從一九三四～一九三九年任講師期間，霍門斯開始閱讀大量的社會學書籍，完全浸浴在社會學之中。二次大戰期間，霍門斯應召入海軍服役。服役四年半退役後，他重返哈佛執教，校方升任他為新成立的社會關係學系副教授，當時的系主任是派深思。他對派深思其人相當的尊敬，但對其理論卻毫不留情的痛加批評。兩人不滿彼此的理論，因此評論的文字常見諸於他們所發表的著作之中。霍門斯認為社會學理論應該以經驗性的觀察及推理邏輯為基礎，他認為派深思的理論巨大空疏，完全是一套概念架構，只是勉強將一些例子硬套進去解說。

一九五○～六○年代是霍門斯創作的旺盛時期。他發表了好幾本重要的著作，哈佛鑑於他的學術成就，乃於一九五三年將他升爲社會學正教授，使得他成爲哈佛大學沒有博士學位而完全靠實力取得正教授地位的稀少族類之一。

他於一九六四年當選爲美國社會學學會主席，在主席的年會致詞中，他大肆批評當時日正當中、火熱異常，以派深思爲首的結構功能學派，稱其忽視心理學上的重要命題，完全無法解釋人們的行爲。霍門斯於一九八八年獲得美國社會學學會的卓越學術成就獎。

霍門斯的社會學是完全微觀的，重點放在小團體下個人的行爲。他的交換理論受到生物化學、行爲心理學、功能人類學及經濟學的影響。在個人學者方面，對他有顯著影響的爲韓德生、梅歐（Elton Mayo）、史金納及辛末爾。韓德生與梅歐在芝加哥著名的西方電力公司的霍桑工廠所做的實驗研究，給了他相當大的啓發，他後來自己在多年之後也到過霍桑工廠做了追蹤研究，並發表了《情緒與活動》（*Sentiments and Activities*, 1962）一書，獻給梅歐爲紀念。霍門斯深受史金納的操作制約（operant conditioning）研究的影響，他雖然不同意人類行爲與動物行爲完全一樣的主張，但他相信人類行爲與動物行爲有很多相似之處。動物行爲研究的結果與解釋是可以爲人類行爲研究者所借鑑。史金納在控制操作下做的動物行爲研究所得的一些心理學命題，無疑的成了霍門斯的交換理論之源頭活水。另外，辛末爾在他的互動及錢幣理論中，不斷地強調交換的相互性（reciprocity），認爲交換乃互動過程的基礎。霍門斯曾發表過一篇文章紀念辛末爾，並在文中論及辛氏對互動理論及小團體研究的貢獻。

第二節　主要理論要點

一、社會行為的心理學解說

　　霍門斯反對涂爾幹的社會實在論。涂爾幹一直強調社會事實必須以另外的社會事實來解釋，不能訴諸於心理事實來解釋。霍門斯則不以為然，他認為社會事實必須訴諸於心理事實來解釋。

　　霍門斯也反對後涂爾幹學者與人類學家史特勞斯（Claude Levi-Strauss）的見解。史特勞斯深信「集體非意識」（collective unconsciousness）的存在，而且認為這種「集體非意識」深植人心，甚至於比涂爾幹的「集體意識」來得更為堅久，更有約制力。社會交換只存在於人類社會，不存在於動物社會。它只能從外在於個人的集體文化勢力來解釋，而不能以個人的動機或興趣來解釋。霍門斯則持截然不同的立場。

　　霍門斯不僅反對涂爾幹及史特勞斯的觀點，他也反對結構功能學派對社會制度及其他宏觀社會現象的解說。

　　他認為不論是小團體的行為也好，或大團體的行為也好，所有人類的互動行為是以追取報酬及逃避處罰為主，皆屬交換性的。所有的交換行為皆須用心理學來解釋。真正的社會學必須要建立在心理學原則之上。

二、日常交換行為的幾項基本命題

　　霍門斯自承為心理學簡化論者（psychological reductionist）。他是以心理學的原則來解釋社會行為。他說他所做的的工作只是「將人們帶回社會學之內」（Bring men back into sociology）。

　　霍門斯的交換理論主要來自行為心理學與一般經濟學。他認為人與人之間的社會行為是一種交換活動——一種多多少少涉及報酬與代價之有形

的或無形的交換活動。如果一個人覺得與另一個人的互動來往是會帶來報酬的，他將會繼續不斷的進行他們的互動活動；相反的，如果一個人覺得與另外一個人的互動來往只會帶來不利或不愉快且需付出代價的，則他將會終止與那個人的互動。人們的自我興趣（self interest）是互動行為最主要的動機力量。這頗似史金納的鴿子的實驗：鴿子是按照環境所給予正面及負面的增援（reinforcement）之估量來調整其反應行為的（Delaney, 2005, pp.140-141）。

　　霍門斯注重人與人之間每日的互動交換行為。他認為貫穿於人們每日互動的交換行為中，有以下六種命題（原五項及後來添加的一項）：

（一）成功命題（The Success Proposition）

　　「從一個人所做過的行動而言，他的某一特定行動常會帶給他較多的報償，他則會更多的欲做該項活動。」

　　例子：一個學生考前越用功，則考的成績越好。他以後考前會更加努力用功準備功課，以求下次考得更好的成績。

（二）刺激命題（The Stimulus Proposition）

　　「在過去特定刺激或一套刺激的發生事件中，使得一個人的行動獲得報償，如果現今的刺激情況越與過去的刺激情況相似，則該人就越會從事其行動或類似的行動。」

　　例子：一個學生從過去準備考試的經驗裡知道，考試前三天開始準備功課，比考試前一天準備功課較易得到好的成績。則該學生就會在考試前三天開始準備功課，而捨棄考前一天的準備（或刺激）方法（同樣的，個別閱讀準備方式與集體閱讀準備方式也可用做例子說明）。

（三）價值命題（The Value Proposition）

　　「某一行動對一個人越有價值，則他就越會從事該行動。」

這個命題涉及個人期望報酬的程度。

　　例子：一個學生在考前得悉，附近的城市有一場演奏會將在考試當天同一時間舉行。他是一個樂迷，特別仰慕及喜歡這場演奏會的音樂家，因此他非常想去聽演奏會，但他也想準備考試以取得好的成績。魚與熊掌不可兼得，到底該去聽演奏會，或準備功課考得好成績呢？這就必須看哪一種活動或行動帶給該學生較大的價值（或滿意度）來取決了。

（四）剝奪──滿足命題（The Deprivation-Satiation Proposition）

　　「一個人在最近的過去獲得某一特定報酬越多時，再增加該報酬對他的的價值就會變得越少。」

　　對一特定報酬之被剝奪或滿意感，乃最重要的決定因素。

　　例子：上述學生已考過三次考試，均得了相當高的分數，可能認為下一次考試的得分並不太會影響他的學期平均成績，因此下一次考試得高分與否已無關緊要，它已不如去聽音樂演奏會對該生來得更有價值，因此最後他決定去聽音樂演奏會。

（五）侵略──認可命題（The Aggression-Approval Proposition）

　　「當一個人的行動未帶來所期望的報酬，或遭受到未想到的處罰，他將發怒，將越可能做出一些侵略性的行為，其行為結果變得對他更有價值。當一個人的（侵略）行動帶給他期待的報酬或比期待更大的報酬，或未遭受到期待的處罰時，他將會高興，他將會更可能的進行該認可的行為，而此行為的後果將對他是更有價值的。」

　　例子：讓我們接續上一個例子，假如我們所提的學生決定放棄考試的準備，而要去聽音樂演奏會。但當他到達會場的時候，發現他預定的門票已被窗口售票員售出，而且所有門票均已售罄，他已無票可買，因此他極為沮喪、忿忿不平，便與售票員大吵起來，適時正巧主辦音樂會的經理路過，聽到爭吵及該學生爭吵的理由，為了平息學生的不滿與憤怒，乃特別安排一個

貴賓席的座位給學生。學生大喜，沒想到憤怒之爆發會帶來如此意想不到的好結果。這個學生在未來遇到同樣或類似的沮喪情況時，將極有可能如法炮製，展現他的「正義之怒」。

（六）理性命題（The Rationality Proposition）

「一個人在選擇諸項行動時，他將選中他當時認為帶給他價值V乘以其能實現之機率p較大者。」

這項命題源自經濟學上的理性選擇理論。簡言之，人們在採取任何行動之前，將會考量該行動所帶來的報酬是多少，以及該行動可能成功的機會有多大。假如在考量之下，報酬很大，但成功的機率很小，他則可能棄而不為；假如在考量之下，報酬很小，但成功的機率很大，他也可能不屑為之。人們常最可能選擇報酬較大而同時其成功率較大的行動而為之。

霍門斯認為這六項命題是互相關聯的，必須將它們組合視為一套命題。在解釋人的行為時，這六項命題必須予以考慮使用。霍氏相信，社會學家使用這六項命題照樣可以解釋結構功能學家所稱的社會結構。

在霍門斯的眼裡，政府與人民也是一種交換行為，政府因為保障人民的權益而獲得人民賦予的權力。

他論權力及權威時，是以最小利益法則（Principle of Least Interest）來解說的。一個人在與他人交往中，利益較不在意者常占上風，較能支配交往的過程（例如在約會中，不在意者較在意者更占上風）。

霍門斯也提到分配的公正性（Distributive Justice）。在互動交往過程中，人們期望他們所得的報酬與他們所付出的成本應成正比，但很多時候這是頗難決定的。分配的公正性常是相對的，一筆交易行為是否被認為公正、滿意，與一個人所用來比較的團體極有關聯。

事實上，霍門斯並未花足夠的時間與精力從事宏觀結構的分析，他的分析研究局限於直接面對面的小團體的行為。

第三節　評估

　　霍門斯遭受批評最多的是他忽視宏觀結構的分析，未能適當的研討文化與社會層面。即使在微觀現象的研究上，霍門斯也被批評他所做的均偏重兩個人的互動而已，沒有涉及超過兩個人以上或多人的互動。在研究中，他置社會規範與價值而不顧，應該用卻未能用之來解說人們之間的互動關係（Ekeh, 1974）。

　　其次，他過度重視外在的行為，而漠視了內在的經驗（Abrahamson, 1970），對人的內在意識完全捨而不論（Mitchell, 1978）。

　　在各種批評中，帕深思的批評可能最為嚴酷。他認為霍門斯將人類行為與低等動物的行為之差異給模糊化了，解釋人類行為的原理與解釋動物行為的原理有本質上的不同，不能等量齊觀。帕深思認為霍門斯所堅稱的心理學原則既不適宜也無法解釋社會事實，他指出，霍門斯在他自己的研究中，從未能證明心理學原則對社會事實的解釋性（Parsons, 1964）。

第三章 布勞（Peter M. Blau，一九一八至二○○二）從微觀到宏觀的交換行為

第一節　小傳

　　布勞於一九一八年生在維也納一個猶太人家庭。希特勒及納粹黨的興起掌權及二次世界大戰，對他及他的家人造成不可言說的重大衝擊。當希特勒的軍隊侵入奧地利時，他試圖逃往鄰國捷克斯拉夫共和國（Republic of Czechoslovakia），但不幸被捕，並遭受酷打。幸運的，他不久後獲得釋放，終於如願逃到了捷國首都布拉格（Prague），靠著他的一位高中老師的幫助，輾轉跑到了法國的一個小城雷哈夫（Le Havre）；在那裡他獲得了一項到伊利諾州的艾姆賀斯特學院（Elmhurst College, Illinois）就讀的難民獎學金。於是他於一九三九年到達了美國就讀大學，並於一九四二年獲得了艾姆賀斯特學院的社會學學士學位。隨後布勞加入美國陸軍，返回歐洲當戰後的調查員。由於他的優異服務表現，獲得了美國政府頒授的銅質獎章。從事調查工作期間，他獲知他的家人在波蘭奧斯維茲（Auschwitz）納粹集中營被害的惡耗。可能由於他曾參加美國軍隊服務的經歷，隔年，即一九四三年，他獲得資格得以歸化變成美國公民。

　　布勞在戰爭服役過後，返回學府繼續他的學業深造。他於一九五二年獲得哥倫比亞大學社會學博士學位。邇後曾任教於韋恩州立大學（Wayne State University, Detroit，一九四九～一九五一）、芝加哥大學（University of Chicago，一九五三～一九七〇），及哥倫比亞大學（Columbia University，一九七〇～一九八八）。他於一九八八～二〇〇〇年間擔任北卡大學教堂山（University of North Carolina, Chapel Hill）的名譽教授，與其夫人朱蒂・布勞（Judith Blau）共同執教於該校社會學系。

　　布勞最早期的學術貢獻是在社會組織及社會結構方面。他最著名的著作乃是一九六七年與鄧肯（Otis Dudley Duncan）合著的《美國的職業結構》（*The American Occupational Structure*, 1967）一書，該書成為研究美國社會階層及社會流動必讀的經典之作，結合理論及經驗資料統計分析於一身，

為結合理論與實證研究提供了一個好樣本。該書贏得了美國社會學學會於一九六八年所頒發的索羅金（Sorokin Award）學術大獎。

布勞在社會學上的貢獻是多方面的，但總結來說，他的主要貢獻是在交換理論及結構理論。他在《社會生活中的交換與權力》（*Exchange and Power in Social Life*, 1964）一書中，將霍門斯的小型微觀的交換行為之分析應用到大型宏觀的組織制度議題上。布勞一直站在結構的最前線，他於一九七三年當選為美國社會學學會主席，他的主席致詞即環繞著結構理論的主題而發。日後他的一些著作也集中在結構的命題上。

除了於一九七三年被選為美國社會學學會主席外，布勞並於一九八〇年當選為美國科學院的院士。

第二節　主要理論要點

一、從微觀發展到宏觀交換行為的過程

　　基本上，布勞既贊同霍門斯一些微觀現象的看法，但也反對霍門斯的心理學的約化論。他認為微觀的社會現象與宏觀的社會現象差異至大，霍門斯在微觀現象所發現的交換行為原則，無法應用到宏觀的社會行為上。布勞指出，微觀現象的結構是由互動中的個人所組成；而宏觀現象的結構則是由互相關聯的團體所組成。如何從微觀的個人間的交換行為升級為宏觀的社會結構，在此，布勞引用了「演生」（emergence）的概念來做解釋。

　　布勞發展出一組四項連續步驟，來說明個人如何從彼此之間的交換行為演變為社會結構及社會變遷。他應用此四項步驟，很明顯的，是企圖將霍門斯的交換理論及派深思的結構功能理論搭橋連結起來。四項步驟如下：

　　1. 步驟一：人們之間個人彼此之交換交易導致……
　　2. 步驟二：地位與權力的分化，因之而導致……
　　3. 步驟三：合法化及組織，因之撒下了以下的種子……
　　4. 步驟四：反對與變遷。

　　布勞承認所有個人之間的互動交往並非均等的。人際的交換關係有時是一來一往的，有時是單方面的。當交換是均等的，即交往中的個人所得的報酬與其付出的成本形成適當的比例，這即是一種純正的交換關係。實際上，這種關係常不存在。常存在的及常見到的是一種不等性的關係（asymmetrical relationship），而此不等性的交換關係乃導致了地位與權力的分化。

　　布勞認為在剛形成團體之時，每個人均欲證明其對團體的價值，有的人能力強，有意願為團體服務，也實際做了很多的貢獻，大家有目共睹，因此很容易地被選為或派為領導，賦予很多的權力，並且受到大家的尊重。有的

個人能力差或／及無服務團體的意願，對團體缺少貢獻，因此很容易地淪為被領導者。領導者與被領導者的地位於焉形成。當地位的分化開始形成時，一種需要成員團結的意識逐漸加強，誰是領導、誰是被領導的名分與地位遂得以確立，社會階層也於焉造成，而個人之間的交換關係也逐漸變成一種權力關係。

布勞認為權力（power）為個人或團體加諸於他人的能力，不顧他人的反抗或意願，這種能力常是不給報償或給予處罰的。換言之，它是一種處罰、威脅或強制執行的力量。權力一旦合法化了，便變成權威（authority）。權威建立在群體共通的規範與法則上，它於法有據，容易為人接受及遵從。

在合法化及組織整合的過程中，一些反對的團體及聲音不可避免的會產生，可能的社會變遷也隨之而來。權力之合法化或遭遇反對與否，決定於社會中諸群體所持的價值──特定的或普世的價值。

二、規範及價值的角色與功能

在布勞的眼裡，規範（norm）是連結個人間的交換至團體關係的鏈環（link）；而價值（value）是連結社會中諸群體之間的鏈環。布勞指出，社會中有以下四種基本價值：

（一）特定價值

一個社會團體內，成員們所重視遵循的一些信念、觀點及態度。這種價值可以促進團體成員的團結及凝聚力，如軍隊的愛國主義或某間公司的經營目標及公司文化。這種價值也是造成社會中團體間的分歧與衝突的主要因素。例子不勝枚舉，如：反對槍枝立法通過的民間團體與全國來福槍協會（National Rifle Association）的對抗；女權運動團體與反女權運動團體的對

抗：贊同墮胎組織與反墮胎組織的對立；共和黨與民主黨的競爭等。

（二）普世價值

社會中大家所公認的價值，如財富、健康、美貌及成功等。這些價值可以當做行之天下的通用標準，因此它常被用來量測跨越行界不同事物的相對價值。因為這些普世價值的存在，非直接或間接的交換在社會裡才變為可能。也因為這些普世價值的存在，誰窮誰富，或誰屬於上等階級或誰屬於下等階級的社會階層也得到社會上的認可。

（三）合法性的權威價值

這是為達成組織的目的而當做權威使用及組織控制之媒介的價值。權力必須要合法化，要被成員視為合法，才能夠行之有效；同時領導人員必須視為合法，才能有權執行任務以達成組織的目的。

（四）反對（理念）的價值

一種允許、保障反對黨團發言並做合法的反對活動的價值。例如佩諾（Ross Perot）為不滿共和黨與民主黨的美國人所支持，他以第三政黨競選美國總統。這種價值之存在有助於社會的改革與變遷。

布勞認為社會價值的共通與共享，乃是了解在社會中諸群體之間交換及權力關係的鑰匙。我們在社會中所過的千頭萬緒錯綜複雜的社會生活，是透過我們制度化的共通的社會價值而有以致之的。

第三節　評估

　　布勞雖然從微觀的交換行為的分析推演至宏觀的社會事實之討論，其志可嘉，但他並未能充分道出人際交換與組織、制度行為的真正差異。即使他舉出了差異，但他分析得不夠深入。同時，他在提升推演的過程中，將交換理論變質，弄得面目全非，已不復是原湯原汁的交換理論了。在很多方面，他對社會的觀念與分析倒與結構功能派的觀念與分析比較接近。他對人的看法也極接近結構功能派的派深思及他的老師墨頓的看法，他認為人是理性的、自由的、追求目標的，但其追求目標卻受所處的社會結構之限制，只有在所在社會結構限制下做行為選擇。

第四章　愛默生（Richard Emerson，一九二五至一九八二）對布勞理論的延伸及補充

第一節　小傳

　　愛默生（Richard Emerson）於一九二五年在猶他州鹽湖城出生。他在有山、有湖、有冰川的自然環境長大，是個自然主義者，喜歡爬山、旅遊及鄉村生活。他曾於一九六三年與隊友成功的攀登上世界最高峰珠穆朗瑪峰（Mt. Everts）。他曾經獲得國家科學基金會（National Science Foundation）的獎助，研究登山的心理壓力對登山隊員的長期行為之影響，獲得甘迺迪總統代表國家地理學會（National Geographic Society）頒發的胡巴特獎章（Hubbard Medal）。他對高山的熱愛以及對巴基斯坦山村生活的嚮往，經常成為他的社會學思想的源泉活水。他所做的很多個人之間關係及社會團體行為的研究，常是來自他與登山隊友所經歷的合作與競爭的實際經驗而啟發的（Ritzer, 2000, P.428）。

　　愛默生於二次世界大戰期間，參與了有名的陸軍山野軍團服役。戰爭結束退役後，他就讀猶他大學（University of Utah），主修社會學，副修哲學，於一九五〇年獲得學士學位。然後他進入了明尼蘇達大學社會學系攻讀研究所課程，主修社會學，副修心理學。他的主要指導教授是教社會學理論的馬丁戴爾（Don Martindale）及教心理學的夏切兒（Stanley Schacher）。他於一九五二及一九五五年分別獲得了明大社會學碩士與博士學位，並隨即他被辛辛那提（University of Cincinnati）大學聘去任教。他在辛大待了近十年之久（一九五五～一九六四）。

　　愛默生於一九六二年二月分的美國社會學刊發表了〈權力─依賴關係〉一文，聲名鵲起，引起社會學界的注意，也因此確定了他接下來二十年在交換理論上發展及擴展的努力方向。他於一九六五年被華盛頓大學挖角延攬，在西雅圖任教，一直至一九八二年他的英年早逝為止。愛默生熱愛生活，性喜爬山及野外活動，在他創作力最旺盛及聲名如日中天之時，不幸意外的得癌症去世，實在令人無限惋惜（Cook and Whitmeyer, 2000）。

　　愛默生在於華大任教期間，運氣應算相當不錯，遇到當時正在同系執教、比他年輕逾二十歲的女教授庫克女士，兩人志趣相投，對交換理論觀點頗相類似，因此合作做了一些交換理論在實驗室中的經驗性研究，並且共同發表了一些文章。在愛默生過世後，庫克將他未完成的著作，有關價值在交換理論一文，收錄在她所編輯的《社會交換理論》（*Social Exchange Theory*, 1987）一書之中。

　　愛默生主要的著作均發表於美國的社會學刊及收錄於他人所編輯的社會學理論書籍之中，他自己並無專書見世。

第二節　主要理論要點

一、交換網絡

　　愛默生於一九六二年發表他的〈權力─依賴關係〉一文後，再於一九七二年發表兩篇文章，解說他的權力與依賴關係的觀點。這兩篇文章使得愛默生的交換理論得到里程碑的發展。不同於布勞藉用規範與價值連接微觀與宏觀的結構，愛默生則藉用社會網絡連接微觀與宏觀的結構。他認為，在微觀的層面上，交換著重個人在互動過程的利益得失，以及對互動過程的貢獻。但是一旦到達了宏觀層面，因為涉及多數個人或群體，交換網絡則必不可缺少。交換網絡的構成應具備以下要素：

　　1. 交換網絡為一些個人或群體行動者（individual or collective actors）所組成。

　　2. 諸行動者均擁有不同價值的資源。

　　3. 在網絡的行動者之間，存在有一套交換的關係或機會。

　　4. 交換關係或機會將諸行動者連繫在一個單一的交換結構之內。

　　對愛默生而言，交換網絡是連繫兩個或兩個以上行動者之關係的特定社會結構。譬如說這裡有兩個雙人關係：A-B及A-C。這兩個雙人關係便形成了一個最起碼、最小的交換網絡：A-B-C。一個交換行動的發生（A-B）必須端賴另一個交換（B-C）行動的存在。

二、權力與依賴性

　　愛默生的交換理論之核心觀念乃是「權力」與「依賴性」這兩個密切相關的觀念。在愛默生的心目中，「權力」乃一個行動者可致使另一個行動者接受可能成本或代價的程度；「依賴性」乃一個行動者在一個關係中願意接

受可能成本或代價的程度。

愛默生的權力與依賴性理論可簡述如下：

在一個交換關係中，一方對另一方的權力與他對另一方的依賴性成反比。換言之，一個人對另一個人的依賴性越大，他對另一個人的權力則越小；相對的，一個人對另一個人的依賴性越小，他對另一個人的權力則越大。行動者相互的依賴性是決定他們的互動及權力關係的一大因素。愛默生認為A對B的依賴程度：

1. 與B能夠居間調理A在其目標的動機投資量成正比。釋言之，如果A要達成他的目標的欲望很強，而他的目標又需經過B的居間調理。B的調理力度越大，A對B的依賴程度就越大。

2. 與A能在A-B關係之外取得資源而達成其目標的可能性成反比。釋言之，如果A在A與B的關係之外可以很容易地找到資源以達成其目標的話，則A對B的依賴程度就越小。

依賴度與權力有直接相關。A對B的權力繫之於B對A的依賴度。當A對B的依賴度與B對A的依賴度相等時，則A與B便達成了一種均衡的權力關係。但當彼此依賴度不等時，少依賴對方者則在權力關係上占有優勢。權力因彼此依賴度的不同，自然的嵌入A與B的關係結構之中。

權力可以來自給予報酬或施以處罰的能力。一般而言，正面給予報酬的效果常較負面加以處罰的效果為大。

愛默生也論及兩人以上團體的權力關係。他認為在團體中，一個人所占據位置（position）的權力分量取決於全團體成員對該位置的依賴程度。一般而言，團體成員輒將位於結構中心及依賴性高的位置賦與較大的權力及權威，所以占據該位置的人自然的就擁有較大的權力及權威。

第三節　評估

　　愛默生最大的貢獻乃是他對權力及依賴關係的分析，他藉用社會網絡連
接了微觀與宏觀的結構，如此不僅可以分析微觀的雙人或三人的交換關係，
而且可以推而廣之分析社會組織的、婚姻家庭的、市場的，乃至於國際全球
的地緣政治與經濟交換關係（Dillon, 2010, P.243）。可惜他英年早逝，未能
將他的交換理論與其他宏觀的及微觀的理論相結合，特別是網絡分析理論相
結合。幸虧有他在華大的志同道合的年輕同事（特別是以下所介紹的庫克）
能夠繼承他的理論觀點及取向，發揚光大，在與其他理論整合方面做了相當
的努力，並獲得不小的成果。

第五章　庫克（Karen Schweers Cook，一九四六至二○一二）

第一節　小傳

　　庫克於一九四六年在德州奧斯汀（Austin, Texas）出生。她在奧斯汀長大，於一九六五年與她的雙胞胎兄弟一同進入史丹福大學就讀，然後於一九六八年獲得社會學學士學位，一九七〇年獲得碩士學位。她於獲得碩士後繼續留在史大，一方面攻讀博士學位，一方面當社會學榮譽班的代理講師，同時也兼任社會研究實驗室的研究員。她於一九七三年獲得了史大賦予榮譽級的博士學位（Delaney, 2005, pp.150-152）。

　　甫得博士學位後，她便於一九七三年秋季到華盛頓大學（University of Washington）擔任助理教授，一九七九年晉升為副教授，一九八五年晉升為正教授，並於一九九三～一九九五年擔任社會學系主任。她於一九九五年離開了華大而轉到杜克大學（Duke University），擔任其社會學系的杜克（James B. Duke）講座教授，並兼任社會實驗室的主任。她於一九九八年離開了杜克大學，返回母校史丹福大學擔任韋博兒（Ray Lyman Wibur）社會學講座教授，不久之後又兼任社會科學研究所主任（Director of the Institute of Research in the Social Sciences）、社會學系系主任及主管教職員發展和平等化事務的副教務長（Vice-Provost for Faculty Development and Diversity）。她曾被選為太平洋社會學學會主席、美國社會學學會及國際社會研究所副主席。一九九六年被選為美國藝術與科學院院士，並於二〇〇四年榮獲美國社會學學會社會心理學組所頒發的「顧里—米德」學術獎，二〇〇七年當選為美國科學院院士。

　　庫克的研究領域主要為交換理論、社會網絡、社會正義及誠信問題。她與愛默生曾在華大同事，受其影響頗大，曾與其合作研究，共同發表了一些文章。愛默生過世後，庫克承繼其理論並加以詮釋補充。她也受到霍門斯的影響，繼續在霍氏所提的「分配正義」（distributive justice）題目上做文章；另外，她頗為布勞從微觀到宏觀的四階段演進過程的見解所啓發，一直

致力於結合微觀到宏觀社會現象的研究。她將「誠信」（trust）引入交換理論的討論與分析，可能是她對交換理論所做的最大貢獻。

　　庫克幾乎所有重要的學術文章均是與他人合作發表的。她所出版的書籍中也是多與他人合寫的或共同編輯的。

　　庫克在史大教書並擔任行政職務，同時與別人合作研究，經常有著作發表。可能由於勞累過度，疏於照顧自己的身體，不幸於二〇一二年得癌症過世。

第二節　主要理論要點

　　如同愛默生一樣，庫克藉用了網絡結構與權力—依賴關係，來解說從兩人的交換行為擴大到兩人以上的交換行為。她不僅重新解釋了愛默生的交換中的權力—依賴關係，而且對交換網絡做了進一步的剖析。她認為交換結構是由兩個或兩個以上相連接的交換關係所構成的，它是一種特定的社會結構。一旦這種交換網絡建立了，連繫兩人行的交換與宏觀結構的現象便會接連顯現。庫克與她的同事亞瑪吉西（Toshio Yamagishi）指出，在一般化的交換結構中，有以下兩種不同的分類：

（一）團體交換理論（group generalized exchange）

　　這種交換發生於團體中所有成員均貢獻所有，而最後共享總體所得。這種交換結構很容易崩潰垮臺，因為有些人並未貢獻所有，只是白吃白喝，空享其利。這就好像老師指定幾個學生共同做一個團體研究計畫，有的學生花了不少時間心力拚命努力的做此計畫，而有的學生卻偷懶，絲毫未花任何時間心力來做此計畫，結果這幾個偷懶、毫無貢獻的學生，卻在最後得到與那些努力做出所有貢獻的學生從老師那裡得到同樣的分數。這無疑是一種吃大鍋飯的結構。

（二）網絡交換理論（network generalized exchange）

　　在這種交換結構中，每一個人施利於團體中的另外一個人，而非從整個團體獲利。在此情況下，無坐免費車或吃大鍋飯的可能。

　　庫克是第一位將「誠信」或「信任」（Trust）當做一個重要因素，而引進交換結構加以討論的人。誠信可以使得個人較有意願的對交換關係貢獻心力資源，有助於合作互助。在網絡的蓋化交換結構中，由於每個人直接對另一個人的利得負責，所以誠信特別受到重視，而會將誠信推升到較高的程

度。也由於這種關係，網絡的蓋化交換結構常較團體的交換結構生產的效益性為高，合作性為強，生命力為長（Yamagishi and Cook, 1993）。

　　庫克在與他人合作有關分配性正義及平等觀念的研究中，認為一個人的社會正義觀與他所識察所得的公平性有關（Cook, Karen and Karen Hegtvedt, 1983）。當一些個人相信他們越來越有權力時，通常都歸諸於自己的努力，而鮮少歸功於他人。

第三節　評估

　　庫克除了與愛默生在華大同事期間對交換理論做了不少實驗研究之外，後來又在史大與他人做了不少經驗性研究。她可能是當代與他人做合作研究而取得最多成果的社會學家。她將愛默生的權力與依賴關係做了更進一步解說，並對網絡結構加以分類詮釋；另外，她將「誠信」引入了網絡交換結構的分析，頗具真知灼見。

第六章 柯門（James S. Coleman，一九二六至一九九五）

第一節　小傳

　　柯門於一九二六年誕生在印第安那州的貝德佛市（Bedford, Indiana）。
後來他們搬到肯塔基州的路易衛爾市（Louisville, Kentucky）。他於高中畢
業後，跑到維吉尼亞州一所小小的大學就讀。二次大戰爆發，使得他的學習
中斷而被應召入伍，進入美國海軍服役。大戰結束退役後，他轉學到普渡大
學就讀，於一九四九年獲得普大的化學工程學士學位。畢業後他在柯達公司
擔任了兩年的化學工程師。一九五一年他進入了著名的哥倫比亞大學社會學
系修讀研究所課程，於一九五五年獲得了哥大博士學位。

　　在哥大當研究生期間，他受三位老師的影響最大。一是當時最有名的方
法學者拉薩爾斯飛（Paul Lazarsfeld）。拉氏原在波蘭當數學教授，二戰期
間逃亡美國，在哥大社會學系教授方法學。柯門受其影響，在他的研究生涯
中一直著重使用計量分析方法，並寫出第一本數學社會學的書籍。另一位影
響他的老師是墨頓，其對涂爾幹理論及社會結構的分析與見解，激發了他對
社會學理論探討的興趣。再其次是李普塞（Seymour Martin Lipset），其研
究團隊（柯門後來也加入成為其中一員）以及他們日後共同發表的《聯合民
主》（*Union Democracy*）一書，一部劃時代的鉅作，對如何結合理論及經
驗性的實證研究，給年輕而初入學術研究之門的柯門留下了深刻的啓發性影
響（Ritzer, 2000, P.436）。

　　在獲得博士學位後，柯門先在史丹福大學任教，然後轉到芝加哥大
學，之後又於一九五九年赴約翰霍普金斯（Johns Hopkins University）大
學任教，一九七三年再轉回芝加哥大學執教，並擔任國家民意研究中心
（National Opinion Research Center）的主任。他是社會學上一位真正結合理
論與實證經驗研究的學者，為社會學學術研究樹立了真正的典範。他曾應美
國聯邦政府教育部之邀，率領一些學者做了一項史無前例、空前大規模的全
國性少數與多數種族學生的教育機會之調查（包括百分之五全國的公立學校

及六十四萬五千名學生），並於一九六六年發表了七百餘頁充滿了爭議的著
名的「柯門報告」（Colman Report）。這項報告證實了學校的資金補助、
學校的設備對學生的學業成績影響不大，而學生的家庭社會經濟或階級背
景，則對學生的學業成績有顯著的影響。在黑白合校的情況下，黑人學生在
校的成績略有增高的跡象，而白人學生的成績卻未受到任何影響。這份報告
對日後車載學童黑白合校之政策及實施發生相當正面的影響，雖然有些學者
對報告中所稱的有限的「學校影響」迄今仍有所非議，但報告中大部分的結
論已獲得承認接受。「柯門報告」變成了現今教育史上一項最重要而具有里
程碑意義的文獻。柯門除了在教育社會學上做了巨大的貢獻之外，他也將數
學模式引用於社會學的計量研究之中（Introduction to Mathematic Sociology,
1964）。他在他的名著《社會理論的基礎》（*Foundation of Social Theory*,
1990）一書，介紹並解析理性選擇的行動的理論，非常有自我獨創的見
解。由於在教育領域、計量社會學以及社會學理論等領域的卓越貢獻，他於
一九九一年當選為美國社會學學會主席。

　　柯門是一位在多方面領域有貢獻且甚為多產的學者。他著作等身，發表
了三十多本專書及三百餘篇論文。

第二節　主要理論要點

　　如前所述，柯門著作等身，在教育社會學、公共政策、數學模式在社會學研究之應用與計量方法學，及社會學理論諸領域均做出了卓越的貢獻，因限於篇幅，在此只能專注他在社會學理論一即他的理性選擇之行動理論一的主要觀點簡介如下：

　　1. 人是在社會系統中行動。他的行動是依照社會系統的價值及喜悅所形成的目標而執行的。

　　2. 另一個重要的概念是「資源」。資源是行動者控制及有興趣的東西。行動者必須在他的資源中選擇，以發揮其最大的效力來滿足他的需要。

　　3. 柯門承認，在真實的世界裡，人們並非永遠地從事理性行動。但要建立一個社會學理論，理性的假設是有用的，因為它可以讓我們比較人們的行動到底與理性的假設有多少的偏差程度。

　　4. 柯門討論宏觀與微觀的種種行動，包括從微觀至宏觀、宏觀至微觀，或宏觀至宏觀，及微觀至微觀的行動。在宏觀的層次上，柯門特別著重規範（norm），並對其起源及維持做了一番分析。他認為規範乃由於團體中一些人意識到遵守規範的好處及違反規範所帶來的壞處而導致發展的。人們情願放棄對他們行為的一些控制權而換取對他人行為的一些控制權。一捨一取之間，人們獲得了最大的利益。

　　5. 柯門像派深思一樣也論及規範的內化（internalization of norms）。在宏觀的層面上，規範將公司行動者（corporate actor）內化到個人的微觀層面上。透過規範內化一個人，有了公司行動者（公我），他則將不會追求自己的私利，而將會追求集體的公利。柯門認為個人行動者與公司行動者（公我）均是以理性的方法來完成目標的。在追求目標的行動過程中，個人行動者與公司行動者（公我）是常會有衝突的。但在當今的社會中，公司行動者變得日益重要而逐漸取得優勢。

6. 柯門將社會結構分為兩種：原生結構（primordial structures）與目的性結構（purposive structures）。原生結構頗似顧里所稱的初級團體（primary group），包括家庭、鄰居及宗教團體。目的性結構頗似次級團體（secondary group），包括財經公司及政府機構。他認為原生結構的活動逐漸的被解放，逐漸被公司行動者的活動所取代。

7. 柯門批評現今大多數的社會學理論均採用同質的社會學基調（homo Sociologicus），一致強調社會化的功能及如何使得個人和諧的融入了社會而成為其成員，它們忽略了個人的自由度及評估社會行動的能力。相對的，柯門推崇同質的經濟學基調（homo economicus），因為它重視個人自由選擇及評估社會體系行動的能力。

8. 柯門批評傳統的社會學理論言多做少，對社會未來的走向與社會變遷方面的知識，有所不足。他認為社會學理論（與社會學研究）應該有目的，有責任扮演其在社會功能的角色。他不贊同只為知識而追求知識的社會學；他主張社會學應為社會的建設及進步而服務。

第三節　評估

　　柯門的理性選擇的理論雖有不少讚譽者及支持者，但也有少數來自各
方各派的評議者。有人批評他的理論未能指明因果關聯的機制、有犯心理學
簡約化主義之嫌，因此將會誤導一般社會學理論進入一個死胡同之內。也
有人批評柯門的理論野心勃勃，欲取代所有的社會學理論，頗有些自不量
力。他的理論想解釋世間萬事，結果弄得無法解釋任何事情（Ritzer, 2000,
pp.439-441）。

　　當然這些評論有的過於偏激，有失公允。但不可否認的，柯門的理性選
擇理論，誠如他自己所說的，只是一種建立在人為理性動物能做自由選擇行
動前提下的一套有系統的見解與觀點。

第九篇
近來一些新的理論及未來展望

第一章　女性主義

第一節　女性主義的抬頭

　　女性主義（Feminism）是一個爭取女權的社會運動。它是針對男權至上的社會，一種公開抨擊及挑戰並設法予以改變的努力。換言之，女性運動者爭取女權的平等，並主張女人在社會中應與男人享有同樣的機會及資源。

　　呼籲伸張女權的主張早在十八世紀就已經開始，一直持續至今。隨著時間的推進，女權運動的浪潮越來越大，現今幾乎延伸到世界各個角落，它已變成了一個世界性普遍的社會運動。

　　美國的女權運動始源於一八四八年的紐約州的塞內加瀑布市（Seneca Falls, New York）聚會。伊麗莎白・史坦頓（Elizabeth Cady Stanton）女士及柳克麗霞・莫特（Lucretia Mott）牧師率領了一群約三百名女性召開了第一次的女權年會。在該會中，她們指出一些迫害女性同胞的社會制度，以及女性同胞所遭受歧視及不平等的處境，最後史坦頓女士起草了一份極似美國獨立宣言的情操宣言（The Declaration of Sentiments）。在宣言中有如此的字句：「……所有的男人與女人均是生而平等的；他（她）們爲創造主賦予永不可分割的權力；這些包括生命、自由，及追求幸福的權力……。」這一次的年會開啓了美國爲時七十二年爭取女性選舉權的奮鬥歷程。美國終於在一九二〇年變成了世界上第十七個女性有選舉權的國家。

　　在二十世紀的初期，女權思潮及運動也在德國萌芽成長。大約一九〇五年時，德國的女權運動者在海倫・史達克兒（Helene Stocker）的領導之下，發展成一個關注性自發性（sexual autonomy）的性愛運動（erotic movement）。這個運動爭取女性同胞超越婚姻及法律約束的自由，擁有自己決定性關係的權利。馬克斯・韋伯（Max Weber）當時痛批此種泛自由性愛的主張，他的夫人瑪瑞安・韋伯（Marianne Weber）也採取與丈夫同樣的反對立場。她認爲女權運動的重點應放在爭取女性的平等權，而非在性及道德的解放上。婚姻應是男人與女人之間有相互義務與責任的持久關係，而非短

暫自由放縱的性愛關係。韋伯夫人反對德國世襲以來的男權社會制度，認爲此種制度必須予以徹底改變，而在婚姻家庭、經濟財政與所有社會制度上應該給予女性與男性同等的機會與權利。婦女在家所做的家務工作應與丈夫在外賺錢養家的工作等量齊觀，應予以同樣的評價。婦女們對家庭的貢獻應該得到普遍的認同。

第二節　女性主義理論的種類

在現今社會學中，女性主義是一個涵蓋範圍極大而廣受討論的領域，它已發展成許多不同的派別，茲擇要簡述如下：

一、自由派或均權派的女性主義（Liberal Feminism）

這是女性主義中的主流派。此派女性主義認為所有的人均生而平等，不能因性別差異而給予不平等的機會。美國國家婦女組織（National Organization for Women）即持此立場。她們抨擊男主外而女主內的差別評估的性別分工制度。女人在家當主婦，在家中所做的無酬給的家事及養育照顧子女及家人的工作，常被過分的輕估，而被認為沒有丈夫在外賺錢養家的工作重要，這是完全不公平的。之所以如此，皆緣於性別歧視主義（sexism）而起。自由派的女性主義者因此認為，性別歧視主義是造成男女平等及平權最大的障礙，必須要加以剷除打倒才行。自由派的女性主義者倡導所有個人（包括女性同胞）的平等權及基本人權；她們主張透過法律的改革及教育計畫來推動性別角色的平等化，消除社會中男權中心結構制度所造成的不良影響。

自由派的女性主義遭受到以下的批評（Delaney, 2005, P.206）：

1. 自由派的女性主義極力主張所有個人的平等機會及權益，但實際上只顧及女性方面，卻忽視了整個社會的種族及社會階級的不平等方面；

2. 自由派的女性主義者常被評為過分強調個人自由，性中性化，而忽略了社會的公益及公權力；

3. 自由派的女性主義過分高估了要走出家庭、不要當太太及媽媽，而要當像男人的女性同胞的數目，其實有很多的女性同胞很願意留在家中當賢妻良母，願意扮演傳統女性的角色；

4. 自由派的女性主義認為透過漸進式的立法改革及社會變遷，男女平權便可水到渠成，但此看法常為許多其他女權運動者無法苟同。

二、馬克思派的女性主義（Marxist Feminism）

馬克思派的女性主義者應用馬克思的社會階級衝突的理論（受到剝削欺壓的勞動者的情況），來解釋受到欺壓的女性同胞的情況。根據恩格斯的說法，女性同胞在社會上受到欺壓屈從的遭遇，並非來自生物或生理的差異，而是由於社會結構的安排使然。女性的附屬隨從地位始於父權的家庭制度之中。在此制度之下，男人是一家之長，擁有無限的權威，可以發號施令，將妻子兒女呼來喚去，幾乎可以任意而為。婦女在家中只是生兒育女、照顧家人、做做家事的僕從而已。而婦女在家中所做的一切貢獻，完全沒有獲得公平的評價與認可。

當今的馬克思派女性主義者承認，一個人在社會的生活經驗首先會受到他（她）們的社會階級地位的影響，再其次會受到他（她）們的男女性別地位的影響。但有一點不可爭辯的事實：無論在任何的一個社會階級內，女人的地位及所受到的待遇和自我發展的機會，均是次於男人的。

馬克思派的女性主義者覺得現今的社會體系必須加以改變，以使女性同胞有同等從事社會上有酬工資的工作機會，分享擁有生產資本的權力；更有甚者，女性同胞應該可以有充分參與政府與公司企業的管理決策的機會。換言之，馬克思派的女性主義者大力主張婦女應該走出家庭與廚房、到外面的世界就業打拚，爭取財政及經濟上的自主自立，以求在各方面與男人有同樣平等競爭的權利。

三、極端的女性主義（Radical Feminism）

　　極端的女性主義者大肆抨擊男性中心的父權制。此一男性為主的父權制乃歧視欺壓女性同胞最大的罪魁。它將家庭中的妻子放置在從屬的地位、輕視她所做的一切家務工作，允許丈夫在外可以娶妾或與別的女人有婚外情，而在同時卻不允許妻子在外有婚外情或性關係（何等不公平的雙重標準！），凡此種種，皆可歸由這種以男性為主的父權制所造成的。極端的女性主義者指出，以男性為中心的父權制度及其思維不僅見於家庭之內，而且見於經濟、法律、宗教及社會等層面。譬如在宗教上，傳教者用男性的他（He）來稱上帝，而鮮有用女性的她（She）來稱上帝；更有很多的教會組織，只准男性擔任牧師或傳教者，而不允許女性擔任牧師或傳道者。

　　極端的女性主義者強調，必須剷除以男性為中心的父權制及其思維之餘毒，將女性同胞從這個惡劣制度及思維的鐵籠中解放出來，恢復她們應有的生而自由平等的權利與地位。在社會上，我們應該建立一個無性或中性社會的文化（androgynous culture）。在此一中性社會文化中，男女的性別差異已不復重要，重要的是一個人的品質及能力。極端的女性主義者甚至建議，為了女性同胞不再在男性中心的父權制下繼續遭受控制及欺壓，她們可以採取單身、節慾、同性戀，或甚至於其他拒絕生育的手段來對抗。

四、社會主義式的女性主義（Socialist Feminism）

　　不像極端的女性主義者將目標集中在男性中心的父權制度上，社會主義式的女性主義者則將目標鎖定在女性在家庭的工作及其在社會經濟中的處境。她們試圖將社會主義的原則應用於家庭與工作上，從而促進性別的平等化。她們將家務工作及社會上的就業工作，依照發生的地區分為私人場域（private sphere）工作及公共場域（public sphere）工作。男主外，其所做的

是公共場域的工作；女主內，其所做的是私人場域的工作。私人場域的工作能見度低，常被視而不見，而經常被輕視為沒有多大的經濟價值，沒有社會的生產性。傳統的學者只認准了人類歷史是在公共場域中創造發生的，因此將女性同胞在家所做私人場域的工作貶低為次等，甚至認為毫不重要。更有甚者，女性同胞經常被認為只適於從事主內的家務工作，而不能從事在外的公共場域的工作。社會主義式的女性主義者因此大聲疾呼：

1. 我們必須呼籲大家重視私人場域的工作及婦女在家庭中所扮演的角色；

2. 我們必須爭取女人在公共領域享有平等的就業及事業發展的機會。

社會主義式的女性主義者認為，只有透過經濟體系的轉換及對家庭私人場域工作的重估，女性的社會地位才得以提高，才能達到與男性的社會地位平等化的目標。她們與馬克思的女性主義者執有相同的信念：即女性的受歧視及欺壓是一種經濟事實，故其改變也必須從經濟下手，對私人場域與公共場域的工作加以重估，以及在工作機會的平等化著力。

五、後現代女性主義（Postmodern Feminism）

後現代女性主義乃將後現代的社會學理論及其假設命題應用於女性主義。後現代理論有異於現代理論之處，乃在於它對現代理論所謂的普遍的「理性」（reason）之存疑，同時對現代理論所稱的用理性獲得的完全客觀的知識有所非議。後現代理論代表一種認知學上的挑戰（epistemological challenge）。它主張以下的認知方式（Ritzer, 2000, P.342）：

1. 偏中心化（decentering）：採用弱勢團體的認知了解方式為中心來觀看世界；

2. 拆建法（deconstruction）：說明人們認為反映世界真知識的概念乃為歷史所創造出來的，並非完全屬實，其中含有很多矛盾虛假的成分；

3. 差異性（difference）：後現代理論不僅重視知識是如何為人們所創建，而且重視知識如何被人們所抹滅及邊緣化。所以個別的差異性及特殊性至為重要。

後現代理論的認知觀增強女性主義的立場與觀點，它所主張的「偏中心化」、「拆建法」及「差異性」等認知或重新認知的方式，使得女性主義的陳述及政治主張更為有理，更為合法化。

第三節 幾位著名的女性主義理論學者及她們的主要見解

一、桃樂西・史密斯（Dorothy E. Smith，一九二六～）

（一）小傳

　　史密斯女士於一九二六年在英國出生，一九五五年獲得倫敦經濟學院的社會學學士學位。她在就讀大學期間遇到她的先生，兩人結婚後，到美國加州大學柏克萊分校讀研究所；一九六三年獲得博士學位，她的博士論文指導教授是大名頂頂的高夫曼（Erving Goffman）。當她獲得博士學位時，已是兩個小孩的媽媽，不幸的是，她的丈夫卻在此時離她而去，使得她頓然變成了一個單親媽媽。她在加大柏克萊分校找到一份講師的工作，因此使得她一腳踏入公共場域從事學術教育工作，另一腳則在私人場域從事照顧小孩的家務工作。她在加大柏克萊分校教了兩年書（一九六四～六六），然後搬回英國，在艾西克斯大學（University of Essex）又教了兩年書（一九六六～六八），之後於一九六八年秋季搬到加拿大溫哥華，開始在英屬哥倫比亞大學（University of British Columbia）執教；在那裡教了八年之後，她轉到了多倫多的安大略教育研究所（Ontario Institute for Studies in Education）執教，現任該所的名譽教授。

（二）主要理論要點

1. 知識及分歧（Knowledge and Bifurcation）

　　史密斯受到舒茲的現象社會學的啓發與影響，認為我們所經驗的生活世界與科學研究架構所給予我們的觀念化的世界具有極大的分歧。史密斯批評社會科學上一些有關我們世界的命題及陳述充滿了性別歧視。這些（性別不平等）命題及陳述都是從男人爲中心創造出來的，其間在在歧視女性，將女性同胞踩在腳下，大言不慚，儼然合法有理。史密斯特別指出，我們主流的

社會學理論中缺乏女性參與的經驗。她建議我們應該發展出一套從女性中心出發而建立在女性經驗基礎上的社會學，此種社會學不應該只是現有社會學的附加物或補充物，它應該是為女性所設的社會學，與以男人為中心、歧視女性、缺乏女性經驗的傳統主流的社會學大相逕庭，可以與之分庭抗禮。

2. 女性社會學的研究方法

史密斯認為女性社會學所關注的是女人如何建構她們的社會實體，因此她認為從事女性同胞社會行為的經驗性科學，應該著重她們的主觀經驗。史密斯主張使用主觀法來研究女性的社會行為。她所稱的主觀法包括觀察法、訪談法、工作經驗的資料蒐集及文獻檔案的使用等。

3. 對家庭的觀點

史密斯的女性研究始於對北美典型家庭（即居住在一起，而在法律上受到承認的結婚夫婦）的觀察。一般而言，丈夫在外從事有酬工資的工作，其主要角色為擔負家庭的經濟責任，供給家庭的主要開支；妻子雖有時也在外就業從事有薪酬的工作，但其主要角色仍為主持家務、照顧家庭。但實際上如史都華（Martha Stewart）或一些家庭雜誌所描述的理想的、無憂無慮的、幸福快樂的家庭現今已不多見了。史密斯承認，今日很多的家庭已不符合這樣的理想模式了。現今社會存在很多不同類型的家庭，如單親家庭（母親或父親帶著兒女住在一起生活）、混合式家庭（丈夫或／及妻子帶著以前離過婚的子女住在一起生活）、習慣法（common law）夫婦家庭、同性婚姻家庭等。

姑且不論所研究的是哪一種婚姻家庭行為，史密斯認為我們必須用主觀法來探討他（她）們生活其中的每個人所遭遇、所感受的主觀意識及經驗。

4. 學校

史密斯指出，學校是製造各種不平等（如性別、種族、階級不平等）的場所。史密斯認為很多女性運動者忽略了學校在造成及維繫性別不平等上的

角色及功能。男女的不平等雖然受到高等學府相當的重視，為此而紛紛成立了不少女性研究計畫或中心（women's study programs or centers），但不可諱言的，在我們現今公立（中小學）學校裡（甚至於在教室內），女學生並未能與男學生受到同等的待遇與認可。這種性別不平等現象仍普遍的存在著。史密斯希望在學校裡能夠多教授一些性別平等、男女平權的課程，並且出版及採用重視女性的需要及敏感問題的教科書籍。

二、珊卓拉‧哈定（Sandra Harding，一九三五～）

（一）小傳

哈定獲有紐約大學的哲學博士學位，現任加州大學洛杉磯分校教育及資訊研究學院的教授。在此之前，她在德拉瓦大學（University of Delaware）教過二十年的書。一九九六年她轉到加大洛城分校（UCLA）擔任女性研究中心（Center for the Study of Women）的主任。在做了五年的主任之後，她轉任教授迄今。

哈定有十本自己或與他人合著的書籍，其中最重要者為《女性主義的科學問題》（*The Science Question in Feminism*, 1986），及《誰的科學？誰的知識？從女人生活來思考》（*Whose Science? Whose Knowledge? Thinking from Women's Lives*, 1991）。她在大學及學術年會做過兩百多次的演講，曾擔任過阿姆斯特丹大學（University of Amsterdam）、哥斯大黎加大學（University of Costa Rica），及瑞士聯邦科研所（Swiss Federal Institute of Technology）的客座教授。她也擔任過許多國際機構如泛美健康組織（Pan-American Health Organzation）、聯合國婦女發展基金（United Nations Development Fund for Women），及聯合國科技發展委員會（United Nations Commission on Science and Technology for Development）的諮詢顧問。

（二）主要理論要點

1. 有關女性主義

　　哈定駁斥所有的社會學理論，認為它們均有性別歧視之嫌，忽視女性的經驗及性別關係。任何一門科學之創立，沒有女性研究者的參與、投入及貢獻，是歧視女性的劣科學。哈定也批評現代的女性主義理論，完全從西方的中產階級、異性愛的白種女人之社會經驗及論點出發，罔顧了其他各種族階級女性的處境及經驗，因之其所創立的女性主義理論的應用性是頗受局限的。

　　哈定主張個別族群的特定理論之創立。換言之，西方白種女人應有適用於她們的女性理論；非洲黑種女人應有適用於她們的女性理論。所謂普遍性的、放諸四海而皆準的女性理論（或任何一種理論）是空幻而不可行的。

2. 關於知識社會學

　　哈定指出，在認識論、形上學、方法學及科學的哲學上充滿了性別歧視及偏見，這些性別歧視及偏見必須連根拔起，予以清除才行，否則無法建立起正確的知識社會學。一個正確的科學必須是屬於全人類的，必須是男女並重的。她強調女人創造科學知識的重要性及貢獻，甚至呼籲現有歷史history一詞應改寫為herstory。

3. 關於科學的中立及客觀性

　　女性主義者批評科學是男性中心的、充滿性偏見的、不客觀的。哈定認為所謂中立性的客觀標準已不見於當今的歷史、社會科學、哲學及相關的學術科目之中。她認為欲建立所謂的「好科學」（good science），主觀主義及絕對性的見解必須予以摒棄。她鼓勵女性同胞們不要自己爭吵不已，而應該多多加入科學的研究隊伍，推動價值中立及客觀性的原則之研究。

4. 第三個千禧年（The Third Millennium）

　　哈定在二○○○年時自承並非熱中於宗教的人，故她對未來的第三個千

禧年之降臨並未感受到任何特別精神上的意義。她只期望在慶賀新的千禧年到來之時，也能慶賀女人及新女性主義的到來，新的千禧年能帶來了女權的民主時代。

三、柯林斯（Patricia H. Collins，一九四八～）

（一）小傳

　　柯林斯於一九四八年出生在美國費城（Philadelphia）的一個黑人勞工家庭。她在費城的公立學校完成學業後，跑到猶太人在波士頓所辦的布倫黛斯大學（Brandeis University）就讀，並於一九六九年完成她的學士學位。她半工半讀，又於一九七〇年獲得哈佛大學教學的碩士學位。獲得了碩士學位之後，她在波士頓學區當了幾年教師及課程製作專家，然後於一九七六～八〇年擔任塔夫茲大學（Tufts University）的非洲研究中心主任，最後於一九八四年獲得布倫黛斯大學的博士學位。

　　柯林斯於一九八二～一九九〇年間在辛辛那提大學（University of Cincinnati）任教，一九九〇年出版了她第一本也是最重要的著作，《黑人女性主義的思維：知識、意識及授權政治》（*Black Feminist Thought: Knowledge, Consciousness and the Politics of Empowerment*）。此書使她贏得了一九九〇年美國社會學學會的米爾斯獎（C. Wright Mills Award）及一九九三年的柏納德獎（Jessie Bernard Award），並逐漸變成了性別及種族課程的必讀讀物之一。柯林斯共發表了四十多篇文章，橫跨哲學、歷史、心理學及社會學等領域。她現任馬里蘭大學社會學系的卓越教授（Distinguished University Professor of Sociology at University of Maryland）。

（二）主要理論要點

1. 有關女性理論及研究方法

柯林斯認為社會學理論應該重視局外團體（outside group）的聲音，不能光以歐洲白種男性的聲音為主，而將之盛大宣傳，唱響世界各地。

柯林斯主張具體經驗的主觀分析，注重聽取各種團體的聲音，譬如街頭音樂家、詩人、學者或社會運動者的聲音。她推崇符號互動學派及俗民方法學的研究法，建議使用自傳、傳記及口述的或記錄的資料來分析黑人女性團體的自我觀及價值認同。

2. 有關黑人女性主義

柯林斯採取「在內的局外人」（outside within）的觀點來分析黑人女性主義。她指出，在富有而有權勢的白人家庭當家僕的黑人女性，她們身在白人家中，甚至於深知家庭中的很多內情與祕密，但卻永遠無法加入白人的家庭而變成家中的成員，她們永遠被排拒在外，被當做外人看待。黑人女性同胞的此種「在內的局外人」身分，使得她們發展出對自己、對家庭及對社會一套特有的觀點。這套觀點包括下列三個思考主題：

(1) 自我的定位與自我的評價（self-definition and self-valuation）

柯林斯認為自我的定位應該對被外在勢力扭曲化的非洲美籍女性（African American women）的形象予以挑戰並加以糾正。自我的評價則是將非洲美籍女性的真實形象做進一步的自我認識、自我提升及自我給力。

(2) 壓迫的互聯性（interlocking nature of oppression）

柯林斯認為黑人女性主義者應該了悟性別、種族及階級等三者之間的關聯性。社會上流行的一個迷思是：種族主義、性別（歧視）主義及貧窮緊密相連，它們是在每日的生活中不可避免的。這個迷思必須予以破除，只有如此，黑人女性同胞才能有所自我覺悟，團結起來為改變她們被壓迫及受歧視的處境而奮鬥。

(3) 非洲美籍女性的文化之重要性

　　柯林斯強調非洲美籍女性的自我定位及介紹自己文化的重要性，她們特別需要的是介紹給世界她們在家中的角色及她們與自己親生子女的關係。

四、吉林根（Carol Gillingan，一九三六～）

（一）小傳

　　吉林根於一九三六年誕生在紐約市一個猶太人家庭。她的父親是律師，母親是護理學院的教師，她是獨生女。她從小學習彈奏鋼琴並喜跳現代舞。她於一九五八年以最優異績（summa cum laude）畢業於賓州有名的斯沃司穆爾學院（Swarthmore College），並於一九六一年以優異成績獲得瑞德克里夫學院（Radcliffe College）的碩士學位，然後於一九六四年獲得哈佛大學的博士學位。

　　吉林根自芝加哥大學開始她的教書生涯。她在芝加哥大學當了兩年講師（一九六五～六六）之後，轉至哈佛大學教育研究學院任教，從一九六七～二○○二年期間，從講師逐步升為助理教授、副教授，乃至教授。她於二○○二年離開了哈佛大學，轉任紐約大學的教育學院及法學院教授。她在哈佛大學執教期間，曾於一九九二～九四年擔任劍橋大學的美國歷史及制度的彼特講座教授（Pitt Professor of American History and Institutions）。現今在紐大仍兼任劍橋大學的客座教授之職。

　　吉林根發表了七十多篇文章及七本專書。在她所有的著作中，《在一種不同的聲音之中》（*In A Different Voice,* 1982）可說是她最重要的代表作。

（二）主要理論要點

1. 有關發展理論（Development Theory）

　　吉林根受到佛洛伊德（Sigmund Freud）、皮亞傑（Jean Piaget）及他的

哈佛大學同事寇博格（Lawrence Kohlberg）的理論之影響，但她在他們影響之下，並沒有完全失掉了自己，仍對他們的理論提出批評並發表了自己的觀點。

　　吉林根指出，佛洛伊德及皮亞傑的理論中均含有男性主義的偏見，例如佛洛伊德理論中的男孩及其戀母情結（Oedipus complex），以及女孩多受情緒左右之判斷與見解。還有皮亞傑的認知發展的四階段說（Four Stages of Cognitive Development）當中，稱律法與道德的概念較多發展於男孩之中的看法，均是令人質疑的。

　　寇博格創造了一個與皮亞傑頗為相似的理論，不同的是：皮亞傑的理論著重於孩童成長過程中認知能力的發展；而寇博格的理論則著重於孩童成長過程中道德意識的發展。寇氏認為孩童道德意識的發展，如同其認知能力的發展，是有階段性的。第一個階段是孩童毫無是非概念或道德意識；第二個階段是孩童此時變為他人取向的，孰對孰錯的判斷皆以他人或社會的一般標準而取決；第三個階段是孩童在此時能夠自己判斷孰對孰錯，有了獨立判斷的道德意識。寇氏相信孩童在成長過程中的道德意識是按此順序階段發展的。寇氏在其理論中未區分男女孩童在道德意識發展上的差異。吉林根針對這一點做了補充，她認為男性與女性有不同道德意識發展的取向。吉氏認為男性與女性有兩種不同的道德價值：「正義」（justice）及「關懷」（caring）。男人在做道德判斷時比較側重正義（justice）標準的考量，而女人則比較側重關懷（caring）標準的考量。換言之，男人是重公平的原則，關心是否如法行事；女人較重情感，關心是否以人性原則為他人的需要著想而行事。吉林根不同意皮亞傑的認知能力發展的階段說，也反對寇博格道德意識發展的階段說，她認為孩童自我的發展（包括認知能力及道德意識的發展）是不能以年齡來區分階段的。

2. 女人道德發展的階段

　　如同她的同事寇博格一樣，吉林根將女性同胞「關懷」情操的發展也分

爲三個階段（非以年齡爲本）：

(1) 個人生存取向（Orientation to Individual Survival）或前習俗的道德（Preconventional morality）

女孩童在此階段無善惡是非的意識，完全以自我爲中心，只關心自己、照顧自己，滿足自己的欲望。

(2) 仁慈當做爲他人自我犧牲的美德（Goodness as Self-Sacrifice）或習俗性的道德（Conventional Morality）

女孩童此時開始關懷別人，逐漸地將自我價值建立在關懷別人、幫助別人的自我犧牲的行爲上。女人此時最重要的乃是如何在助人與自控之間取得平衡。

(3) 對行爲選擇的結果之責任感（Responsibility for Consequences of Choice）或後習俗性的道德（Postconventional Morality）

女性在此一時期對自己的行爲做出了選擇，同時能承擔起所做出行爲選擇的後果。她們能在無暴力的情況下關懷、幫助自己，並關懷、幫助他人。

綜合言之，這三個女性道德發展的階段說明了女人如何從關心自己轉移到關心他人，再由關心他人轉移爲取得關心自己與他人的一種道德上的平衡。

3. 女性之聲

吉林根在其著作《在一個不同的聲音》一書中，指出佛洛伊德及皮亞傑的理論中把女性當做男性對待，使得女性失去了自己的聲音。因此她認爲一個不同的女性的聲音應該被聽到，她們的生活經驗應該被寫入社會或心理學的理論中。吉氏主張男性及女性的聲音均應該同時被聽到，特別是他們及她們的聲音如何互動、互相對話、互相影響、組合及變化，更值得研究、解釋及說明。

五、布魯姆博格（Joan Jacobs Brumberg，一九四四～）

（一）小傳

　　布魯姆博格於一九四四年誕生在紐約州曼特衛芒（Mount Vernon）。她在該地長大並完成了公立學校的教育，之後獲得了羅徹斯特大學（University of Rochester）的學士學位及維吉尼亞大學（University of Virginia）的博士學位。自一九七九年起，她執教於康乃爾大學（Cornell University），教授歷史、人類發展及女性研究等課程。她在教書期間發表了三本贏得普遍讚譽且得獎的書籍，一是一九八八年出版的《絕食的女孩：無食欲症（及厭食）的歷史》（*Fasting Girls: The History of Anorexia Nervosa*），此書爲她贏得了約翰・法蘭克林獎（John Hope Franklin Award）、博克謝爾書籍獎（Berkshire Book Prize）、艾琳・貝克獎（Eileen Baker Prize），及華生・戴維斯獎（Watson Davis Prize）。二是一九九八年出版的《身體計畫：美國女孩們的私密史》（*The Body Project: An Intimate History of American Girls*），此書獲得了全美圖書館協會的書選獎（American Library Association's Choice Award）。三是二〇〇四年出版的《堪薩斯・查理》（*Kansas Charley*），一本描述少年男孩觸犯法律，而在少年法律制度下所遭遇的眞實故事。

　　布魯姆博格對美國女孩及女人所做的研究之貢獻，爲美國一些基金會及研究機構所認可，因此，她也被選爲美國歷史學會的會員。

（二）主要理論要點

1. 女性的身體及自我形象

　　布氏在其《身體計畫》一書中指出，今日的女孩們雖擁有更多的自由與選擇的機會，但卻承受社會上更大的文化壓力來追逐美麗容顏（good look）。大眾傳播在此應負起最大的負責，它們極力推崇女性之美好容貌的重要性，而父母也在旁推波助瀾，要女兒穿戴打扮得美好動人。在社會各方面的壓力下，女孩子們不可避免的開始注重自己的外表形象，並且逐漸利用

外表形象來認同及界定自己（defining themselves）。自從二十世紀結束以來，年輕的女孩子們與以往大不相同，特別重視她們的身體外觀，盡一切的精神與財力來改進及美化她們的形象。為此，她們在日常生活中經常做下列事情：減輕體重、購買新型眼鏡、剪流行的髮型、採用新式的化妝品、穿戴時尚的衣服及鞋子等，其所做所為無非是將自己弄得漂亮些，呈現給大家美好的形象，因而覺得好像提高了自我的價值。在女孩們的心目中，個人自我的價值是被她們所呈顯的外表形象決定的。

2. 性別差異

布氏認為，現代的女孩子們月經開始來的時間比過去為早；月經來了之後，女孩子在身體及心理上均發生了一些變化，她們必須比男孩子在較早的年紀時面對並應付這些生理上的變化。她們會經常感到抑鬱沮喪，甚至於偶爾興起自殺的念頭。在這段時期裡（如吉林根所說的十一～十六歲之間），少女們最為脆弱，時常對自己懷疑，缺少安全感，沒有自信心。布氏同意吉林根及派佛（Mary Pipher）的觀察，女孩們在這段時間非常關心她們身體的形象，但也常會對自己的身體形象缺乏信心、感到不滿。

3. 社會對女性形象的影響

布氏觀察到現今的女孩常為她們身體的輪廓，如形狀、大小及肌膚條紋和顏色感到憂慮。她們相信身體是自我的最佳表徵。當代的少女們從社會上的流行文化及她們的媽媽處學得：「現代女性的氣質需要有一些程度的暴露。」布氏指出，從一九二○年以來，社會上就流行著展露女性身體的部位，如手臂、腿部、胸部等。時尚雜誌及電影電視界更推動加深了對女性「性感」（sexuality）的社會期望。女人們為了性感美麗，節食瘦身、隆胸割鼻、開刀美容，甚至連被認為是古代初民社會的紋身刺花及身體穿孔（body piercing）藝術，也被今日採用為美化身體形象的時尚了。

六、瑞士曼（Barbara Risman，一九五六〜）

（一）小傳

　　瑞士曼於一九五六年出生於麻州琳市（Lynn, Massachusetts）的一個猶太人家庭。她的祖父母是來自蘇俄的猶太籍移民，保持了非常傳統的猶太人習俗。

　　瑞士曼於一九七六年獲得西北大學（Northwestern University）的社會學學士；一九八六年獲得華盛頓大學（University of Washington）的社會學博士。她曾在北卡羅來納州立大學（North Carolina State University）執教二十餘年，創辦該校的女性及女人研究計畫，並擔任主任一職。她現任伊利諾大學芝加哥分校（University of Illinois at Chicago）的社會學系教授兼系主任。瑞士曼最重要的著作是《性別眩暈：轉變中的美國家庭》（*Gender Vertigo: American Families in Transition*, 1998），另外她也編輯過一些專書，並發表過二十餘篇學刊文章。她曾擔任過《現代社會學》（*Contemporary Sociology*）的編輯。二〇〇五年，她獲得南方社會學學會的凱薩琳・ 勃恩獎（Katherine Jocher Belle Boone Award），目前正從事白人及黑人中產階級家庭男女性別認同發展的一項研究計畫，並準備撰寫一本性別結構理論的書籍。

（二）主要理論要點

1.「做性」（Doing Gender）

　　瑞士曼指出，在當今父權及男權中心當勢的社會壓力下，女性同胞們常被強迫的去「做性」，即扮演社會判決給她們的女性角色。女孩應該怎麼適當的講話、穿著打扮、在各種場合的言行舉止，以及種種行為表現，均是被男權社會的規範及標準把她們洗腦，逼使她們做出來的。她們做的不能像男人做的，要做得像女人應該做的。其之所以如此，乃因為男權主義者認為男女生而有別，兩性之間存有先天的生物或生理上的差異。

　　瑞士曼指出，性別差異並非先天生理的差異所造成的，而是由後天的社會所造成的。或者妥切的說，性別角色的差異是被社會逼著「做」出來的。

　　瑞氏相信在兩個人的互動時，性別差異被兩極化，甚至被延伸到其他生活經驗方面。做「性」被擴大為「做異」（Doing Difference）了。

2. 性別是一種社會結構（Gender as Social Structure）

　　瑞士曼非常不同意社會生物學的理論觀點。她認為男女性別差異絕不如社會生物學家所強調的深受生物因素之影響。它是傳統的男權社會所造成，男女的不平等深植於社會結構之中。可以更貼切的說，男女的差異及不平等根本就是一種人為的社會結構。男人與女人各有所職，在家庭、在工作機構，以及在社會上扮演不同的角色，做他（她）們應做的事情。這樣的性別分工及角色扮演看來好像是很自然的，應無爭議的。實際上，這種以性別差異為基礎所安排的男女角色之社會結構，是完全被社會「做」出來的。這種結構是可以改變的。

3. 性別眩暈（Gender Vertigo）

　　「性別眩暈」一詞並非瑞士曼的首創用語，而是瑞士曼借用了康尼爾（Robert Connell）著作中的用詞而做二手使用的。瑞氏認為解決性別不平等的最好辦法是超越性別差異，忽視、擺脫性別法則的存在。在此調整期間，我們會感到頭昏迷惘，無所適從，但這只是打破性別不平等以達成性別平等的一個過渡時期。瑞士曼承認要一下子改變人們對性別及性角色的看法是很困難的，但要達成社會上的男女平等，這種觀念上及態度上的困難是必須突破及克服的。

　　瑞士曼期望一個後性別社會（post-gendered society）的到來，只有它的到來，我們才會有一個真正公平的世界。

第四節　評估

　　父權制及男權主義，自有歷史以來就一直在欺壓女性，將女性當成二等公民。它們在家庭、經濟、政治、宗教等所有的領域內歧視女性，打壓女性，予女性同胞不平等的待遇。女權運動者認為女性同胞應有與男性同胞同等的權利、同樣的機會可以施展自己的才智能力。今日女性被以二等公民對待，受到歧視，沒有同等的教育、工作及各種社會機會，完全是人為造成的，而非天生的生物性差異使然。

　　女性社會學理論是受女權運動所激發而發展的，它們代表女性的聲音，從女性的視角重新審查評估一切社會現象。女性理論證實了（男女）性別角色是後天造成的，而非先天生物的差別決定的。史密斯的分歧看法、布魯姆博格的社會對女性身體及自我形象的影響的見解，以及瑞士曼的「做性」（doing gender）主張，在在說明了男女角色是被社會塑造出來的，而非天生必然的。女性的聲音在男權、父系的社會下被壓抑了，現在應該是刻不容緩被釋放出來的時候了。女性的社會學理論主張重視關心女性的生活經驗及其面臨的挑戰和議題。女性主義者反對傳統社會學以客觀、經驗性資料為主的研究方法；她們主張以女性的視角為基調，使用主觀的個人資料，如生活史、日記、書信、照相之內容分析，來從事研究。

　　女性主義的理論雖然有很多觀點公然有據，言之有理，但也遭受以下的質疑與批評：

　　1. 女性主義者口口聲聲批評傳統的社會學充滿了對女性的偏見，壓抑了女性的聲音。那麼她們的聲音如何呢？她們一切均從女性的視角出發，是否也自犯錯誤，而有自己的偏見呢？社會學上的大多數理論，究實而言均是中性的，譬如結構功能理論、符號互動理論、現象社會學理論等，並未含有性別之分，其實均可適用於男女的社會行為之詮釋。

　　2. 女性主義者所提倡的主觀的研究方法，缺少科學的客觀性。一個研究

者使用個人的生活史及經驗資料，是頗容易有自己的偏好及偏見的。如何驗證別人所給予的報告以及日記所言屬實，是相當有疑問及挑戰性的。

3. 性別只是人們社會互動行為中的一個變項（variable）而已，但很多的女性主義者卻把它當做唯一的變項。她們無論看什麼均是著眼於其中的性別差異，均是從性別的視角來觀察並分析社會行為。因斯之故，她們常將其他重要的變項如種族、階級等忽視、輕估，甚至視而不見。

4. 女性主義理論中有很多不同的學派，它們眾說紛紜，意見不一，對如何消弭社會上普遍存在對女性之偏見、歧視及不公平待遇沒有共同一致的看法。女性主義者必須有統一的陣線及一貫的主張和宣言，才能夠有效的、有力的提高女權，推動她們的社會計畫及方案。

第二章　威爾遜（Edward Osborne Wilson，一九二九～）的社會生物學

第一節　小傳

　　威爾遜於一九二九年誕生在阿拉巴馬州的伯明罕城（Birmingham, Alabama）。他的童年是在華府及阿拉巴馬州的莫勃（Mobile, Alabama）附近鄉村度過的。自從七歲時父母離異之後，他多數時間跟隨父親與繼母生活，常從一個城市搬到另外一個城市。他從小就喜歡自然史，在一次釣魚的意外事件中，使他的一隻眼睛失明。因爲眼力的缺陷，使他喜歡觀看大型動物及鳥類的興趣逐漸轉移到觀察昆蟲的活動。

　　威爾遜於一九四九年獲得阿拉巴馬大學的生物學學士學位，一九五〇年又獲該校的碩士學位。他曾一度想跟隨昆蟲學家寇爾（Arthur Cole）到田納西大學（University of Tennessee）攻讀博士學位，但因不滿意田大的博士研究環境及田州禁止進化論之教授，最後乃決定轉往哈佛大學就讀，並於一九五五年獲得了哈佛大學的生物學博士學位。獲得博士學位後，他接到好幾所著名大學的聘書，但都被他拒絕了。他接受了母校哈佛大學的聘書，接受了一個沒有永教權保障的助理教授的職位。但他的學術能力及表現，很快的爲哈大校方及他的同事所發現及肯定。他在當了三年的助理教授之後，於一九五八年升爲有永教權的副教授，一九六四年再升爲動物學的正教授。他於一九九六年從哈佛大學正式退休，然後擔任哈大的名譽教授及比較動物博物館之昆蟲學的名譽館長。

　　威爾遜是社會生物學（Sociobiology）的創建人。基於他對螞蟻社會的社會行爲研究結果與證據，他認爲所有的動物，包括人類的行爲均包含有生物的遺傳因素。他雖承認在人類社會中的行爲深受文化的影響，但他認爲一些生物遺傳因素對人類社會行爲的影響卻是不可否認的。人類的行爲乃遺傳與環境及過去經驗的產物，所謂「自由意志」（free will）完全是一種幻覺，實際上是不存在的。

　　威爾遜的社會生物學雖然引起頗多的爭議與批評，但他的理論與學術

成就也為他贏得了不少的重要獎項，他是獲得美國最高科學獎，即國家科學勛章（the National Medal of Science），以及獲得兩次文學上的普立茲獎（Pulitzer Award）的唯一學者。他也獲得了瑞典皇家科學院相當於諾貝爾獎的克拉福德獎（Crafoord Prize）。他共獲得來自世界各地大大小小六十多個獎項，也獲得了二十四所大學所頒贈的名譽博士學位。迄今為止，他自己撰寫的或與他人共同撰寫的書籍共有二十四部，發表過三百五十多篇學刊文章。他在一九九六年曾被《時代》（*Times*）雜誌選為二十五位最有影響力的美國人之一，並被認為是美國有史以來最有影響力的一百位科學家之一（Delaney, 2005, P.18）。

第二節　主要理論要點

一、昆蟲的社會行為

　　在未發表他的名著《社會生物學》（*Sociobiology*, 1975）之前，威爾遜已是相當有名且具權威的昆蟲研究專家了。他在一九七一年發表了《昆蟲社會》（*The Insect Societies*, 1971）一書。在該書中，他報導說僅以社會昆蟲的數量及種類之多而言，就足以使我們驚訝及震撼。他稱在巴西的森林裡，每一平方公里螞蟻的種類與數量就超過世界上所有的哺乳動物（包括人類）的種類與數量。昆蟲的生物容積及能量消耗也大於所在地域內脊椎動物的容積與能量消耗。他估計在現今地球上任何時間內均有一百萬兆（1 million trillion）的昆蟲活著，在任何一撮土壤上至少有一百億的細菌活著。很多的昆蟲，如螞蟻、蜜蜂、白蟻、黃蜂等，均有社會屬性及社會行為。威氏指出：

　　1. 同一類的昆蟲互相合作共同努力照顧幼小的昆蟲；

　　2. 牠們在生育繁殖上展示分工行為；不會生育者獻身勞動來支持供養會生育者以繁殖後代；

　　3. 牠們至少有兩個世代交疊的現象，使得後代兒孫能夠在父母的某段生命期間貢獻勞力以履行供養之責。

　　威氏認為昆蟲社會及其行為提供了社會進化之外不同歷史階段的豐富資料，頗值得我們從事社會組織及社會行為的人做比較研究。

二、生物基因的選擇性、適存性及利他行為（altruistic behavior）

　　威爾遜認為生物學有兩大部門：一是研究分子及細胞的組成以闡釋生命的機制；另一是研究生物的進化，即從整體有機物及人口的層面來解說生物

機制的功能，以及如何適應自然的環境。威氏自認他研究的重點放在後者，即著重生物的進化歷史及人口動態。

他認為生物的基本單位是基因。基因代代相傳，「適者生存」，不適者被淘汰。當有機體能夠選擇優良的基因而傳遞下去，則該有機體就能夠適者生存了。

當一個氏族團體能夠共同選擇同樣優良的基因來傳遞，則氏族的成員就能夠適者生存了。這個適存的氏族群體會日趨孤立，鮮與其他族群成員來往，因而形成所謂真正的孟德爾定律的人口（Mendelian population）。此與達爾文的拉瑪克進化理論（Lamarck's theory of evolution）相吻合。個別有機體所選得的優良基因是有缺點的，不完美的，必須經過修補校正後才能適用到團體的層面上。質言之，達爾文的自然選擇的觀念是應用在家庭或氏族上，而非應用在個別的有機體上。

威氏並且指出，在氏族或家庭團體中，成員們會彼此互助合作養育照顧下一代，形成一種相互利他主義（reciprocal altruism）的關係形式。這種相互利他主義的關係形式常見於人類的行為之中。它雖不常見於其他動物的行為之中，但在一些社會性昆蟲的家庭或氏族生活中，為了共禦外患、合作養育後代及生產儲存共通食物，呈現出相互利他主義的關係行為。

三、社會生物學及其基本概念

威爾遜在一九七八年出版的修訂版社會生物學，與他一九七五年出版的第一版社會生物學所給予的社會生物學定義稍微有些差異。茲以他的一九七八年修訂版為準，將他對社會生物學的定義陳述如下：

「社會生物學是一門對各種有機物（包括人類在內）之所有形式的社會行為（包括性及親子行為）的生物學基礎之系統性研究。」（*Sociobiology*, 1978. P.1）

　　他稱社會生物學並非生物科學中的一門新學問，其名稱早在一九四六年及一九四八年已分別被史考特（John P. Scott）及哈克特（Charles F. Hockett）使用過。

　　威爾遜在其社會生物學的最重要的主張是：人口生物學及比較動物學所發現一些相同的原則，可以照樣應用到脊椎動物，包括人類（Homo sapient）身上。人類的一大特徵是其行為及能力有巨大的可塑性或彈性（plasticity），威氏稱促進支持這種彈性的基因可以被個人選擇而遞傳。人類之所以能夠有此彈性能力而創造出各式各樣眾多不同的行為，乃是因為他們能夠跳出與其他動物種類做相互競爭的窠臼。人類不需要與其他物類競爭，便可以取得所需要的資源。這種情況被生物學者稱之為「區位釋放」（ecological release）。

　　威爾遜在他的《社會生物學》一書最後一章提到，人類有一種自然的習性或「人性」（human nature）。他承認人類有自由意志及自由選擇的能力，但其心理發展之徑路卻是深植於生物基因之內。人類雖有各式各樣不同的文化，但貫穿其間使之輻合的卻是共通的人性（common humanity）。文化的差異只是外在顯型的，是可以改變調整的，隨時境快速演化的。世界的語言發展是一個最好的例子，所有的文字語句均是隨意制定、約定俗成的，隨著時日進展而增長變得日趨複雜，它超越時空的障礙而將人類的經驗累積傳播。它使得人類能超過其他物種，互動交流，創造科技、歷史及文明。

　　威氏在其著作《生物趨好》（Biophilia, 1984）一書中，稱人類具有一種喜愛其他生命形式及自然環境的天生趨向。這種喜愛其他生物及環境的趨好是愉悅的、帶有安全感及敬畏意識的，甚至帶有幾分癡迷性的衝動。但這種生物趨好完全不是單一的本能：它是一種包含喜愛及厭惡、敬畏、平和及恐懼驅使的情緒、感性的複雜體。威爾遜雖稱他迄今無法提出具體的證據及統計資料來證實這種生物趨好的存在，他承認目前充其量只能稱它為一種假設（Biophilia Hypothesis）而已，但他相信此一假設假以時日會被進化的邏輯過程，特別是基因文化共同進行的進化過程（gene-culture convolution）逼出

水面，展現其眞實的存在。

　　威氏稱生物趨好是按照基因文化的進化過程而發展的。文化是在遺傳生物基因的影響下做出適者生存的選擇，使得優良或適者的文化方式經過挑選考驗後得以保存、傳播，而被採納於社會的人口之中。

　　威爾遜雖然承認生物趨好迄今仍是一項未經證實的假設，但卻堅信生物的多樣性（biodiversity）是一項不可爭辯的事實。現今世界上有一千萬不同的物種，而且其數目仍然在繼續快速的增加之中。威氏認爲物種快速的增加是由於「專門化」（speciation）的過程所造成。專門化使得人口中的基因多元化及物種繁多化。威氏認爲物種之增多及多元化受三種ESA因素影響：(1)能量（energy）：能量供應越大之地，則會有越多的物種存在；最好的例子是：越接近赤道的地方，則所見的物種越多。(2)固定性（stability）：一個地區的天氣、溫度、地況等條件越固定，越能保持一定狀態，鮮少變化，則所見的物種會越多。(3)區域大小：區域面積越大，則所見物種會越多。

　　威爾遜堅信物種的多元化，也力主保護生物的多元化。他是一個自然環境保護的衛道者及推動者。

四、結合自然及社會科學的人類行爲理論

　　威爾遜提倡科際整合的研究，特別是自然科學與人文科學的聯手，跨越不同的學術專業領域，尋找共同基礎的研究與解釋。他稱此爲「協合」（Consilience）研究。在協合過程中，威氏稱如果社會學能夠承認生物基因對人類社會行爲的影響，則一個較有效的理論便能建立起來。此一有效的理論必須與認知神經科學（cognitive neuroscience）、人類行爲遺傳學（human behavioral genetics）、進化生物學（evolutionary biology）及環境科學（environmental sciences）相接軌才行。

第三節　評估

　　威爾遜的社會生物學不僅受到同行的生物學家批評，而且更受到社會學家、文化人類學家及其他社會科學家的批評。他的同行生物學家們認為，在他的名著《社會生物學》一書，應該在寫到猩猩那一章時終結，不應該越界地撰寫關於人類的一章，最後還引申他的理論而應用到人類行為的解說，是一大敗筆。

　　社會學家對威氏的批評可以大略綜括如下：

　　1. 人類行為主要是文化的產物。生物學所持的普遍形式不足以解釋文化的多樣性及複雜性，而將普遍型歸諸基因為始作俑者更是不合乎邏輯。

　　2. 社會學家承認基因決定我們人類的一些生物特徵（如身體高矮、體能體態、膚色等），但基因卻無法決定人類行為。特別是威爾遜所稱的文化基因（culturgens），可能根本就無法證明其存在。

　　3. 社會學家認為社會現象並非個別現象所加起來的總和。社會現象是超過個別現象的總和，而具有自己的特質與性格（涂爾幹的social fact），它是絕不能由個別的生物基因來導出了解的。

　　文化人類學者特別無法接受威爾遜的社會生物學的理論，認為他越界進入一個他自己完全不熟悉的領域，而在那裡大放厥詞。一九七六年，美國人類學界在華府舉行的年會中，會員們提出臨時動議，取消了原來為威爾遜計畫所召開的兩個有關社會生物學的討論會。

第三章　現代理論與後現代理論

第一節　導言

　　什麼是現代（modernity）？什麼是後現代（post modernity）？什麼樣的理論是現代理論？什麼樣的理論又是後現代理論？社會學家看法不一，對定義及分類存有相當的爭辯。不過儘管眾說紛紜，見解上存有差異，但大致上我們可以將一些重要的觀點綜括如下：

　　1. 現代的理論是源於啟蒙時代（Enlightenment period），堅信科學、理性（Reason）、經驗主義（Empiricism）可以幫助我們尋獲真理（Truth），進而了解世界，促進經濟、政治、社會組織的進步，使我們的整個社會不停的以直線型累積式的向前發展。現代主義的特徵是理性、真理及經驗性的科學研究。現代主義者認為使用理性來從事經驗性、客觀性的科學研究，可以幫助我們發掘真理，了解世界上的眾事萬象。

　　2. 後現代理論的起源有人追溯到法國的第三次共和（French Third Republic）（Delaney, 2005, P.260），也有人追溯到孔恩（Thomas Kuhn）。很多人認為孔恩的名著《科學革命的結構》（*The Structure of Scientific Revolution*, 1962）是科學概念之突破的一個里程碑。他在書中提及在科學史中典範（paradigm）及典範的轉換（paradigm shift）。他認為科學知識並非如啟蒙時代的學者所說的，是按著直線式累積進展；其過程跌跌撞撞，有起有伏，常受科學研究者當時的社會、歷史及政治環境的影響。他對科學所倡導的客觀性、絕對真理及理性等基本原則提出了質疑。他的觀點在學術界引起了相當多的爭議，但也影響了很多哲學家、歷史學者、科學家及社會學家的重新思考，使得他們對科學的理性、真理性及圓融性（coherence）起了懷疑，而由此導致了一些後現代理論的學者蜂擁而起，紛紛表達了他們對現代主義的批評，一一闡述了他們後現代主義的看法。後現代主義的學者，大體而言，主張經驗的離中心化（decentering）、知識的流動性（fluidity）、語言的解組（deconstruction）分析、無意識角色的重要性，以及重新詮釋已被創建、已被認可的知識的必要性。

第二節　後現代主義的代表學者

一、德瑞達（Jacques Derrida，一九三○～二○○四）

（一）小傳

德瑞達是法國的哲學家，一九三○年生於法屬阿爾及利亞的愛爾拜耳（El Biar, Algiers）一個猶太人家庭，大部分的童年時光是在愛爾拜耳度過的。他曾經因地方政府的反猶政策而無法進入當地的中學就讀，只能就讀猶太人的學校；在這段就學期間，他經常逃課，夢想著有朝一日能夠成為職業足球員，但是始終無法如願。他當時閱讀了盧梭、尼采及哥德等哲學著作，對他們反抗家庭及社會權威的思想產生了很大的興趣。同時他也涉獵了一些卡繆及沙特等人的著作，對存在主義也興趣盎然。

德瑞達高中畢業後進入法國著名的高等師範學院（Ecole Normale Superieure）就讀。在他第一天入學的時候就遇到了阿爾都塞（Louis Althusser），後來兩人變成了好朋友。他曾於一九五六～五七年間獲得了一項獎助金到哈佛大學研讀，在波士頓的時候認識了心理分析學家奧考特瑞兒（Marguerite Aucouturier）女士，而與之結婚。在阿爾及利亞獨立戰爭結束後，他於一九六○～一九六四年間在法國索邦（Sorbonne）尋得了一份哲學教師的職位。一九六四年，由於阿爾都塞及伊波利特的推薦，他獲得了Ecole Normale Superieure 的永久教職，使得他在該校教了二十年的書，一直教到一九八四年。他於一九八三年與謝特列（Francois Chatelet）及其他幾位學者共同建立了「國際哲學學院」（College International de Philosophies），並擔任第一任院長。一九八六年，德瑞達跑到了美國，應加州大學爾灣分校（University of California at Irvine）之請，擔任人文學教授（Professor of the Humanities）。他於該校任教至二○○四年，一直到他過世之前為止。

德瑞達出版過四十餘本書籍及甚多的文章。他發展出一套記號學的方

法，此方法被稱爲解構法（deconstruction method）。他被公認是後現代主義及後結構主義（post-structuralism）哲學家。他的理論觀點對人文學，特別是現代人類學、社會學、記號學、文學有相當大的影響。他的理論在本體論、認知論、倫理學、美學及語言哲學也有所貢獻，但也有不少爭論。

（二）主要理論要點

德瑞達被稱爲「解構之父」（father of deconstruction）（Michele Dillion, 2010, P.434），他的理論核心即他所稱的解構分析，他認爲首要之務就是對意義的第一原則做解構分析。由於第一原則是存在於一特定意義的體系之內，而爲其所排斥的部分或相對的部分所界定，故我們必須將這兩個元素的「非我即他」或「非他即我」的造義法打破、解析才行。譬如說什麼是「女人」？女人被定義是「非男人」、「男人的對稱人」、「不是男人的人」、「一個違反男人第一原則的負面價值的人」等。我們之所以知道我們是誰，乃由於我們知道我們不是誰（How we know who we are by whom we are not）而定。對解構學者來說，所有語言體系中，二元稱號：如男人／女人、好／壞、生／死、建設／破壞等均是有問題的。

有人批評說德瑞達的解構法只會破壞語意的結構，並未談及如何重建語意，使之更有圓融性及和諧性。德瑞達辯駁稱，他並非要遺棄古典學術的用詞及哲學、文學、藝術和音樂上的知識法規；他主要是要提醒大家，要不斷的解析我們已建立的學術用詞及法規，認識它們是如何的累積成浩瀚的書卷，我們應該審視它們的通俗意義及其在文學、藝術上的價值。

德瑞達爲了說明如何應用解構法分析社會組織，特選定聯合國（UN or the United Nations）爲例說明。

聯合國是於一九四五年二次世界大戰後成立的，其目的是促進世界各國在政治、經濟及文化上的合作，並維護監督世界的政治秩序及和平。它的政治哲學理念來自美歐，注重民主、平等及公正。但經過幾十年的世界政經生態的變化及全球化的影響，今日的聯合國與昔日的聯合國已大不相同。

根據德瑞達的解構分析，對國際法及聯合國當做一個國際組織的分析，我們偏向西方歐美對民主、自由、平等、人權的二元分類體系已不適用。聯合國的組織結構及憲章需要重新調整。聯合國（及其他的國際組織如IMF, the International Monetary Fund）需要發展出新的一套二元或多元分類體系，賦予新的權力以制約所有的會員國，包括強國如美國在內。

德瑞達認為解構法的貢獻在於：它可以對現存的機構、組織及語言符號體系加以審視分析，發現其限度及其內在結構的問題及矛盾，超越二分化的體系，重建新的及適時的二分化或多分化體系。

二、布希亞（Jean Baudrillard，一九二九～二○○七）

（一）小傳

布希亞於一九二九年誕生在法國北部小城理姆斯（Reims）。他的祖父母務農，他的父母擔任公務員，他是家中唯一上過大學的孩子。他在巴黎的索邦大學（Sorbonne University）主修德國語言及文學。大學畢業後，於一九六○～一九六六年之間，曾在數所中學教授德語及德國文學。在中學執教期間，他的興趣轉向到社會學，在名學者勒菲弗爾（Henri Lefebvre）、波度（Pierre Bourdieu）等人主持的委員會指導下完成了博士論文，獲得社會學博士。然後他於一九六六年開始在巴黎郊外的南特瑞大學（Nanterre University）任教。一九六八年曾參與支持南大學生的集體抗議運動，但這並未影響他在南大的學術事業。他從助理教授一路升到正教授。一九七○年，他曾到美國講學多次；一九七三年也到過日本講學數次。在日本講學時，他買了他的第一部照相機，並因此對攝影發生了相當的興趣，後來變成了很不錯的業餘攝影師。

布希亞於一九八六年轉到巴黎大學的社會經濟信息研究所（IRIS at Universite de Paris-IX Dauphine）執教，他的學術興趣逐漸超越了社會學的領

域。他逐步的在學術無疆界的情況下著書立說，發抒己見，自成一家之言。他的文章普遍發表在諸多法語及英語的流行學刊及雜誌上。而他出版的書籍也相當廣爲流傳。

布希亞的學術歷程是多面向多變化的。在一九六〇年代，他是一個現代主義及馬克思主義學者，對消費者社會大肆批評。但到了一九八〇年代，他卻變成了一個後現代主義者及馬克思主義的批評者。布氏摒棄了啓蒙時期所倡導的理性哲學、康德的自由理念、馬克思主義、法蘭克福批評學派，以及結構主義的科學信念等（Christopher Norris, 1990）。

（二）主要理論要點

布希亞是法國反傳統社會思想的學者，他特別對法國於一九六〇年代所形成的「消費社會」（consumer society）缺乏好感。他認爲在過去，符號（或標示）曾代表眞實的東西：但現在，符號卻不如此，它爲自己所創造，代表了自己。什麼是眞正的以及什麼是捏造出來的，兩者之間的區別乃後現代世界的根本所在。現今我們已無法辨識什麼是眞實的東西了，因爲眞實的東西與我們所創造來代表眞實的東西之符號已摻合在一起，符號進而喧賓奪主，取代了眞實的東西。後現代的世界在布希亞的眼裡乃是一個模擬（simulation）的世界。模擬主宰了整個社會，進而創造了一種新的社會秩序。模擬導致了虛擬（假）形象（simulacra）的產生，使得各種東西都在虛擬形象中被製造出來。布希亞認爲，在後現代時代，我們是生活在一個超眞實的世界（hyper real world），符號在其中創造它們自己的生命，所做所爲皆是符號的互換（symbolic exchange）。我們身陷充滿了符號互換的過程之中，常誤以爲所消費的東西均有它們自己內在的使用價值（intrinsic use value），其實它們只是符號的互換價值（sign exchange value）。

布希亞進一步明白的指出，在我們後現代時期，原來馬克思所稱的以勞動生產爲主導的社會已不復存在了，相對的，是以消費爲主導，以大眾傳播及訊息科技（information technology）爲特色的社會。生產的模式爲生產的

號碼所代替。在後現代的社會裡，到處所看到的都是各種數不完的訊息、廣告、商標、符號，使得社會膨脹得幾乎窒息。特別是大眾傳播，包括電視、電影、報紙、雜誌等，在社會中造成了一種超越眞相的似眞似幻的文化。大眾傳播已不再反映社會實體，而是變成了超越社會實體的一個自我的實體。娛樂傳播更是如此，傳達出來的不僅不是眞實的現象，而且是超過眞實現象而被添油加醋製造出來的現象。在後現代社會中，布希亞認爲大眾傳播不僅形塑我們的文化視覺，而且製造我們的文化視覺，它使我們在其影響下觀看及評斷社會事物。大眾傳播在每日千頭萬緒發生的事件中，對它們分類之後再選擇性的按其一定規範格式報導陳述出來，其間常將極爲複雜的事件以過分簡化（over-simplification of complex issues）的手法處理。當然，大眾傳播並非唯一造成社會超眞相的始作俑者，其他的一些娛樂、文化機構及節目也推波助瀾，扮演重要的角色。

三、詹明信（Fredric Jameson，一九三四～）

（一）小傳

　　詹明信於一九三四年誕生在俄亥俄州的克利夫蘭市（Cleveland, Ohio）。他於一九五四年自哈瓦福德學院（Haverford College）畢業後，曾赴歐洲（特別是德國）做過短期的遊學，因而使得他認識了歐洲的大陸哲學，特別是興起中的法國結構主義。遊學回來後的次年，他進入耶魯大學（Yale University）研究所就讀，於一九五六年獲得碩士學位，一九五九年獲得博士學位。他在耶魯大學曾師事奧爾巴赫（Erich Auerbach），受他思想上的影響很大，他的博士論文以及之後出版有關沙特（Jean-Paul Sartre）的存在主義哲學及文學的論著，在在都可見到奧爾巴赫的影響痕跡。

　　詹明信拿到博士學位後，先在哈佛大學執教，從一九五九年教到一九六七年。然後他轉到加州大學聖地牙哥分校（University of California at

San Diego）執教，從一九六七年教到一九七六年。他於一九八三～一九八五年在加州大學聖塔克魯斯分校（UC at Santa Cruz）做了短期的教授後，乃於一九八六年轉到杜克大學（Duke University），曾擔任該校文學研究生計畫及文化理論中心的主任職務，並榮膺爲比較文學的卓越教授。

詹明信是一位美國文學的評論家及馬克思政治理論學者。他可能是在所有後現代理論學者中唯一不排斥馬克思主義，而以馬克思的觀點角度分析後現代主義的學者。

（二）主要理論要點

詹明信認爲後期的資本主義時期即是後現代時期。後資本主義時期的特徵爲貨品的生產、高科技及電子技術、多國主義及環球化，還有遍穿至我們的非意識與意識之中的大眾傳播。在此時期，我們的文化爲消費主義與大眾傳播所掌控。在我們生活的各個角落，甚至文學、教育、子女養育等，都會普遍感受到消費主義與大眾傳播的影響。

詹明信與他同代的後現代學者不同，他對馬克思的理論抱持較多正面的評價。他認爲馬克思理論替後現代主義提供了最佳的詮釋，在後資本主義時期，審美的觀念已深植於貨品的生產過程之中，美學生產與貨品生產已結合爲一體。無論是建築物或任何的產品均注重美感，一切的實體均被美化了（aestheticization of reality），很多平平常常的東西被刻意精心的修飾包裝成美觀的精品，待價而沽，追求高利。「文化包裝」（cultural package）充斥各處，俯拾皆是。這種後資本主義社會的文化邏輯（the cultural logic of late capitalism）代表了後現代主義的精神。在後現代的社會，很多東西，甚至不是東西的東西都被美麗的物化了（commodifying）。詹明信同時用教本化（textualization）來陳述這種情況，他認爲在後現代社會裡，我們將每樣東西都製成教本，然後再在上面製造教本，再不斷的製造教本，以致後來我們自己都被搞混了，難辨眞實與虛幻、神聖之物與世俗之物了。最好的例子莫過於賭城拉斯維加斯（Las Vegas）。遊客可以到那裡的維娜新

（Venetian）賭場享受到威尼斯（Venice），甚至於享受到比威尼斯更美好的經驗。維娜新賭館內的威尼斯館（Venezia）除了按照威尼斯製造之外，又製造加入了一些豪華光亮的附加裝飾物，重新創造了一個比原來的威尼斯更眞實、更豪華、更吸睛、更具誘人風情的威尼斯。（Michele Dillon, 2010, pp.439-441）。

四、利奧塔（Jean-Francois Lyotard，一九二四～一九九八）

（一）小傳

利奧塔於一九二四年誕生在法國的凡爾賽（Versaille），父親是銷售代理商。他在巴黎唸完小學與中學，幼時曾夢想當一個藝術家、歷史學者、作家或僧侶。但這些夢想日後均未能實現。他在巴黎有名的索邦（Sorbonne）大學攻讀哲學，獲得學士及碩士學位。獲得碩士學位後，他曾於一九五〇年代到過法屬阿爾及利亞（Algeria）教過一陣子書，後來提出了博士論文，獲得博士學位。他於一九七〇年代開始在巴黎大學第八校區（University of Paris VIII）任教，一直教到一九八七年被任命爲名譽教授（Professor Emeritus）爲止。在以後的二十年間，利奧塔經常離開巴黎大學到外國講學，其中包括加大爾灣分校（UC, Irvine）、加大柏克萊分校（UC, Berkeley）、加大聖地牙哥分校（UC, San Diego）、耶魯大學（Yale University）、約翰霍普金斯大學（Johns Hopkins University）、魁北克的蒙特婁大學（University of Montreal in Quebec），以及巴西的聖保羅大學（University of Sao Paulo in Brazil）。他也是巴黎國際哲學學院的創建人之一。他於一九九八年得血癌過世之前，曾擔任亞特蘭大市愛默里大學哲學與法文的伍卓夫講座教授（Woodruff Professor of Philosophy and French, Emory University, Atlanta）。

（二）主要理論要點

　　對利奧塔而言，後現代乃是在哲學、藝術、文學、政治及社會上一種具有各種開放思想及發展可能性的時代。在這個時代裡，沒有鐵律、沒有約制、沒有禁忌，人們可以對真理懷疑、對現實挑戰、對過去所犯的錯誤做改正及賠償、對真實的變遷性予以肯定接受。利奧塔認為後現代是對現代陳述中所挑起的非陳述（the presentable in presentable itself）或隱含的部分予以暴露而已，它是無法歸納於事先決定好的分類檔內的。後現代是現代本身發展出的一種產物或效果，一種簡單承繼現代及新方向的追求與進展。

　　利奧塔抨擊放諸四海而皆準的普行真理。他懷疑這種普行真理的存在性。他認為真理是受文化的環境所影響。世世代代的轉變及其所帶之而來的文化環境，會將科學、文學及藝術的遊戲法則改弦更張。當年被合法化當做遊戲法則所許可之科學的實證主義，究實而言，只不過是一種寓言罷了。從一九五〇年以降，科技知識，特別是電腦知識的發展，帶領我們進入了後工業化及後現代化的時代。利奧塔認為知識與科學有所區別，知識不能被簡化為科學，與科學畫上等號。知識範圍較廣，包括我們如何做事為人，如何聽、如何寫、如何做決定，以及如何生活並享受生命的種種多方面的常識及訊息。而科學所涵括的範圍較小，它不過是知識的一部分，一種特別類型的知識。

　　利奧塔認為在後現代社會，我們不能仰靠以往的科學的實證主義，當做獲得知識的唯一有效方法。他提出一套不包括使用實驗法而能獲得知識的方案。在他的方案裡，特別提到證據及陳述的合法化（legitimation）。所謂合法化乃是一個被授權的立法者提供給科學界做為考慮採納陳述為科學討論的決定條件。在此情況下，知識與權力常是同一問題之兩面。誰決定什麼是知識（科學知識），又是誰知道什麼需要決定是否知識等問題，均與權力——誰有合法化的權力有關。

五、傅柯（Michel Foucault，一九二六～一九八四）

（一）小傳

　　傅柯於一九二六年誕生在法國一個叫波蒂爾斯（Poitiers）的小鎮。他的父親是當地一位成功的手術醫生。母親的父親，即他的外祖父，也是當地夙有名望的手術醫生及醫學院的教授，故他的家境富裕，屬於保守派的中上階級家庭。父親期望他能學醫，繼承衣缽，懸壺濟世，但他對之興趣淡淡；讀中學的時候，數學不好，但其他文科如法文、希臘文、拉丁文及歷史等成績卻相當優異。一九四○年，傅柯的母親將他送往羅馬天主教耶穌教派所辦的聖史坦尼斯拉斯（College Saint-Stanislas）學院就讀，於一九四三年獲得哲學學士學位。然後他回到家鄉的亨利十五高中，並在私人教師的協助指導之下苦讀了兩年。他接著於一九四五年轉學到巴黎的亨利十五高中（Lycée Henri-IV）就讀。在該校唸書時，他得到了存在主義學家及黑格爾哲學專家伊波利特（Jean Hyppolite）的指導，受其思想上的影響很大。他於一九四六年經過種種艱難的筆試及口試，在數百名考生中，以第四名的優異成績考進了法國的名校高等師範學院（Ecole Normale Superieure）就讀。在校五年期間，傅柯相當的不合群，孤獨的自來自往，常顯露暴力、自殘及自殺的行為傾向。為此，他那當醫生的父親曾把他送往精神病醫生諮詢治療。他的自殺傾向，經判斷為他深藏的同性戀慾望受到了壓抑所致。後來他在巴黎就學期間，加入同性戀的圈子，與不少男同性戀者發生性行為。

　　但他這種性傾向及行為並沒有阻礙他追求知識的熱誠。他熟讀了康德（Immanuel Kant）、胡塞爾（Edmund Husserl）、海德格（Martin Heidegger）及貝切拉第（Gaston Bachelard）等人的哲學著作，並且認識了於一九四八年來高等師範學院擔任導師的阿圖色（Louis Althusser）。透過阿圖色的介紹，他於一九五○年加入了法國共產黨，但後來對黨中所採取的武斷的馬克思主義觀點、蘇共的反猶政策及黨內幹部的一些偏見及作為不滿，他乃於一九五三年脫離了法共，但這並未影響他與阿圖色的終身友誼。

　　傅柯在高等師範學院獲得了哲學執照（Licence de philosophie）、心理學執照（Licence de psychologie）及哲學教師地位執照（agregation de philosophie）。此後數年，傅柯曾先後在高等師範學院、瑞典的阿浦沙拉大學（University of Uppsala, Sweden）、波蘭的華沙中心法蘭西斯大學（University of Warsaw's Center Francais）執教。在波蘭時曾一度辭去教職，擔任法國文化官員，因為涉嫌同性戀事件被揭發而被調至西德的漢堡市（Hamburg, West Germany）服務及教書。在漢堡市期間，他完成博士論文 Folie et Deraison，後該論文被譯為《瘋狂與文明》（*Madness and Civilization*）出版。此英譯本之出版對一九六〇年代的反精神分析社會運動有相當的影響。傅柯又出版另一本附屬著作，然後經過推薦、審核及公共辯護，他一一順利通過，乃於一九六一年獲得正式的博士學位。在未正式獲得博士學位的前一年，他已開始在克勒蒙佛倫大學（University of Clermont-Ferrand）教書；他在該校教了六年之久，曾擔任過哲學系系主任職務。他於一九六六年跑到了剛從法國獨立十年後的北非之突尼西亞的突尼斯大學（University of Tunis, Tunisia）教授心理學。在突尼西亞期間，正值一些學生反政府及挺巴勒斯坦運動爆發，他雖不滿意學生反猶的激烈行動，但卻利用他的地位與職務保護了一些左翼激進學生，使得他們於被逮捕後避免遭受嚴酷懲罰。在突尼西亞兩年之後，他回到了法國，擔任設立在汶斯尼士（Vincennes）城新成立的巴黎第八（Paris VIII）大學第一任的哲學系系主任職務。但他在該職務上的任期甚短，因為在一九七〇年時，他被選入法國學術上最有聲望的法國學院（College de France），被任命為思想體系史的教授（Professor of the History of Systems of Thoughts），於是他便搬回到巴黎從事教學及研究工作。在這段期間，他斷斷續續地完成了計劃要完成的六冊《性史導論》（*The History of Sexuality: An Introduction*）書籍中之三冊。他也同時參加一些社會政治活動，協助成立監獄訊息團體（Prison Information Group），幫忙建立犯人有發聲伸怨之管道。當時有一些左翼的、崇拜毛澤東理論而加入法國共產黨的年輕學者，但後來對毛理論失望而脫離法國共產

黨，自稱爲「新哲學家」（New Philosophers），聲言他們曾受到傅柯著作的影響與啓發。

　　傅柯於一九七〇年開始到美國水牛城大學（University of Buffalo）及加大柏克萊分校（UC Berkeley）講學。他是一個性愛專家、大同性戀者。他沉迷於同性的性行爲，特別是能引起對方及自身身體傷痛所帶來的刺激快感的性行爲（sadomasochism）。因之，他特別對舊金山灣區的同性戀社區有所鍾愛，經常在那裡流連忘返；在加大講學期間，他幾乎每個星期有好幾天都跑到該區，沉迷於肉欲的狂歡之中。他於一九七五年春天被傳染上LSD，但他卻說該症給他帶來正面的功能，使得他的心靈更廣闊，他的意識更清晰，引導他更能看到眞理。到了一九八三年的秋天，他開始不斷地乾咳，後來被診斷爲愛滋病（HIV-AIDS）。他回到法國後，努力地做完了法國學院的最後一系列演講，於一九八四年六月病情惡化過世，享年五十八歲。

（二）主要理論要點

　　傅柯的很多著作內容龐雜，很難整理歸納爲哪一門學派。有人認爲他是馬克思主義學者，有人認爲他是現代主義學者，也有人認爲他是後現代主義學者，更有人認爲他是結構主義者或後結構主義者，眾說紛紜，不一而足。更有進者，由於他的著作採用了甚多歷史的參考註腳，並且使用很多的新概念及新名詞，使得讀者難以了解其眞正的意涵，不知所言所語來自哪一門學科，也使得他的學派歸屬問題變成格外困難。

　　傅柯不贊同傳統科學的經驗性研究，但似乎有些矛盾的卻極力主張研究的價值之中立性。他認爲在研究人類社會時，研究者必須對將之當做「對談的對象」（discourse-object）來處理，務必保持對眞理及意義追求的中立性。

　　傅柯深受尼采（F. W. Nietzsche）的影響，認爲知識與權力常攪纏在一起，難以分割。社會的制度與組織由於站在擁有權力的位置上，常也擁有知識與訊息來控制人們的思想與行爲，以保全它們的權位。傅柯研究監獄的發

展歷史（Discipline and Punish: The Birth of Prison, 1977），驗證了他的以上
看法。他發現監獄內所使用的監管及刑罰方式常反映出當時掌權者（認為適
當合理）的想法及決定。傅柯的性史研究（The History of Sexuality, 1978）
更加深了他的這種觀點，他認為心理分析與諮詢乃至於整個醫療制度，都是
因為它們處在有權力的位置上，而判定人們什麼行為是「正常」或「反常」
的，規範人們應該怎麼思想及行動的，然後它們又綜納從各種學科如生物
學、心理學、社會學等所蒐集整理出來的知識及訊息，應用到診斷、治療與
控制。在傅柯的眼裡，現代世界的制度與組織在在都壓制人們的欲望，特別
是性欲望、衝動及不馴服的欲望。他認為個人的自我認同與意識深受他在權
力結構中的地位之影響；而個人在社會中的角色，常隨著權力關係及權力關
係的後果之轉移而改變。

六、瑞澤（George Ritzer，一九四〇～）

（一）小傳

　　瑞澤於一九四〇年誕生在紐約市一個猶太人家庭。父親是計程車司機，
母親當祕書，夫婦兩人辛苦的撫養瑞澤及他的弟弟。他於一九五八年畢業於
相當有名的布朗科學高級中學（Bronx High School of Science），隨即進入
紐約市立學院（City College of New York, or CCNY）就讀，於一九六二年
獲得了會計學學士學位。然後他跑到了密西根大學唸企管碩士，就讀期間，
他開始關注社會興情及環球事務，同時也對人群關係發生了相當的興趣。他
於一九六四年獲得密大企管碩士後，進入了福特汽車公司的人事管理部門工
作。工作不久之後，很快的發現福特公司的管理結構有些問題，新進年輕、
學歷高的員工，與年長的、學歷低但經驗多的員工常常發生衝突而不合，
公司墨守成規，一點也不鼓勵創新，於是他便離開了福特，跑到康乃爾大
學的勞工與工業關係學院（School of Labor and Industrial Relations, Cornell

University）攻讀組織行為的博士學位。在就讀期間，他接受了醫療社會學教授揣斯（Harrison Trice）的建議，選擇了社會學當做他的副修（minor）科目，他對副修的社會學研究所課程相當有興趣，同時，修讀的課程均取得相當優異的成績。他於一九六八年獲得了博士學位。嚴格的說，他雖未受過正統的社會學訓練（他的學士、碩士及博士學位均非來自社會學），但令人驚奇的是，他日後卻變成了當代著名及有影響力的社會理論學家。

　　他從康大畢業後，先跑到南方紐奧良的杜蘭大學（Tulane University）擔任助理教授，在那兒教了兩年書（一九六八～七〇）之後，轉到堪薩斯大學（University of Kansas）當了四年的副教授（一九七〇～七四），最後於一九七四年被馬里蘭大學（University of Maryland）挖角聘為正教授，一直在馬大執教至今。

　　瑞澤在任教馬里蘭大學期間，曾擔任俄國科學院的聯合國文教組織社會學理論講座教授、荷蘭的高等研究所訪問學人、上海大學及北京大學的訪問教授、瑞典的社會科學高等研究所訪問學人、芬蘭的天披瑞大學（University of Tampere, Finland）客座教授，以及德國布瑞門大學（University of Bremen, Germany）客座教授。他在二〇〇一年被馬里蘭大學選為該校的傑出教授（Distinguished University Professor）。除此之外，他還擔任過美國社會學學會的理論社會學（Theoretical Sociology）組主席，及組織與職業（Organizations and Occupations）組的主席。

　　瑞澤著作等身，出版過二十五本專著及大學部教科書、六本高級教科書及近一百篇的文章。在瑞澤的眾多著作中，他所寫的社會學理論書籍最為膾炙人口，為現今美國大學最普遍使用的社會學理論教科書。

（二）主要理論要點

　　瑞澤深受韋伯及馬克思學說的影響，他應用了韋伯的理性化理論的要點，創造出他的麥當勞化理論；引用了馬克思的資本經濟理論的主要思想，發展出他的消費生產理論。

　　麥當勞是速食店的領頭羊，可說是世界上最成功的速食連鎖店，目前在美國及世界各地已有三萬多家門市，現今世界大多數國家幾乎都可以見到它的門市。在美國，麥當勞已不單純是一家速食連鎖店，它實際上已變成了美國文化的象徵。根據一項民意調查，美國有百分之九十八的孩童能夠指認麥當勞，孩童對麥當勞的認同性僅次於聖誕老人。在瑞澤的眼裡，麥當勞的成功不在於它的快速成長及賺錢盈餘的數字，而在於它的經營原則之既深且遠的影響力。它的操作經營原則，即瑞澤所稱的「麥當勞化」（McDonaldization），已深深地影響社會中眾多公司及組織的操作經營，甚至影響到整個社會人們的生活。在韋伯理性化理論的影響之下，瑞澤列出以下麥當勞化的五項特徵或原則：

　　1. 效率（efficiency）：此指以最小的成本或努力來達成特定的目標。

　　2. 計算性（Calculability）：著重一切可以計算、可以量化。每個漢堡要多重，其中的每個成分內容需要多少、多重均經計算掌控。

　　3. 預測性（predictability）：此一原則著重將外在的因素及可能的干擾減小至最低程度。像氣象預測一樣，每個漢堡及產品在所有的麥當勞店裡賣出的都要一樣，同樣的大小、同樣的材料及同樣的味道。

　　4. 非人性科技對人之取代與控制（Control and replacement of people with nonhuman technologies）：此原則是為達成以上效率、計算性、預測性以及增大控制而為。一切的東西均經過事先量測好、包裝好，而以自動化的控制來操作運行。如越來越多的超級市場設置了量貨機、核算機，然後由顧客自己操作付帳。

　　5. 理性之非理性結果（Irrationality of rationality）：以上理性原則及方法的推進與操作固然有很多好處，但也帶來了反人性化的代價。不僅令工作的員工常覺得身不由己，有挫折感，而且顧客也覺得得到的是劣質產品或不令人滿意的服務。

　　根據瑞澤的觀察，麥當勞的經營方式像星星之火推廣燃燒，創造了百餘萬的所謂「麥氏工作」（McJobs）。據估計，在美國每十五個工作的人

之中，即有一人其第一次工作即在麥當勞連鎖店做的，每八個美國人中即平均有一人在麥當勞速食店工作過。大多數的麥氏工作均是部分時間的打工方式，其工資稍高於最低工資，而其轉工率（turnover rate）相當高，一半以上的人很少工作超過一年以上。麥氏工作具有以上所述的五種特徵，爲了追求效率，工作時間算得很精確、生產過程很量化，能夠達到相當的預測性及控制性，因而盡可能的以器代人、以自動化和科技化來掌握生產及銷售歷程，從而使得員工的工作變得呆板重複、索然無味，失掉了人性及人味。

　　瑞澤不僅應用韋伯的理性化理論到速食企業，而且將之應用到醫療專業。市場化、科層化及專業化是韋伯所稱的西方世界理性化發展進程的三大元素，特別是醫療的專業化，更是引起瑞澤極大的興趣與關注。醫生的行業是專業中的專業（the profession among professions），最早具有代表性的典型專業。但他認爲過多的理性化促使醫生的專業受到外在機構及力量的監控，以及科層化的影響（如逐漸增多的醫生在醫院及醫療中心服務），逐漸導致了醫生的專業非專業化了（deprofessionalization of physicians）。醫生們期望盡量維護保有他們自主的專業化特質及權益，但在政府醫療政策規定下、保險公司的付款限制下、社會的消費者保護運動下，以及自身內部的一些問題影響下，醫生專業遭受到史無前例非專業化的衝擊，使得醫生們時常感到挫折並頓然覺悟到，他們已不是人們心目中的救命神了，而只是在消費者心目中，一群在服務行業的職業人士而已。

　　瑞澤又討論分析另一個理性化的產物，即「消費大教堂」（cathedrals of consumption）。所謂消費大教堂指的是一個能夠允許甚至強迫我們購買各種消費品的集中場所。這些場所帶有半宗教性，使我們趨之若鶩，像朝聖者一般的跑來瘋狂購物。最早的例子是購物中心（shopping malls），爾後是超級商店（supper-stores）、網路商城（cybermalls）、電視購物（home shopping via television or telemarketing）等。爲了刺激並便利消費者購物，信用卡就像麥當勞的速食店一樣應運而生，而且很快的大行其道。可以這麼比照說，麥當勞的理性化將做好的食物送遞到你嘴裡，而信用卡的理性化則將批准好

的消費貸款送遞到你手裡。信用卡是一種理性化的便民產物，但不幸的卻常被消費者做無理性的使用。

瑞澤是社會學理論學者，他對社會學理論也有一些自己獨特的看法：

1. 他認為現代主義與後現代主義並非以時間先後來劃分，它們只是兩種不同的分析模式或方法。後現代主義較現代主義重視「異」或特點。執著於現代主義及後現代主義理論的分類是無意義的，最重要的是，我們需要發展建立好的、有用的理論，這種理論能夠幫助我們了解目前發生在世界中的眾多重大的社會及經濟變動。這種理論能夠得到經驗資料的考驗及支持。另外，他認為好的、有用的理論應該與實務結合，必須有實務上的應用性。當然，他也承認理論並非永遠不變的；它是可以加以修正及改進的。其次，他極力主張微觀理論與宏觀理論的相結合及搭橋（bridging theories）。

2. 瑞澤提倡後設社會學理論（Metatheory）的研究。他認為社會學理論需要做自身的反省性的審視及研究。這種反省性的審視與研究可以更清楚的了解社會學底層的結構，以及它所涵蓋的成分，它的實質領域、概念及方法，因此可以幫助好的、有用的社會學理論的創立及發展。

3. 瑞澤最有創意的可能是他根據孔恩（Thomas Kuhn）的範型的概念，從後設社會學理論著眼，將現今所有的社會學理論分別歸類於以下三個範型：

(1) 社會事實範型（Social-Facts Paradigm）：沿襲涂爾幹的社會事實之概念，此範型包括社會結構功能及社會衝突理論。

(2) 社會定義範型（Social-Definition Paradigm）：沿襲韋伯的社會行動之概念，此範型包括行動理論、符號互動論、現象社會學、俗民社會學等。

(3) 社會行為範型（Social-Behavior Paradigm）：沿承行為心理學史金納（B.F. Skinner）的概念，此範型包括行為社會學及社會交換理論等。

第三節　綜合評估

　　現代與後現代兩個名詞有時顯得相當混淆，難以區別界定。這兩個名詞無異均與科技的發展與思考的方式有關，它們均象徵著世代的科技與思考進步的程度。我們習慣性稱我們是現代的，一旦當我們能夠超越我們當代的思維與想法，便稱我們是後現代的。因此，後現代應該是突破現有的窠臼，跳出現行的思維盒子（thinking outside the box），有新的思想及行為的方式。

　　後現代的學者均反對科學的實證主義及訴諸經驗資料蒐集與分析的方法。他們對像派深思所建構的龐大理論嗤之以鼻。他們大多為法國的社會學家與哲學家，是繼一九五〇年代結構功能學派與一九六〇及一九七〇年代衝突學派沒落之後，而在一九八〇年代以後所形成的一個流行的學派。

　　後現代學者所提出的一些反傳統理論的見解與主張，是否可以稱之為理論？頗令人質疑。茲將一些對後現代理論的批評綜述如下：

　　1. 後現代學者大肆抨擊使用統計方法的經驗性研究，對觀察與理論的解釋性不滿。但他們只會批評，卻提不出自己一套具體可行的方法論來尋求真知，而能有效的驗證其真知，以真正增進我們對社會世界及人們行為的了解。

　　2. 什麼是「現代」？憑實而言，「現代」是一個相當含糊的名詞。一個時期，一晃即過，從未來回頭看現代已不是現代了。「後現代」也是同樣空洞的、自欺欺人的名詞與概念。現代與後現代的理論根本就不是什麼理論，只不過是一些「意底牢結」的信念體系（ideological belief system）罷了。

　　3. 後現代學者所推重的「對談」（discourse），是一個很混淆模糊的概念，它如何操做、如何使用來了解社會世界，語焉不詳，令人難解。

　　4. 後現代學者所提出的評論及見解，如果冠之為理論的話，它充其量不過是一種批判理論（critical theory），與法蘭克福批判學派的理論比起來，還缺乏了對未來社會的憧憬與遠見。一般後現代學者，對未來社會的發展是

悲觀的。

　　後現代學者在嚴格的審視下雖未能發展出一套真正的理論，但無異的，他們針對現今的社會做出了一些頗具深度的分析與針砭，做出了一些不可抹殺的貢獻：

　　1. 他們正確地指出了我們現今的社會是一個高度消費主義取向的社會。我們大量的使用信用卡，甚至於透支的拚命購買東西，政府不管財務上的大量赤字與債務，拚命的支出花費，甚至於不惜大印鈔票。一些連鎖書店如 Barnes and Noble，甚至一些圖書館也售賣咖啡點心來鼓勵消費。很多的大學設計出很多的課程與主修專業來招徠學生，更有很多的大學大做廣告，並開出日益增多的網上課程，大開方便之門以便利學生獲得文憑。消費主義社會鼓勵並製造出很多失去良知、不負責任的行為。

　　2. 後現代學者指出，我們現今的社會過度偏重物資主義及符號交換。現今社會中充滿了太多你來我往的禮物贈送回報的符號交換行為。生日、結婚、結婚紀念日、情人節、升遷、畢業、宗教節日等都需要送禮，贈送實際的物資致賀。然後當這些日子再次來臨時，又需要轉過頭來回報。這種符號的交換行為在現今社會確實有點太多了。

　　3. 後現代學者認為現代主義是世俗主義（secularism），而後現代主義所代表的是精神主義。後現代主義著重的是人的內心，一個能夠反思的自我。

　　4. 後現代主義學者注重人類環境之維護、支持綠化運動，甚至提倡「文化的綠化」（greening of culture）。

　　5. 後現代主義重視大眾傳播及娛樂業的功能與角色，認為它們在當今社會的影響力越來越大，帶給社會的有正面也有負面的影響。

第四章　未來社會學理論的發展

第一節　社會學理論的分歧與整合

　　未來社會學理論到底會如何發展？其走向趨勢如何？無人可以預測或做任何的規劃。但就目前宏觀的如結構功能、社會衝突及社會體系等理論，與微觀的如符號互動論、行為交換理論、每日社會學的一些理論等現況及勢頭來看，這些個別的理論有的恐怕已走進死胡同，沒有前面的路可走了；有的尚有餘路可繼續往下走，但路程已不太多了；有的尚有多路可走，有相當的走勁。所以，每個個別理論的命運將是不同的，有的已無發展的空間及可能性；有的尚有一些發展的空間及可能性；有的則尚有廣大發展的空間及可能性。在這些理論中，行為交換理論可能是最有發展空間及可能性的。透過霍門斯、布勞、愛默生、庫克及柯門等人的努力，他（她）們將微觀的行為連結到宏觀的結構，然後又與網路理論及網路分析相接軌，因此使得行為交換理論之經驗性、實證性的研究變得相當可行，其未來發展的空間是相當大的。其次可能是俗民方法學，其在制度應用上的研究及自然語言與會話分析方面，也有一定的發展空間。相反的，在另一端，結構功能理論雖被亞歷山大等人擴充包裝變成新功能主義，但換湯不換藥，其過分依賴宏觀觀念的架構及抽象的命題分析，一方面難以做縱面的歷史變遷分析，另方面也難以做橫向的比較研究，其未來的發展是頗有局限的。再其次是社會體系理論、現象社會學，及一些女性主義的理論，也最多只能做進一步哲學思考式的分析或局限性的主觀研究而已。至於符號互動理論，如果它能突破米德、顧里、布魯默等主觀的、微觀的舊有傳統模式，與其他的理論，特別是宏觀的理論與文化研究結合，將會帶來更多的生機（Ritzer and Goodman, 2004, pp.367-372）。當然，這不僅限於符號互動論，任何的理論如果能與其他理論整合聯手，充氧補血，借他人之長輔自己之短，均有可能帶來新的發展機會，或許可以期待第二個春天的到來。

　　說到社會學理論的整合，看來不僅是現今當行之道，而且是未來大勢之

所趨。其實理論整合並非一個新的現象，它在美國的發展從一九八〇年開始
至今，已有相當時間的歷史了。在美國的大部分理論整合工作，均屬於所謂
的「微觀－宏觀的整合」（Micro-Macro Integration）。在此方面，做出努
力並有顯著成績的學者包括瑞澤、亞歷山大、柯門、李斯卡（Allen Liska）
及柯林斯（Ritzer and Goodman, 2004, pp.486-495）等人。其中瑞澤的整合
見解可能最為均衡周全，在此值得做一簡單的介紹（見下表，Ritzer and
Goodman, 2004, P.487）。

表9-4-1　瑞澤的理論整合分析分類

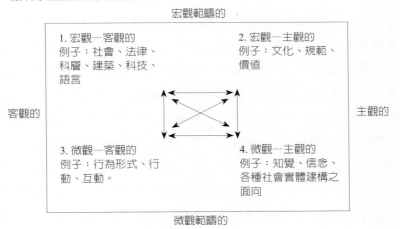

瑞澤將他的理論整合分析，建立在兩個連續體的軸線上：一是微觀與宏
觀所組成的軸線（Micro vs. Macro Dimension），另一是客觀與主觀性所組
成的軸線（Objective vs. Subjective Dimension）。因為每個軸線均有兩個分
類，因此它們可以交叉組合成 2X2 的社會分析表。這個分析表包括四個主要
層面的分析：(1) 宏觀－客觀（Macro-Objective）層面的分析：分析的對象
包括社會、法律、科層制度、建築、技術及語言等（頗似涂爾幹所稱的物質
性的社會事實，material social facts）；(2) 宏觀－主觀（Macro-Subjective）
層面的分析：分析的對象包括文化、社會規範及社會價值；(3) 微觀－客觀

（Micro-Objective）層面的分析：分析的對象包括行為形式、行動及互動；
(4)微觀－主觀（Micro-Subjective）層面的分析：分析的對象包括知覺、信仰
及各種社會實體的建構。瑞澤特別強調以上四個層面分析之間的辯證互動關
係。換言之，研究者可以分析：

1. 宏觀－客觀層面與宏觀－主觀層面互為因果的互動關係；
   宏觀－客觀層面與微觀－客觀層面互為因果的互動關係；
   客觀－宏觀層面與微觀－主觀層面互為因果的互動關係；
2. 宏觀－主觀層面與微觀－客觀層面互為因果的互動關係；
   宏觀－主觀層面與微觀－主觀層面互為因果的互動關係；
3. 微觀－客觀層面與微觀－主觀層面互為因果的互動關係。

其實微觀或宏觀的現象均不能在各自的層面上從事自己單獨的分析；它
們在任何時間均是仰賴彼此互動而存在的。柯林斯雖然一度曾經主張宏觀社
會學應該完全以微觀為基礎（The Micro Foundation of Macrosociology），但
後來卻鬆動他的立場，承認微觀及宏觀有不可分割的密切關係，他認為任何
宏觀的現象均由微觀的現象所構成；相反的，任何微觀的現象皆是宏觀現象
的一部分。

在歐洲也有與美國微觀－宏觀理論整合相似的努力，可統稱為動作者與
結構的整合（Agency-Structure Integration）。動作者（agent）一詞可指為一
個行動的個人，也可指為一些動作的集合體（collectivities of acts），如一個
團體、組織，或甚至是大至一個國家或數個國家。結構（structure）一詞可
指為大規模的宏觀結構，也可指為人們互動的微觀結構。總而言之，不像美
國學者將微觀與宏觀現象區分得那般清楚，歐洲的學者對動作者與結構的定
義比較寬鬆而有伸縮性，兩者既可指為微觀現象，又可指為宏觀的現象，甚
至可指為微觀與宏觀的混合現象。

在動作者與結構的理論整合努力中，最為人知且做出貢獻的歐洲社會
學者為紀登斯、阿瑟兒（Margaret Archer）、布赫迪厄（Pierre Bourdieu）
（註：也有人翻譯為包迪厄）及哈伯瑪斯。本書在第三篇第二部分第三章已

介紹過紀登斯的結構化的理論及結構的雙元性，並且闡述了動作者、結構、體系及實踐等角色及彼此的關係，故在此不再贅述。阿瑟兒主要批評紀登斯在討論動作者與結構時忽略了文化現象。她認為文化是一種非物資的想法與現象，有別於結構為物資的興趣與現象，兩者截然不同，而且兩者均各有相互的獨立與自主性，因此應該將文化與結構分開來做個別處理，而專門研究動作者與文化的互動關係。哈伯瑪斯對生活世界的殖民化的主要見解，本書已在第五篇第二章第三節做了相當的介紹，故在此也不再贅述。唯一在此值得討論的是布赫迪厄對理論整合的看法。因為他對理論整合的看法頗有創新見地，自成一家之說，作者覺得有必要將其人其說做一番介紹。

一、小傳

　　布赫迪厄於一九三〇年出生在法國東南部一個叫登坤（Denguin）的小鄉鎮。他的父親是郵務工作人員，母親為家庭主婦，家境並不好，只能說是中下階級吧。他先到巴黎一所有名的大學預備學校就讀，然後考入極負盛名的巴黎高等師範學院（Ecole Normale Superieure），涂爾幹以前唸書的學校就讀，曾與阿圖色同學。由於他不喜歡當時學校崇尚史達林及共產主義的學風，拒絕撰寫論文，因此延遲他的畢業時間。畢業後，他在一所省立學校教了一年書，然後於一九五五年被徵召入法國陸軍服役。他被派往阿爾及利亞（Algeria）服務，正值阿爾及利亞獨立戰爭期間，他起先是做守護法軍軍事設備的工作，後來被調做文書工作。他從軍隊退役後，繼續留在阿爾及利亞，擔任一個學校的講師，一方面教書，一方面做民族學的研究，根據研究結果撰成了《阿爾及利亞的社會學》（*The Sociology of Algeria*）一書，沒想到此書一出，使得他在法國學界一夕成名，並且該書於一九六二年在美國出版。

　　布赫迪厄於一九六〇年回到法國，先在巴黎大學當了一年助教，追隨人

類學家李維史陀（Levi-Strauss）在巴黎學院修課，另外他也當了名氣甚大的社會學家艾宏（Raymond Aron）的助理。後來他跑到麗疊大學（University of Lille）教了三年書。一九六四年他被任命爲L'Ecole Practique des Hautes Etudes 的主任。往後布赫迪厄在法國巴黎的學術界聲名鵲起，他找到了一批年輕弟子與他合作，幫助他的弟子合寫文章發表，同時他自己也出版了大量的著作。當一九六八年艾宏所創立的歐洲社會學中心（Center de Sociologie Europeene）主任一職出缺時，布赫迪厄被選中聘爲主任，並擔任這個職務直到過世爲止。他在一九七五年時爲該中心創辦了一份科際整合的學術刊物（Actes de la recherche en sciences socials），特別著重科學性的研究，他與他的弟子們在這個刊物上發表了不少文章。

一九八一年，艾宏從法國學院的社會學系主任一職退休，該職務一時懸空，當時甚多法國有名的社會學家爭相申請，最後經過一番競爭，布赫迪厄贏得了該職位。當了名校社會系系主任之後，布赫迪厄更是努力不懈，繼續創作出版，名氣水漲船高。他於一九九三年獲得國家中心的科學研究獎章（Medaille d'or du Centere National de la Recherche Scientifique），一九九六年獲得加州大學柏克萊分校的高夫曼獎（Goffman Prize from University of California , Berkeley），二○○一年獲得皇家人類學院的赫胥黎獎章（Huxley Medal of the Royal Anthropological Institute）。

布赫迪厄於二○○二年在巴黎得癌症過世，享年七十一歲。

二、主要理論要點

（一）主觀主義與客觀主義的整合與相互的辯證關係

布赫迪厄的很多理論見解常見於他與別人的對話之中，在他早期的學術生涯中，他的兩個主要對話者爲存在主義大師沙特（Paul Sartre）與結構主義大師人類學家李維史陀。他一方面頗能理解沙特把一個人當做他自己社

會世界之創造者的看法，但是他認為沙特將個人的能量過分誇大了，忽視了社會結構對個人的限制。另一方面，他當過李維史陀人類學班上的學生，對他的結構論帶有幾分信服及嚮往，但他覺得李氏的理論有些偏激，將結構對人之控制形容至達到無意識的地步，有點悖乎常理，他要將在真實生活的人帶回到幾乎被李維史陀及其他結構學者所吞噬殆盡的世界之內。他想將沙特的存在主義與李維史陀的結構主義做一些程度上的整合，一種主觀主義與客觀主義的整合。他承認客觀結構在真實社會世界中的存在，獨立於個人的意識與意願，能夠限制或引導個人的行動或實踐；但他也採用建構派（constructivism）的觀點，承認個人在結構限制的情況下有其自發性、思想及行動抉擇的能力。

（二）習性與場域（Habitus and Field）

習性可能是布赫迪厄最有名的名詞，它是什麼呢？根據布赫迪厄的解釋，它是個人應對社會世界的心理與認知的結構。換言之，習性是社會世界之結構內化的產物（The product of the internalization of the structures of the social world）。他列示習性有如下的特徵：

1. 習性因個人的地位而異。換言之，每個人的地位不同，其習性也不同。

2. 習性可以是一種集體現象。例如一些擁有相同地位的人常會有相同的習性。

3. 一時的習性是從一個人的生活史中多日累積養成的。

4. 習性不僅有持久性而且有轉移性（例如從一個場域轉移到另一個場域，有時會發生不適應的情況）。

5. 習性創造了社會世界，但也為社會世界所創造。換言之，習性處於外在性的內在化與內在性的外在化之辯證過程之中。

6. 實踐（practice）為習性與社會世界的中介。透過了實踐，習性得以創造出來；透過實踐的結果，社會世界才得以創造出來。

7.習性雖是內化的結構，但它並不能決定個人的思想及行為。習性只是提供一些原則為人們在社會世界做選擇與決定。這也是布赫迪厄與其他結構論者最大不同之處。

8.習性並非一成不變的固定結構；它是為個人用來處理應付瞬息萬變而且經常充滿矛盾的生活世界之事務的。

9.習性存在於我們的意識及語言層面之下，常讓我們沒有知覺到，但它卻表現在我們大多數的實踐活動上，例如我們吃飯、走路、談話的方式等等。

相對於習性的一個名詞或概念是場域。它是客觀地位間關係之網絡。這些地位間的關係是超越個人、不為個人意識到的。但是無論是誰（包括個人或團體），只要占據在這些位置上，便會受到場域的制限。在我們的社會世界裡有多種場域同時存在著（如經濟、政治、宗教、藝術、高等教育等），每一個場域都是一個戰場，一個使用各種資本（經濟的、文化的、社會的及象徵的資本）做拚鬥的競爭商場。

布赫迪厄提出以下三個分析場域的步驟：

1.追蹤任何一個特殊場域與政治場域的關係；

2.繪製出在場域中位置間關係的客觀結構圖案；

3.分析及確定在場域中占據各種位置之行動者的習性。

布赫迪厄認為行動者在場域上的位置，為其所持有的資本量及相對的比重量所決定。資本可以決定自己的命運，也可以決定他人的命運。布赫迪厄將資本分為以下四類：

1.經濟資本：一個人擁有的財富及經濟資源。

2.文化資本：一個人擁有的各種知識及訊息。

3.社會資本：一個人擁有的各種有價值的社會關係或人脈。

4.符號資本：一個人所擁有的榮譽與名聲。

布赫迪厄認為，每個在場域中占有位置的行動者均會使用一些不同的戰略（strategies），利用所擁有的各種資本來維護或改進自己的位置。

　　布赫迪厄特別指出在國家的大場域中所使用的軟暴力，他稱之爲符號或象徵式的暴力（symbolic violence）。這種暴力是透過社會上的文化機制而間接的，甚至不察覺的進行著。最好的例子即是我們的教育制度，透過所屬各個學校在教材教學分班方式諸方面保護在權者及高階級者的權益，使得其子弟得到很多的優利條件，維護其社會階級地位之延續。布赫迪厄呼籲，我們必須要從這種爲階級及政治勢力所掌控的軟暴力中解放出來。

　　習性與場域雖是布赫迪厄的兩個重要概念，但他所著重的並非這兩個概念的本身，而是這兩個概念之間的互動辯證關係。所謂「實踐」，特別涉及文化實踐（cultural practice），即是由習性與場域間的互動辯證關係所造成的。一個最好的例子即是文化產品的性質與文化口味（cultural taste）之間的辯證關係。文化產品的改變可以導致人們文化口味的改變；同樣的，人們文化口味的改變也可以引起文化產品的改變。場域的結構不僅制限人們對文化產品的欲望，而且也制限生產者來製造何種文化產品以滿足人們的需要。布赫迪厄無疑的在此使用習性與場域闡釋了行動者與結構之間的辯證關係。

（三）對法國學術界（Homo Academicus）的看法

　　布赫迪厄出版了一本專書叫做*Homo Academicus*，提出了他對法國學術界，特別是大學學府的一些觀察及批評。他在書中特別側重各學術領域的客觀位置，以及它們的場域的關係與互鬥的情況。他的觀察是，法國的學術界分爲法律、醫學、科學及藝文（arts）四大領域。在社會地位的排序上（social hierarchy），法律與醫學爲強勢學科，而依次爲輔助法律與醫學的科學，以及藝文的弱勢學科。但在文化地位的排序上（cultural hierarchy），根據文化資本的擁有及累積，科學學科最高，藝文學科其次，而法律及醫學則最低。各個學科在政治、經濟及文化場域內不斷的競爭戰鬥，以爭取高的社會地位及文化地位。

　　另外，布赫迪厄也不厭其詳的描述大學教授，特別是藝文學科的教授之間的爭鬥情況。在此，教授們所擁有的文化資本，如科學發明、研究著作，

及學術上多年耕耘所贏得的學術地位，甚至於在學校中所占據的地位等扮演了舉足輕重的角色。其次，布赫迪厄也闡述了一些教授爲了獲得或維護他們在校的地位與權力，在校當個順應者、乖乖兒，而未把時間與精力放在學術研究上。布赫迪厄也討論了新進的年輕教授與在職多年老教授之間的衝突，以及年輕教授彼此之間的取向與矛盾等。

三、評估

　　布赫迪厄聲稱自己並非純理論學家，也不贊同沒有以經驗爲基礎的純理論。在另一方面，他也不贊同沒有理論爲基礎或引導的經驗性研究。顯然，他主張的是理論與經驗結合性的研究。他自己的研究與論說是否結合了理論與經驗了？事實上是頗令人質疑的。

　　布赫迪厄的理論觀點前後一致，相當的周全，頗能成一家之說。他應用習性、場域及實踐等觀念，對行動者與結構的整合做了新穎、有創意的詮釋。他對文化資本及教育制度所造成的軟暴力的確有一些眞知灼見。但他的一些理論沒有普遍的有效性，可能在法國或其他歐洲國家可以適用，但在世界其他地方可能就無法適用了。

第二節　全球化與社會學理論

　　全球化是在政治、經濟及文化諸方面將國家及人們整合成一個大世界社區的過程。這個過程包括人、物及訊息同時進行不斷的互換與流動；其主要的驅動力來自訊息科技的發展，特別是結合網路與電話為用的科技發展。這種科技的進步使得我們從時空、地理、經濟、政治、文化及社會的限定疆域裡解放出來，能夠使我們從事廣大自由的活動。例如我們可以網上選課、網上觀看電影、運動及娛樂節目、網上購物、網上交易、網上約會及網上通信等。全球化將時空及地方的距離之藩籬打破，使得我們可以做所謂的「跨國界的實踐」（transnational practices）——超越國界、地方界限的經濟、政治、文化及社會的實踐（Dillon, 2010, P.455）。所謂「天涯若比鄰」、「地球村」（Global Village）已不再是一種神話，而是一種社會生活的事實了。

　　這種訊息科技進步所導致的全球化，帶給我們的影響是巨大而深遠的，它不僅改變了我們習以為然的生活方式及做事方法，而且撼動了我們對很多事情的態度與想法。在全球化的影響下，社會中所發生的一切現象與個人關係及活動，必須要從國家或地方的封閉的小世界觀超越出來，而以地球村的立場及大世界觀來審視、思考與評估。這無異帶給社會學理論相當大的衝擊與挑戰，同時也帶給社會學家重新思考的空間及新理論的發展契機。事實上，社會學家早已抱有相當大的興趣來關注全球化的問題。最早且為人熟知的是瓦勒斯坦（Immanuel Wallerstein）的世界體系理論（見本書第五篇第一章第二節 5.）。簡言之，他認為現今的世界體系是一種資本主義主宰的經濟體系，按照世界經濟秩序分工的地位，其中可區分為所謂的核心國家（core states）、邊緣國家（peripheral states），及半邊緣國家（semi-peripheral states）。核心國家以其經濟的優勢及資本力量壓榨剝削邊緣國家，使得它們日益貧窮，而自己卻日益肥大，因此導致貧富國家間的經濟差距越來越大，陷世界的經濟體系於危機之中。顯然，瓦勒斯坦相信馬克思的階級衝突理論

不僅適用於一個國家之內，而且在環球化的過程中也適用於國與國之間。

　　另一位社會家司凱樂（Leslie Sklair）基本上同意瓦勒斯坦的見解，他特別指出在經濟全球化的過程中跨國公司所扮演的負面角色，因為這些公司來自瓦勒斯坦所謂的核心國家，跑到邊緣國家利用當地廉價的勞工、有名無實的環保法，及無力、無效率的工會組織大設工廠及生產線，只顧追求公司最大的經濟利益，罔顧當地的經濟發展及當地人們的福祉。結果是不僅使得當地社會內的階級更兩極化，而且使得國際間的社會階級更兩極化。有鑑於這種資本主義經濟全球化的趨向及可能面臨的危機，司凱樂建議採用一個社會主義的全球化模式，以地方上的生產消費合作社來取代跨國公司。

　　沿著同樣的思路，沙森（Saskia Sassen）指出資本經濟的全球化下所製造出三類跨越國界的全球工作者。一是跨國的專業人士及行政管理階級，他（她）們遊走任職於如倫敦、紐約、東京、法蘭克福、巴黎、北京、上海、香港等國際大城的商業財政銀行機構；二是跨國的政府官員及專家，他（她）們是中等階層的工作者，例如移民官或警官等；三是弱勢階級，他（她）們是居住在移民聚居的社區之貧戶與社會運動者。

　　在政治方面，社會學家對一個國家在全球的新秩序下能保有多少自主權頗有一些不同的觀察與看法。茲綜述一些學者的看法如下：

　　1. 司凱樂認為在全球化的大勢衝擊下，國家已不再是一個有自主權的機制，代之而起的是有權及有影響力的跨國公司、新形成的跨國資產階級，以及經常變化的國際之間的動態關係。

　　2. 紀登斯則認為在全球化的動態關係中，一個國家仍有相當的自主權，仍然可以扮演重要的角色。他承認很多大公司如可口可樂、谷歌、微軟等，在美國國內及在世界其他國家所擁有的經濟上及政治上的影響力，但僅止於影響力而已，它們並不像一個國家政府擁有實權一樣，擁有維持社會秩序、立法執法，及控制軍事的權力。在紀登斯的眼中，全球化所造成的衝擊常使一個國家陷入一面傾向中心化或跨國化，而另一面又傾向自我主權化的推推拉拉（push-pull）的角力過程之中。譬如在歐盟（EU），大多數成員國對

單一歐元的幣制、各國間的自由貿易，以及無國境限制的自由旅行簽證等政策均表贊同支持，這是一種推向歐盟中心化的表徵。而歐盟在近年遭遇到經濟危機，要求一些向歐盟緊急貸款紓困的成員國（如希臘、西班牙）行節措之時，這些國家卻爲了自身的失業問題及其他政治上的考慮，而不願或無法推行歐盟要求的節措政策，而這是一種拉回保障自己主權利益的表徵。一個國家在全球化的浪潮席捲下，常會顯示這種左右搖擺的辯證性（dialectical nature of globalization）舉動。

3. 鮑曼（Zygmunt Bauman）認爲紀登斯的國家之左右搖擺的辯證性，不足以詮釋現今全球化所涉及的政治議題及決策決定的複雜性情況。他使用「遠離的接近」（distant proximities）一詞來說明全球與地方政府處理世界事務的相互交纏整合之情況。「遠離的接近」包括：無終止的聚向全球的勢力與聚向地方的勢力的互動；核心國家與邊緣國家的對立；文化與副文化的衝突；鄉村與都市的對抗；集中化與分散化的矛盾；國家的與跨國組織系統的競爭等。在這些對立抗爭中，鮑曼比較接近司凱樂的觀點，認爲在全球化的過程中，一個國家的功能將會縮減，在政治、經濟甚至軍事領域的自主權將大爲削弱。他對國家在全球化的巨大潮浪衝擊下能維護原有的自主權之未來前景是悲觀的。

4. 沙森不同意鮑曼的觀點。她認爲現今國家一詞必須給予重新的概念化（reconceptualization of the state）定義，應該將之稱爲「非國有化的國家」（denationalized state）。在全球化中，一個國家由於簽訂了一些國際的貿易協定及維護人權的宣言等，會失去在自己國土上的一些控制權，但在另一方面，因爲參加了一些國際貿易組織及簽署了與其他國家互助互利性的協議，同時也獲得新增的權利與好處。在全球化的過程中，一個國家權力的得失是很難評斷的。沙森對全球衝擊下國家主權的流失，抱有比較樂觀的看法。

社會學家在除了經濟及政治的全球化之外，也關注文化的全球化（cultural globalization）。全球化無異將會將世界各處的文化拉近，如羅勃生（Roland Robertson）所說的全球化會將整個世界推向單一的城市，造成世

界為一個單一社會文化的地方（Dillon, 2010, pp.474-475）。網路科技、麥當勞速食、肯德基炸雞、可口可樂、好萊塢的電影、NBA 等，將美國文化傳送到世界各地，今日在極其偏遠之地如沙烏地阿拉伯、南非，甚至中國大陸的任何一個中型以上的城市，都能吃到麥當勞的漢堡、喝到可口可樂、看到好萊塢的影片或NBA 球賽的轉播。同時，一些非美國的產品如 Louis Vuitton、Prada、Chanel 也流行美國及世界各地。還有，足球原來僅流行於歐洲及南美洲，現今也逐漸流行於亞洲及美國。毋庸置疑的，全球化帶來了全球文化的同質化（cultural homogenization）。但在同時，全球化也帶來了文化的衝突或文化戰爭（cultural clash or cultural wars）。由於很多國家或地區的文化都是數千年或數百年歷史的積澱所造成的，根深柢固的嵌入人們的信仰及價值系統之中，當以歐美為強勢的全球化價值及理念洶湧撲來之時，當地的人們常會覺得格格不入而強力抗拒。杭庭頓（Samuel Huntington）在其名著《文明的撞擊》（*The Clash of Civilizations*）一書中即指出，世界各處不同的文化所製造出不同的世界觀，而這些不同的世界觀幫助當地政府人民制度化了其經濟及政治的結構與組織（Dillon, 2010, P. 477）。今日世界上所進行的一些尖銳抗爭與暴力衝突，皆是由於文化的差異與世界觀的不同而導致的。九一一事件在某種意義上乃代表阿拉伯回教文化與歐美的基督教文化之衝突。

全球化在個人人格上也帶來不小的衝擊。跨國工作、跨國居住及移民（據估計，現今全世界的跨國移民的數目高達兩億人之多）影響一個人的認同感（self identity）及國家的忠誠性（到底對原來的母國或對移民到達居住的新在地國效忠呢？或者兩者兼有？或者兩者都沒有？或者兩者多少不一？常常難以取決，不知何去何從？）。全球化，特別是在網路訊息開放的影響下，使得一個人得到了心智上的解放，眼界大開，覺得海闊天空可以任我飛翔，各處都充滿了機會、希望及可能性，但同時也常帶給人們焦慮及不安全感。人們失去原來小社會地方社區的根，大海茫茫，何處是兒家，缺少了歸屬感，對外面的大千世界及所遇到的人們，缺少信任，因此為了自保起見，

常在極端的情況下做出中庸之道的決定，紀登斯稱這種處境為「自我的左右為難」（dilemmas of the self）。

全球化由於大量的經濟貿易及社會活動的增加，快速即刻間所傳送的無限量之各種訊息的交流，還有巨大數目之移民及旅遊人口跨越國界的流動，除了影響個人的自我意識及行為外，也常會帶來很多可能的危險，如非典（SARS）、H7N9禽流感、有毒的食物及病害等，不小心的未加及時防止而迅速的傳送到世界各地，使得眾人受害。最近的一個例子即是波士頓馬拉松賽跑的爆炸案，使得無辜的百餘人受傷及三人遇難，而遇難者中有一位是來自中國瀋陽，正在波士頓大學攻讀碩士學位的呂姓同學，她在出事當天早上還在網上給朋友發出她當日所吃的早餐的相片，沒想到當天下午與同學跑到波士頓大學附近的馬拉松終點線觀看比賽的結果時，事先被裝置的兩個炸彈就在近處爆炸，將她寶貴而充滿未來前景的生命無情殘酷的奪去了。遇難者還有一個八歲的當地美國男童，及一位在餐館任職的女子，也是無辜的失去了寶貴生命。這些受害者有錯嗎？一點都沒有。如果硬說有的話，只能說他（她）們的運氣不好，炸彈引爆時，他（她）們正巧在錯誤的時間點站在錯誤的地點。再說，誰做了如此傷天害理而毫無人性的殘暴行為呢？最後確定為兩位從蘇俄車臣移民到美國的一對信奉回教的兄弟所為。有人說全球的社會是個「危險社會」（risk society）（Dillon, 2010, P.480），一點也不為過。生活在今日全球化的社會裡，每個人身邊隨時都可能有不可預測的危險事件發生。

西班牙社會學家柯斯特（Manuel Castells）稱全球化社會為一網路社會（network society）。網路的暢行及數位化訊息科技的發展，重新建構了資本主義及國家與全球的關係，有效的促進了社會、宗教及政治運動的推展，促使社會、商業及政府組織與科技公司的場所（如微軟、谷歌、蘋果及雅虎等辦公及工作地方）的分權化及平權化（decentralization and egalitarianism）。在此，紀登斯特別指出網路（internet）的功能，他認為網路是加深民主化的一大動力。換言之，網路普遍為人們所擁有及使用，有助

於民主政治的發展，可推使民主政治更上層樓。作者頗爲同意紀氏的看法。最好的例子莫過於當今中國大陸的共產黨政府的情況。近年來，特別是今年習近平及其新的領導班上任以來所做的一些改革及整頓黨紀工作多多少少與當今大陸興起的網路有關。網路在中國大陸的改革及民主化的過程已經開始發生了一定的作用，可以預見的是，將來它所扮演的促使大陸政府透明化及民主化的功能，可能會越來越重要。

　　以上簡述了社會學家對全球化及有關議題的一些看法。由於全球化的巨大衝擊及影響，人們的思想、信念、態度、生活方式及做事方法都起了相當大的調整與改變。同時在宏觀方面，國家與其他國家的經濟、政治及文化的接觸與活動日益頻繁，而其關係也更爲密切，因此帶來了很多的問題，如地域國家之間的不平等及社會階級的兩極化問題、全球環保綠化的問題，及國家主權的保持與流失的問題等。當然全球化也帶給很多國家及其人民很多新的契機，如商業貿易的協定帶來的互利、貨物的暢流、人們跨國旅遊、留學及旅遊的方便，及跨國網上訊息的自由傳播等。社會學家對全球化之過程及其所導致的後果（包括問題及契機）可以做進一步的探討及分析。他們可以在全球化的衝擊下，研究在某一個國家社會之內，宏觀如何影響微觀現象，而微觀又如何影響宏觀現象；研究在跨越兩個國家之間，一國之宏觀如何影響另一國的宏觀或微觀現象；一國之微觀如何影響另一國的宏觀或微觀現象；研究在跨越三個或更多國家（以下簡稱眾國）之間，一國之宏觀如何影響眾國的宏觀或微觀現象；一國之微觀如何影響眾國的宏觀或微觀現象。總之，社會學家在全球化的議題及問題上，大有英雄用武之地，可以做諸多層面及現象的探討研究，然後發展出符合現今社會及世界變化情況之有意義及有內涵的理論。

參考及引用資料

中文部分

第一篇

龍冠海，《社會與人》，1964，文星叢刊39。

張承漢，《中國社會思想史》（上冊），1986，三民書局。

楊懋春，《中國社會思想史》，1985，國立編譯館主編。

第二篇

馬立秦，《社會學上疏離之研究》（上），中國論壇，1984，208期：60-64頁。

馬立秦，《社會學上疏離之研究》（下），中國論壇，1984，209期：60-64頁。

第六篇

馬立秦，顧里的社會學理論之研究，1967年，國立臺灣大學鄉村社會經濟研究所碩士論文。

第七篇

馬立秦，1984，〈介紹一個別開生面的社會學理論——平民方法學〉，中國論壇，第17卷8期，69-72頁。

馬立秦，1987，〈舒茲與現象社會學〉，中國論壇，第24卷11期，48-56頁。

馬立秦，1990，〈現象社會學概說——從胡塞、舒茲到柏格、洛克曼〉，北方論壇，第6期，14-20頁。

英文部分

第一篇

Ashley, David and David Michael Orenstein. 2005. Sociological Theory - Classical Statements. Boston: Pearson Berger, Peter and Thomas Luckmann. 1967.The Social Construction of Reality. Garden City, N.J.: Anchor

Comte, Auguste. 1974. The Positive Philosophy. New York: AMS Press Cooley, Charles Horton. Human Nature and Social Order. 1964. New York: Schocken

------------Social Organization. 1962. New York: Schocken

------------ Social Process. 1918. New York: Schocken Delaney, Tim. 2005. Contemporary Social Theory. NJ: Pearson Garfinkel, Harold. 1967. Studies in Ethnomethodology. Englewood Cliffs, N.J.: Prentice-Hall

Homans, George C. 1961. Social Behavior: Its Elementary Forms. New York: Harcourt, Brace and World

Huaco, George. 1986. "Ideology and General Theory: The Case of Sociological Functionalism." Comparative Studies in Sociology and History 28: 34-54.

Johnson, Doyle Paul. 2010. Contemporary Sociological Theory. New York: Springer.

Kinloch, Graham C. Sociological Theory. 1977. New York: McGraw-Hill.

Mead, George Herbert. 1934. Mind, Self, and Society. Chicago: University of Chicago Press

------------ George Herbert on Social Psychology. Edited by Anselm

Strauss. Chicago: University of Chicago Press Mills, C. Wright. 1959. The Sociological Imagination. New York: Oxford University Press.

-------------. The Power Elite. 1956. New York: Oxford University Press.

Ogburn, William F. 1922. Social Change. New York: B. W. Huebsch Park, Robert E. 1955. Society. New York: Free Press

------------ Human Communities. 1952. New York: Free Press Park, Robert E. and Ernest W. Burgess. 1921. Introduction to the Science of Sociology. Chicago: University of Chicago Press Parsons, Talcott. 1937. The Structure of Social Action. New York: McGraw-Hill

------------. The Social System. 1951. Glen come, I'll.: Free Press Ritzer, George. 2000. Modern Sociological Theory. 5th edition.Boston: McGraw Hill.

Ritzer, George and Douglas J. Goodman. 2004. Sociological Theory. 6th edition. Boston: McGraw Hill

Schutz, Alfred. 1967. The Phenomenology of the Social World. Evanston, Ill.: Northwestern University Press

Sica, Alan. Social Thought: From The Enlightenment to The Present. 2005. Boston: Pearson

Small, Albion. 1905. General Sociology. Chicago: University of Chicago Press.

---------------Origins of Sociology. Chicago: University of Chicago Press.

Sorokin, Pitirim A. Social and Cultural Dynamics. 4 volumes. 1937-1941. N.J.: Bedminister

------------ Society, Culture, and Personality. 1947. New York: Harper ------------. Sociological Theories of Today. 1966. New York: Harper & Row.

Sumner, William Graham. 1906. Folkways. Boston: Ginn Thomas, W. I. And Florian Znaniecki. 1928. The Polish Peasants in Europe and America. Boston: Richard G Badger Timasheff, Nicholas S. and George A. Theodorson. 1976. Sociological Theory. New York: Random House.

Wallace, Ruth A. and Alison Wolf. 1986. Contemporary Sociological Theory. Englewood Cliffs, NJ.: Prentice-Hall.

Ward, Lester F. 1906. Applied Sociology. Boston: Ginn

----------------. Pure Sociology. 1903. New York: Macmillan

第二篇

Ashley, David and David M. Orenstein. Sociological Theory: Classical Statements. 2005. Boston: Pearson.

Durkheim, Emile. The Division of Labor in Society. 1964. New York: Free Press.

--------------The Rules of Sociological Method. 1964. New York: Free Press.

---------------Suicide. 1951. New York: Free Press ---------------The Elementary Forms of Religious Life. 1965. New York: Free Press.

Goodwin. Glenn A. And Joseph A. Scimecca. Classical Sociological Theory. 2006. Belmont,CA.: Thomas Wadsworth.

Johnson, Doyle Paul. Sociological Theory. 1981. New York: John Wily & Sons.

Martindale, Don. The Nature and Types of Sociological Theory. 2nd Edition. 1981. Prospect Heights, Illinois: Waveland Press, Inc.

Marx, Karl. Capital. 3 vols. (translated by Samuel Moore and Edward Aveling). 1967. New York: International Publisher ------------The Economic and Philosophic Manuscripts of 1844. Dirk j. Struck (ed.). 1964. New York: International Publisher Marx, Karl and Friedrich Engels. The Communist Manifesto. 1930. New York: International Publisher.

------------The Holy Family. 1956. Moscow: Foreign Language Publishing House.

------------The German Ideology. 1970. C. J. Arthur (Ed.). New York: International Publishers.

Morrison, Ken. 2006. Marx, Durkheim, Weber. London: Sage Publications Inc.

Pampel, Fred C. Sociological Lives and Ideas: An Introduction to the Classical Theorists. 2000. New York, NY.: Worth Publishers Perdue, William D. Sociological Theory. 1986. Palo Alto, California: Mayfield Publishing Company.

Ritzer, George. Sociological Theory. 2000. New York: McGraw Hill Simmel, Georg. The Philosophy of Money. 1978. Tom Bottomore and David Frisby (Ed's and trans.) London: Routledge and Kegan Paul.

----------------- The Sociology of Georg Simmel. 1950. Kurt Wolff (Ed. and trans.). New York: Free Press.

Timasheff, Nicholas S. and George A. Theodorson. Sociological Theory: Its Natureand Growth. 1976. New York: Random House Watier, Patrick. "George Simmel." Rob Stones (Ed.). Key Sociological Thinkers. 1998. New York: New York University Press.

Weber, Max. The Protestant Ethic and the Spirit of Capitalism. 1905. New York: Scribner's.

--------------The Religion of China: Confucianism and Taoism. 1964. New York: Macmillan.

---------------The Religion of India: The Sociology of Hinduism and Buddhism. 1958. Glencoe, Ill.: Free Press ---------------The Sociology of Religion. 1963. Boston: Beacon

Press --------------Economy and Society. 3 vols. Totowa, N.J.: Bedminster Press.

第三篇

Abraham, Mark, Functionalism, 1978. Engle wood Cliffs, N.J. : Prentice-Hall.

Alexander. Jeffrey C. (ed.) Neofunctionalism, 1985, Beverly Hill, Calif. : Sage.

Alexander, Jeffrey C. Neofunctionalism and After, 1998, Beverly Hill, CA. : Sage.

Davis, Kingsley and Wilbert E. Moore, "some Principles of Stratification." American Sociological Review, 1945. 10: 242-249.

Delaney, Tim, Contemporary Social Theory, 2005, Upper Saddle River, N.J. : Pearson.

Giddens, Anthony, Capitalism and Modern Social Theory, 1971, Cambridge: University Press.

--------------------Central Problems in Social Theory: Action, Structure, And Contradictions in Social Analysis, 1979, Berkeley: University of California Press.

--------------------The Constitution of Society: Outline of the Theory of Structuration. Cambridge: University Press --------------------Runaway World. 2000a. New York: Routledge --------------------The Third Way and Its Critics. 2000b. Malden, MA: Polity Press.

Luhmann, Niklas, Social Systems: Outline of a General Theory, 1984, Stanford, Calif.: Stanford University Press.

-------------------- "Modern Systems Theory and the Theory of Society." In V. Meja, D. Misgeld and N. Stehr (eds.) Modern German Sociology. 1987. P.173-186. New York: Columbia University Press --------------------"Complexity and Meaning." In S. Aida et al (eds.), The Science and Praxis of Complexity. 1985. P.99-104. Tokyo: United Nations University.

--------------------Die Gesellschaft der Gesellschaft (The Society of Society). 2 vols. 1997, Frankfurt am Main: Suhrkamp.

Merton, Robert K. Social Theory and Social Structure, 1968, New York: Free Press.

-------------------- Sociological Ambivalence. 1976. New York: Free Press Parsons, Talcott. The Structure of Social Action. 1937. New York: McGraw-Hill.

--------------------The Social System. 1951. Glencoe, Ill.: Free Press.

-------------------- Social Structure and Personality. 1970. New York: Free Press.

-------------------- The System of Modern Societies. 1971. Engle wood Cliffs, N.J.: Prentice-Hall.

Ritzer, George, Sociological Theory, 2000, New York: McGraw-Hill.

-------------------- and Douglas J. Goodman. 2004. Sociological Theory. New York: McGraw-Hill.

Tumin, Melvin, "Some Principles of Stratification: A Critical Analysis." 1953, American Sociological Review 18: 387-394.

Wallace, Ruth A. And Alison Wolf, Contemporary Sociological Theory, 1986. Engle wood Cliffs, N.J.: Prentice-Hall.

第四篇

Collins, Randall, Conflict Sociology: Toward An Explanatory Science. 1975. New York: Academic Press

------------------ The Credential Society. 1979, New York: Academic Press.

--------------------"On the Microfoundation of Macrosociology." 1981. American Journal of Sociology 86: 984-1014.

--------------------"Interaction Ritual Chains, Power and Property: The Micro-Macro Connection as an Empirically Based Theoretical Problem. " In J. C. Alexander et al (eds.), The Micro-Macro Link. 1987. Pp 193-206. Berkeley: University of California.

Coser, Lewis. The Functions of Social Conflict. 1956. New York: Free Press.

---------------- Continuities in the Study of Social Conflict. 1967. New York: Free Press.

----------------"Structure and Conflict." In Peter Blau (ed.), 1975. P. 210-219. Approach to the Study of Social Structure. New York: Free Press.

Dahrendorf, Ralf. Class and Class Conflict in Industrial Society. 1959. Stanford, California: Stanford University Press.

------------------ Essays in the Theory of Society. 1968. Stanford, Calif: Stanford University Press.

Delaney, Tim. Contemporary Social Theory. 2005. Upper Saddle River, N.J.: Pearson.

Gerth, Hans and C. Wright Mills. From Max Weber. 1958. New York: Oxford University Press.

Gluckman, Max. Custom and Conflict in Africa. 1955. Oxford: Basil Blackwell.

Mills, C. Wright. White Collar. 1951. New York: Oxford University Press.

------------------ The Power Elite. 1956. New York: Oxford University Press.

------------------ The Sociological Imagination. 1959. New York: Oxford University Press.

------------------ The Marxists. 1962. New York: Dell.

Poloma, Margaret M. Contemporary Sociological Theory. 1979. New York: MaCmillan Publishing Co.

Ritzer, George. Sociological Theory. 2000. New York: McGraw-Hill.

Wallace, Ruth A. And Alison Wolf. Contemporary Sociological Theory: Continuing the Classical Tradition. 1986. Engle wood Cliffs, N.J.: Prentice-Hall.

第五篇

Althusser, Louis. For Marx. 1969. London: New Left Books.

------------------ and E. Balibar. Reading Capital. 1970. London: New Left Books.

Benton, Ted. "Louis Althusser." In Rob Stones (ed.), Key Sociological Thinkers. 1998. Pp. 189-202. New York: New York University Press.

Bottomore, Tom. The Frankfurt School. 1984. New York: Tavistock Publications and Ellis Horwood Limited.

Delaney, Tim. Contemporary Social Theory. 2005. Upper Saddle River, NJ.; Pearson.

Dillon, Michele, Introduction to Sociological Theory. 2010. West Sussex, United Kingdom: Wiley-Blackwell.

Gramsci, Antonio. "The Revolution against Capital." In Q. Hoare (ed.), Antonio Gramsci: Selections from Political Writings (1910-1920). Pp 34-37. 1977. New York: International Publishers.

-------------------Selections from the Prison Notebooks. 1971. New York: International Publishers.

Habermas, Jurgen. Toward a Rational Society. 1970. Boston: Beacon.

------------------- Knowledge and Human Interest. 1971. Boston: Beacon.

------------------- Theory and Practice. 1973. Boston: Beacon.

------------------- Legitimation Crisis. 1975. Boston: Beacon.

------------------- Communication and the Evolution of Society. Boston: Beacon.

Held, David. Introduction to Critical Theory: Horkheimer to Habermas. 1980. Berkeley: University of California Press.

Lukas, Georg. History and Class Consciousness. 1968. Cambridge, Mass.: MIT Press.

Ritzer, George. Sociological Theory. 2000. New York: McGraw-Hill.

------------------and Douglas J. Goodman. Sociological Theory. 2004. New York: McGraw-Hill.

------------------ Contemporary Social Theory, 2010. New York: McGraw-Hill.

Wallerstein, Immanuel. The Modern World System: Capitalist Agriculture And the Origins of the European World-Economy in the 16th Century. 1974. New York: Academic Press.

------------------- The Modern World-System II: Mercantilism and the Consolidation of the European World-System, 1600-1750. 1980. New York: Academic Press.

------------------- The Modern World-System III: The Second Era of Great Expansion of Capitalist World-Economy, 1730-1840. 1989. New York: Academic Press.

第六篇

Blumer, Herbert. Symbolic Interactionism: Perspective and Method. 1969. Engle wood

Cliffs,NJ.: prentice-Hall.

Cooley, Charles Horton. Human Nature and Social Order. 1902. New York: Schocken.

-------------------Social Organization. 1909. New York: Schocken.

-------------------Social Process. 1918. New York: Scriber.

Collins, Randall. 1986, "The Passing of Intellectual Generations: Reflections on the Death of Erving Goffman." Sociological Theory, 4: 106－113.

Delaney, Tim. Contemporary Social Theory. 2005. Upper Saddle, NJ: Pearson.

Goffman, Erving. The Presentation of Self in Everyday Life. 1959. Garden City, NJ.: Anchor.

-------------------Encounter: Two Studies in Sociology: Two Studies in the Sociology of Interaction. 1961. Indianapolis: Bobbs-Merrill.

-------------------Stigma: Notes on the Management of Spoiled Identity. 1963. Engle wood Cliffs, NJ.: Prentice-Hall.

-------------------Interaction Ritual: Essays on Face-to-Face Behavior, 1967. Garden City, NJ.: Anchor.

------------------- Frame Analysis: An Essay on the Organization of Experience. 1974. New York: Harper Colophon.

Mead, Geoege Herbert. Mind, Self and Society. 1934. Chicago: University of Chicago Press.

Ma, Li-chen. "on the Self: A Comparison and Evaluation of Cooley's and Mead's Theories," American Studies. 1984. Vol. XIV, No. 1. Pp 125-140. Nankang, Taipei: Institute of American Culture, Academia Sinca.

Poloma, Margaret M. Contemporary Sociological Theory. 1979. New York: Macmillan Publishing Co. Inc.

Ritzer, George. Modern Sociological Theory. 2000. New York: McGraw -Hill.

Sica, Alan (ed.) Social Thought: From the Enlightenment to the Present. 2005. Boston: Pearson.

Thomas, William I. and Dorothy S. Thomas. The Child in America: Behavior Problems and Programs. 1928. New York: Knopf.

Wallace, Ruth A. and Alison Wolf. Contemporary Sociological Theory: Continuing the Traditional Classical Tradition. 1980. Engle wood Cliffs, NJ: Prentice-Hall Inc.

第七篇

Garfinkel, Harold. Studies in Ethnomethodology. 1967. Englewood, Cliffs, N.J.: Prentice-Hall.

Mehan, Hugh and Houston Wood. The Reality of Ethnomethodology, 1975. New York: Wiley.

Perdue, William D. Sociological Theory. 1986. Palo Alto, California: Mayfield Publishing

Company.

Ritzer, George. Sociological Theory. 1992. New York: McGraw-Hill.

Ryave, A. Lincoln and James N. Schenkein. "Notes on the Art of Walking." In R. Turner (ed.), Ethnomethodology: Selected Readings. 1974. Harmondsworth, Eng. : Penguin: 265-275.

Schutz, Alfred. The Phenomenology of the Social World. 1932/1967. Evanston, Ill.: Northwestern University Press.

--------------------and Thomas Luckmann. The Structure of the Life World. 1973. Evanston, I'll.: Northwestern University Press.

Zimmerman, Don. "The Conversation: The Conversation Analytic Perspective. 1988. "Communication Yearbook 11: 406-432.

Abrahamson, Bengt. 1970, "Homans on Exchange." AJS 76: 273-285 Blau, Peter. Bureaucracy in Modern Society, 1956. New York: Wiley.

-------------------- Exchange and Power in Social Life, 1964. New York: Wiley.

-------------------- "Parameters of Social Structure." In P. Blau (ed.), Approaches to the Study of Social Structure. New York: Free Press.

------------------- Inequality and Heterogeneity: a primitive theory of Social Structure. 1977. New York: Free Press.

-------------------- "Microprocess and Macoprocess." In K. Cook (ed.) Social Exchange Theory. 1987. Beverly Hill, Calif.: Sage.

-------------------- Structure Contexts of Opportunities. 1994. Chicago: University of Chicago Press.

Blau, Peter and Otis Dudley Duncan. The American Occupational Structure. 1967. New York: Wiley and Sons.

Coleman, James. S. The Adolescent Society, 1961. Glencoe, I'll.: Free Press.

-------------------- Introduction to Mathematical Sociology. 1964. Glencoe, Ill.: Free Press.

-------------------- Equality and Achievement in Education. 1990. Boulder, Co.: Westview Press.

--------------------Foundation of Social Theory, 1990. Cambridge, MA.: Harvard University Press.

-------------------- and et al. Equality of Educational Opportunity, 1966. Washington, DC.: US Department of Health, Education and Welfare.

-------------------- and et al. Redesigning American Education. 1997. Boulder, Co.: Westview.

Cook, Karen S. "Emerson's Contributions to Social Exchange Theory." In K.S. Cook (ed.) Social Exchange Theory. 1987. Beverly Hills, Calif.: Sage: 209-222.

Cook, Karen S. and Richard Emerson. 1978. "Power, Equity and Commitment in Exchange Networks." American Sociological Review. 43 (October) : 721-739.

Cook, Karen, Richard Emerson, Mary Gilmore, and Toshio Yamagishi. 1983. "The Distribution of Power in Exchange Networks: Theory and Experimental Results." American Journal of Sociology. 89: 275-305.

Cook, Karen and Karen Hegtvedt. 1983. "Distributive Justice, Equity and Equality." Annual Review of Sociology. 9: 217-241.

Cook, Karen and Joseph Whitmeyer. 2000. "Richard Emerson." pp. 486- 512 in George Ritzer (ed.) The Blackwell Companion to Modern Social Theory. Malden, MA.: Blackwell.

Cook, Karen and J. M. Whitemeyer. 1992. "Two Approaches to Social Structure: Exchange Theory and Network Analysis." Annual Review of Sociology. 18: 109-127.

Cook, Karen. (edited). Trust in Society, 2001. New York: Russell Sage Publications.

Cook, Karen and Roderick Kramer. Trust and Distrust in Organizations: Emerging Perspectives, 2004. New York: Russell Sage Publications.

Cook, Karen, Russel Hardin and Margaret Levi. Cooperation Without Trust. 2005. New York: Russell Sage Publications.

Dillon, Michele. Introduction to Sociological Theory. 2010. West Sussex, United Kingdom: Wiley-Blackwell.

Ekeh, Peter P. Social Exchange Theory: The Two Traditions. 1974. Cambridge: Harvard University Press.

Emerson, Richard M. 1962. "Power-Dependence Relations," American Sociological Review, 27(1) pp. 31-41.

Homans, George C. Social Behavior: Its Elementary Forms, 1961. New York: Harcourt, Brace, and World.

-------------------- Sentiments and Activities.1962. New York: Free Press.

-------------------- The Nature of Social Science.1967. New York: Harcourt, Brace and World.

-------------------- and Charles Curtis. An Introduction to Pareto, His Sociology. New York: Knopf.

Mitchell, Jack N. Social Exchange, Dramaturgy and Ethnomethodlogy: Toward a Paradigmatic Synthesis. 1978. New York: Elsevier.

Parsons, Talcott, 1964, "Levels of Organization and Mediation of Social Interaction." Sociological Inquiry, 34: 207-220.

Yamagishi, Toshio, Mary Gilmore and Karen Cook. 1988. "Network Connections and the Distribution of Power in Exchange Networks." American Journal of Sociology. 93: 833-851.

Yamagishi, Toshio and Karen Cook. 1993. "Generalized Exchange and Social Dilemma." Social Psychology Quarterly. 56(4): 235-248.

Baudrillard, Jean. The Consumer Society. 1970/1998. London: Sage.

--------------------For a Critique of the Political Economy of the Sign. 1972/1981. St. Louis: Telos Press.

--------------------The Mirror of Production. 1973/1975. St. Louis: Telos Press.

--------------------Symbolic Exchange and Death. 1976/1993. London: Sage.

Bourdieu, Pierre. The Logic of Practice. 1980. Stanford, California: Stanford University Press.

--------------------Homo Academicus. 1984. Stanford, California: Stanford University Press.

--------------------The Field of Cultural Production: Essays on Art and Leisure. 1993. New York: Columbia University Press.

---------andJean-Claude Passeron. Reproduction in Education, Society And Culture. 1990. London: Sage.

Bromberg, Joan Jacobs. 1988. Fasting Girls: The Emergence of Anorexia Nervosa as a Modern Disease. Cambridge, MA.: Harvard University Press.

--------------------The Body Project: An Intimate History of Americanl Girls. New York: Random House.

Castells, Manuel. The Rise of the Network Society. 1996. Malden, Mass.: Blackwell.

-------------------- The Power of Identity. 1998. Malden, Mass.: Blackwell.

Collins, Patricia Hill. Black Feminist Thought. 1990. Cambridge, M.A.: Unwin Hyman.

Delaney, Tim. Contemporary Social Theory. 2005. Upper Saddle River, NJ.: Pearso.

Derrida, Jacques. Writing and Difference. 1978. Chicago: University of Chicago Press.

Dillion, Michele. Introduction to Sociological Theory. 2010. Malden, MA.; Wiley-Blackwell.

Foucault, Michel. Madness and Civilization: A History of Insanity in the Age of Reason. 1965. New York: Vintage.

--------------------The Order of Things: An Archaeology of Human Sciences. 1966. New York: Vintage.

--------------------The Archeaology of Knowledge and Discourse on Language. 1969. New York: Harper Collophon.

--------------------The Birth of the Clinic: An Archaeology of Medical Perception. 1975. New York: Vintage.

--------------------The History of Sexuality. 1978. New York: Pantheon Books.

--------------------The History of Sexuality: An Introduction. Vol. 1. 1980. New York: Vintage.

--------------------The Use of Pleasure: The History of Sexuality. Vol. 2. 1985. New York: Pantheon.

--------------------"Madness, The Absence of Work." 1995. Critical Inquiry. 21(Winter): 290-298.

Gillingan, Carol. 1982. In a Different Voice. Cambridge, MA.: Harvard University Press.

Harding, Sandra. The Science Question in Sociology. 1986. Ithaca, N.Y.; Cornell University Press.

--------------------Whose Science? Whose Knowledge? Thinking from Women's Lives. Ithaca, N.Y.: Cornell University Press.

Huntington, Samuel. The Clash of Civilizations and the Remaking of World Order. 1996. New York: Simon and Schuster.

Jameson, Fredric. "Postmodernism, or the Cultural Logic of Late Capitalism." 1984. New Left Review 146: 53-92.

--------------------"Afterword - Maxism and Postmodernism." In D. Keller (ed.) Postmodernism, Jameson, Critique. 1989. Washington, D.C. : Maisonneuve Press.

--------------------Postmodernism, or, The Cultural Logic of Late Capitalism. 1991. Durham, N.C.: Duke University Press.

Kuhn, Thomas. The Structure of Scientific Revolution. 1962. Chicago: University of Chicago Press.

Lyotard, Jean-Francois. The Postmodern Condition. 1984. Minneapolis: University of Minnesota Press.

Norris, Christopher. What's Wrong with Postmodernism. 1990. Baltimore: Johns Hopkins University Press.

Risman, Barbara. 1998. Gender Vertigo: American Families in Transition. New Haven, CT.: Yale University Press.

Ritzer, George. Sociology: A Multiple Paradigm Science. 1980. Boston: Allyn and Bacon.

--------------------Toward an Integrated Sociological Paradigm: The Search for an Exemplar and Image of the Subject Matter. 1981. Boston: Allyn and Bacon.

--------------------Meta theorizing in Sociology. 1991. Lexington, Mass: Lexington Books.

--------------------The McDonaldization of Society. 1993. Thousand Oaks, Calif.: Pine Forge Press.

--------------------Expressing America: A Critique of the Global Credit Card Society, 1995. Thousand Oaks, Calif.: Pine Forge Press.

--------------------The McDonaldization Thesis. 1998. London: Sage.

--------------------Enchanting a Disenchanted World: Revolutionizing the Means of Consumption, 1999. Thousand Oaks, Calif.: Pine Forge Press.

--------------------Sociological Theory, 1983, 1988, 1992, 1996, 2000, 2004. Boston: McGraw-Hill.

--------------------The Globalization of Nothing: Why So Many Make So Much Out of So Little. 2004. Thousand Oaks, Calif.: Pine Forge Press.

Ritzer, George and Douglas J. Goodman. Sociological Theory. 2004. Boston: McGraw Hill.

Smith, Dorothy. "Women's Perspective as a Radical Critique of Sociology." 1974. Sociological Inquiry.44: 7-13.

--------------------"A Sociology for Women," in The Prism of Sex: Essays In the Sociology of Knowledge. edited by Sherman, J. A. And E. T. Beck. 1979. Madison: University of Wisconsin Press.

--------------------The Everyday World as Problematic: A Feminist Sociology. 1987. Boston: Northeastern University Press.

--------------------The Conceptual Practice of Power: A Feminist Sociology of Knowledge. 1990. Boston: Northeastern University Press.

--------------------"The Standard North American Family." 1993. Journal Of Family Issue. 14(5): 50-65.

Wilson, Edward O. The Insect Societies. 1971. Cambridge, MA.: Harvard University Press.

--------------------Sociobiology: The New Sythesis. 1975. Cambridge, MA. : Harvard University Press.

--------------------"Introduction: What is Sociobiology?" Pp. 1-12 in Sociobiology and Human Nature: An Interdisciplinary Critique and Defense. Gregory, Michael S., Anita Silven and Diane Sutch (eds.). 1978. San Francisco: Jossey-bass.

--------------------Biophilia. 1984. Cambridge, MA.: Harvard University Press.

國家圖書館出版品預行編目資料

社會學理論／馬立秦著. ――臺北市：五南,
2013.12
　　面；　公分
ISBN 978-957-11-7248-4（平裝）
1.社會學理論　2.2.社會學家
540.2　　　　　　　　　　102014922

1JDQ

社會學理論—主要理論家及學派

作　　者― 馬立秦（186.3）

發 行 人― 楊榮川

總 編 輯― 王翠華

主　　編― 陳姿穎

責任編輯― 邱紫綾

封面設計― 吳雅惠

出 版 者― 五南圖書出版股份有限公司

地　　址：106台北市大安區和平東路二段339號4樓

電　　話：(02)2705-5066　　傳　　真：(02)2706-6100

網　　址：http://www.wunan.com.tw

電子郵件：wunan@wunan.com.tw

劃撥帳號：01068953

戶　　名：五南圖書出版股份有限公司

台中市駐區辦公室/台中市中區中山路6號

電　　話：(04)2223-0891　　傳　　真：(04)2223-3549

高雄市駐區辦公室/高雄市新興區中山一路290號

電　　話：(07)2358-702　　傳　　真：(07)2350-236

法律顧問　林勝安律師事務所　林勝安律師

出版日期　2013年12月初版一刷

定　　價　新臺幣480元